KB194071

The **Ten Most Influential Churches** of the Past Century

전 세계에 영향을 미친 10대 교회

(1900~2014)

오늘날 어떻게 영향력을 전하고 있으며,
우리는 무엇을 배워야 하는가?

엘머 L. 타운즈 지음
안은주 옮김

서로사랑

전 세계에 영향을 미친 10대 교회(1900~2014)

1판1쇄 발행 2017년 9월 15일

지은이 엘머 L. 타운즈
옮긴이 안은주
펴낸이 이상준
펴낸곳 서로사랑(알파코리아 출판 사역기관)
만든이 이정자, 주민순, 장완철
　　　　이소연, 박미선, 엄지일
이메일 publication@alphakorea.org

등록번호 제21-657-1
등록일자 1994년 10월 31일
주소 서울시 서초구 방배중앙로 16, 5층
전화 02-586-9211~3
팩스 02-586-9215
홈페이지 www.alphakorea.org

차례

에드 스테처(Ed Stetzer)

워렌 버드(Warren Bird)

서문

에드 스테처, 워렌 버드

그리스도인이라면 누구나 어느 정도는 자신이 다니는 교회가 하나님의 사역을 수행하는 데 있어서 영향력을 행사하기를 바라는 법이다. 영향력을 키우기 위해 들어서야 할 경로가 하나 있는데, 우리는 종종 그 길을 간과하곤 한다. 바로 우리 뒤에 있는 길 말이다.

과거를 돌아보는 것은 유익하다. 우리에게 지혜와 균형감을 주기 때문이다. 뿐만 아니라 이것은 당신의 교회 그리고 우리 교회에서 하나님이 어떤 일들을 행하실지 기대하게 한다.

이 책은 지난 100년간의 역사적이고 영적인 변화를 되돌아보고, 각각의 교회를 가장 가까이에서 들여다보게 한다. 당신은 어쩌면 이런 선구적인 교회들이나 지도자들에 대해 들어 보지 못했을 수도 있다. 하지만 생각보다 더 많은 영향을 받았을 것이다. 그리고 확신하건대 이 책의 이야기를 다 읽고 나면 책을 잘 골랐다고 생각할 것이다. 그리고 출석 중인 교회에 대해, 또한 하나님이 그 안에서 어떻게 일하시는지에 대해 발전된 시각을 가지게 될 것이다.

교회와 관련한 동향과 특성을 발견하고 글로 써 내려가는 데 있어 우리의 친구이자 멘토, 공동 저자이며 동료 학자이기도 한 엘머 타운즈보다 더 적격인 사람을 떠올리는 것은 어려운 일이다. 그는 1960년대부터 영향력 있는 교회에 대해 10위까지 순위를 만들고 서술한 주요 인물이다. 우리 둘 모두의 책장에는 줄을 긋고 모서리를 접어 놓은 그의 책과 잡지 기사가 가득하며, 그의 책을 통해 우리가 어디서 왔는지, 그러므로 어디를 향해야 하는지에 대한 소중한 통찰력을 얻었다.

엘머 타운즈가 이 책을 쓴 목적은 당신의 영향력을 키우기 위해서다. 그는 책을 구상하며 자신의 생각을 정리해 우리에게 이메일을 보냈었다. 이메일에는 지난 100년간 영향을 끼친 교회에 자극받은 다른 교회들이 더 영향력 있는 교회로 발전하고자 노력할 것이라는 확신이 담겨져 있었다. 《전 세계에 영향을 미친 10대 교회

(1900~2014)》라는 제목도 사람들의 눈길을 끌고 그들이 더욱 영향력 있게 되도록 돕기 위해 지어졌다.

10대 교회에 대한 개요

첫 번째 장에는 오순절파/은사주의 운동이 거론됐다. 당신이 이러한 접근에 공감하지 못한다 해도 알아야 할 것이 있다. 전 세계에서 하나님을 따르는 네 명 중 한 명은 여기에 공감한다는 점이다.

이 교파의 폭발적인 증가는 100년이 넘는 기간 동안 일어났다. 오순절파 운동은 (주로 빈민가에 있고) 성도 수도 미미한 소수의 교회에서 시작됐다. 기독교 주류파는 이들에게 광적이라거나 지나치다는 꼬리표를 붙였다. 이들을 기괴하다고 말하는 사람도 있었고 이단이라고 부르거나 더 심한 말을 하는 사람도 있었다.

그러다가 1906년 부흥의 불길이 캘리포니아 주 로스앤젤레스에 위치한 아주사 거리 선교회에서 퍼지고 있다는 입소문이 났다. 성령의 손길을 느끼고자 하는 사람들이 전 세계에서 찾아왔고, 그들은 돌아가서 오순절파/은사주의 교파/운동으로 다시 세계를 감화시켰다. 현재 전 세계에는 상당수의 오순절파 성도들이 포진해 있다(www.leadnet.org/world에서 위렌의 목록 참조).

두 번째로 살펴볼 지난 100년간 있었던 경이로운 현상은 중국 내 가정 교회의 폭발적인 성장이다. 1958년 죽의 장막이 가로놓이자 서양인들은 기독교의 빛이 소멸될 것이고 수백 년간 해 온 모든 선교 사역이 허공으로 사라질 것이라고 생각했다.

하지만 우리가 수십 년 동안 깨달은 것은 세계적으로 위대한 교회 운동 중의 하나가 중국의 가정 교회였다는 점이며, 그들은 외국 선교단체의 관리나 서양 선교사, 신학대학, 교파 조직 심지어 건물도 없이 기하급수적으로 성장했다는 것이다. 그들에게는 미국 기독교가 가진 물질적인 자산이 하나도 없었지만, 하나님은 그곳에서 경탄할 만한 일들을 행하셨다.

기독교계에 있었던 세 번째 동향은 사람들 사이에서 증가한 상호작용이며, 이것은 다문화와 다인종 교회로 이어졌다. 제2차 세계대전 이후 대부분의 나라에서 사람들은 마음껏 이동하게 되었고 교회는 '이동이 편리'하고 '인터넷'을 사용하는 시대로 들어섰다(여기서 이동이 편리하다는 것은 교통수단의 증가를, 인터넷은 의사소통의 증가를 말한다). 많은 나라들이 다양한 문화를 가진 사람들로 구성됐다. 이들은 널리 이동했으며 대부분의 교회들은 누구나 혹은 모든 사람들이 예수 그리스도에게 이르도록 문을 활짝 열기 시작했다. 미국이 노예제도와 차별이라는 역사적 배경에서 벗어나기 위해 고군분투하는 동안 많은 교회들은 모범적으로 인종, 나라, 사람, 언어를 막론하고 함께 예배하는 데 앞장섰다(계 5:9 참조). 그러니까 어린이들이 주일학교에서 부르는 노래 가사는 진짜가 맞다: "홍인종, 황인종, 흑인과 백인 모두 주님이 보시기에 다 소중하죠. 예수님은 세상의 모든 아이들을 사랑하세요."[1]

네 번째로 살펴볼 교회는 역사상 가장 큰 교회인 여의도 순복음

교회다. 대한민국 서울에 위치한 이 교회는 교인이 가장 많았을 때 76만 명에 달했다. 2007년 조용기 목사가 은퇴했고 2세대 목사인 이영훈 목사가 자리를 넘겨받았다. 이 교회는 대규모 모임으로 하는 거대한 전도 활동이나 라디오나 텔레비전과 같은 매체를 통해, 아니면 여의도에 있는 본 교회에서의 복음 사역으로 성장한 것이 아니다. 그보다는 오히려 거실에서, 세탁소에서, 식당과 아파트 체육관에서 모였던 3만 5천 개의 소그룹 모임을 통해 유례없는 성장을 이루고 세상에 영향을 주었다. 조용기 목사는 이렇게 말했다: "우리의 육체가 생물학적 세포 분열에 의해 성장하듯이, 예수 그리스도의 영적인 몸도 그 안에 담긴 영적인 세포의 분열로 성장해 갑니다."[2]

제5장에서 다룬 것은 남침례회의 기하급수적인 성장이다. 1900년 당시 원래 남침례교는 미국의 남부 지역에 위치했던 작은 교파였지만 훗날 미국에서 가장 큰 개신교 교파가 되었다. 남침례교는 다양한 사람들과 정책들 덕분에 성장하게 됐지만 가장 확실한 공헌은 텍사스 주 댈러스에 있는 제일 침례교회(First Baptist Church)의 몫이었다. W. A. 크리스웰(W. A. Criswell) 박사는 부유한 도심지 교회의 평신도 사역자에게 동기를 부여해서 조직화했고, 주일학교 심방을 통해 미국에서 가장 큰 교회를 세웠다. 주일학교 반은 점차 늘어났고, 그 결과 교회도 성장했다.

여섯 번째 살펴볼 추세는 미국뿐 아니라 전 세계에 걸쳐 확장되고 있는 교육적 성장을 반영한다. 설교의 역사를 돌아보면 대부분의 설교는 신앙적이고, 동기를 부여하고, 시사적이며, 도입-내용-결말의 메시지가 담겨 있고, 시(詩)로 마무리됐다. 하지만 이러한 설교의 초점을 뒤바꿔 놓은 사람이 있었으니 바로 C. I 스코필드(C. I. Scofield)였다.

스코필드는 《스코필드 주석 성경》(Scofield Reference Bible)의 각주를 편집했는데, 30년 동안 2백만 권 이상이 판매되며 미국은 물론 영어권 나라에서 베스트셀러가 되었다. 그리하여 《스코필드 주석 성경》은 지난 100년 동안 기독교 복음에 가장 영향을 많이 준 책 반열에 올랐다. 이 책은 1800년대 후반부터 1900년대 초반까지 하나님의 말씀을 가르치기 위해 성경 사경회에 참석했던 스코필드에게 성경 교사로서의 국제적 명성을 안겨 주었다. 그 후 그는 교육적인 방식을 차용해서 설교하기 시작했다. 성경을 가르치듯이 설명하는 그의 방식은 댈러스 신학대학교(Dallas Theological Seminary)의 표준이 되었고, 전도 사역에도 큰 영향을 끼쳤다. 그래서 주일 오전 강단에서는 동기를 부여하는 설교 대신 하나님의 말씀을 가르치는 설교가 전해지게 됐다.

일곱 번째로 다룬 교회는 전도 사역에 큰 영향을 준 곳으로, 그리스도인들이 아닌 불신자들을 위해 설계된 교회였다. 빌 하이벨스(Bill Hybels)는 기독교적 배경이 없는 사람들을 위해 예배를 고안했고 이 때문에 불신자들은 편안함을 느끼며 동시대적인 음악과 드라마 그리고 당대의 환경에서 찾을 수 있는 메시지를 통해 복음을 받아들일 수 있었다. 이 교회는 '구도자 예배'라는 문구를 처음 만들어

냈는데, 불신자들은 이 예배에서 자신이 추구하는 그 모습 그대로 하나님에게 다가갈 수 있었다. 윌로우크릭 사역자 학회를 찾은 수천 명의 목사들은 각자의 교회로 돌아가서 자신들이 받은 영향을 배가시켰다.

여덟 번째로 살펴본 것은 전 세계에 영향을 준 이른바 경배와 찬양이라는 음악의 발자취였다. 교회사학자 케네스 스콧 라투레트(Kenneth Scott Latourette)는 하나님의 사람들 사이에서 진정한 부흥이 일어날 때마다 거기에는 필연적으로 새로운 찬송이 있었다고 말했다. 부흥이 일어난 교회에서는 그들만의 양식이 담긴 음악으로 하나님을 찬양한다는 것이다. 매번 부흥 때마다 신자들은 자신이 평소에 부르던 음악으로 하나님에게 노래했다. 전 세계 교회에 경배와 찬양 음악이 폭발적으로 퍼지고 있다는 것 그리고 호주 시드니에 있는 힐송 교회(Hillsong Church, 이 교회는 음반사가 널리 알려진 후 교회 이름을 힐송으로 변경했다)보다 이 움직임을 더 잘 반영한 교회는 없다는 사실에 반기를 들 사람은 없을 것이다. 이 교회의 예배 인도자 달린 첵(Darlene Zschech)은 찬양하는 사람들이 눈물로 신앙을 고백하게 해 주었다: "내 구주 예수님 주 같은 분 없네."[3]

아홉 번째로 다룬 교회는 홍보와 마케팅, 매체를 사용해 복음 전도의 전략을 수행하고 대중에게 메시지를 전한 교회다. 대략 1900년부터 많은 교회들이 라디오 사역에 뛰어들었다. 이 추세는 1950년대까지 계속되면서 텔레비전 사역을 시작하는 교회도 많이 생겨났다. 하지만 그중에서도 제리 폴웰(Jerry Falwell)과 그의 방송 〈올드타임 가스펠아워〉(Old Time Gospel Hour)만큼 효과적인 방송은 없었다고 말할 수 있다. 1970년대 후반이 되자 폴웰의 주일 예배가 미국의 모든 방송 송출 지역에서 방영되었다. 폴웰이 한 것은 설교만이 아니었다. 그는 교회를 위한 우편 사역으로 애청자들을 결집시켰고, 교육 프로그램을 개발했다(리버티 성경 가정학습으로 십만 명 이상의 졸업생을 배출했다). 그리고 마침내 이 사역은 확장되어 훗날 리버티 온라인 대학(Liberty University Online)이 되었고, 이곳을 통해 9만 명의 학생이 인가를 받은 과정에 등록해서 기독교 대학의 수업을 컴퓨터로 듣는 유례없는 일이 일어났다.

열 번째로는 교회 문화를 송두리째 바꾸어 새로운 방식과 프로그램을 만들어 낸 영향력에 대해서 알아보았다. 제2차 세계대전 이후 전쟁에서 승리한 부모 세대로 인해 베이비 붐이 일어났다. 이때 태어난 아이들은 텔레비전을 보며 자랐고 풍족하게 성장했으며, 우리가 생각하는 문화와는 다른 문화를 양산했다. 교회는 베이비 붐 세대를 전통적인 교회 문화에 영입하기 위해 고군분투했다. 젊은이들은 부모처럼 생각하지 않았고, 옷도 다르게 입었으며, 그들처럼 노래하지도 먹지도 않고, 그들과는 다른 꿈을 꾸었다. 몇몇 베이비 붐 세대는 처음으로 '캘리포니아 드림'이라는 것을 생각하기 시작했다. 그리고 쇠퇴하는 중산층에게 반항하는 수천 명의 젊은이들을 대변하며 캘리포니아의 히피족이 되었다.

여기서 주목해야 하는 교회는 바로 갈보리 교회(Calvary Chapel)다. 척 스미스(Chuck Smith) 목사는 예수 그리스도에 대한 역사적 메시지를 새롭게 포장해서 선보였다. 그를 통해 많은 젊은이가 개종했고 '예수쟁이'라는 별명을 얻었다. 스미스는 젊은이들이 새로 쓴 노래로 예배하게 했고, 편한 대로 옷을 입게 해 주었다. 그렇게 반체제적인 교회가 미국 전역으로 퍼지기 시작했다. 정장이나 넥타이를 벗고 대신 편한 옷을 입었다. 낡은 전통적 교회 문화 대신 새로운 문화가 그 자리를 채우고 많은 이들에게 영향을 주었다.

영향력의 유형

엘머 타운즈가 우리에게 열어 준 이 열 개의 창을 바라보면서 우리는 각각의 교회가 영향을 준 다양한 방법이 모두 효과적이었다는 것에 주목했다. 우리는 네 개의 영역으로 구분해 보았다. 이 영역에는 (1) 내적으로 향하는 영적 성장, (2) 위를 향하는 하나님과의 관계, (3) 서로를 향하는 수평적 관계, (4) 밖을 향하는 불신자와의 관계가 있다.

첫째, 우리는 아주사 부흥 운동(Azusa Street Revival)의 내적인 영향을 목도했다. 성도들은 회복과 부흥 가운데서 성령을 경험했다. 스코필드 교회(Scofield Church)는 성도들에게 하나님의 말씀을 가르쳤고, 성경적 지식은 그들의 삶과 예배의 기반이 되었다.

둘째, 우리는 힐송 교회와 하나님을 찬양하고 그를 영화롭게 하는 경배와 찬양 음악을 통해 하늘 위로 향하는 영향력을 보았다.

셋째 영역은 서로를 향하는 수평적 관계를 의미한다. 가장 눈에 띄는 교회는 마틴 루터 킹(Martin Luther King, Jr.)의 에벤에셀 침례교회(Ebenezer Baptist Church)로, 인종 차별 철폐와 인종 통합에 힘쓰고 모든 민족이 하나님 안에서 하나가 되도록 노력했다. 또 다른 곳으로는 강력한 **코이노니아**를 보인 중국 지하 교회를 들 수 있다. 중국인들은 이곳에서 신앙을 위한 외적 강화가 없는 상황에서도 서로를 붙들며 신앙을 지켜 냈다. 순복음교회의 친밀한 셀 모임과 영적인 힘에 대해 설교했던 조용기 목사도 빼놓을 수 없다. 또한 음악과 의복, 프로그램과 신앙의 표현 방법을 모두 뜯어고친 갈보리 교회도 있다. 이곳에서 젊은이들은 케케묵은 기독교라고 인식되는 방식을 버리고 다른 방식으로 예배했다.

그리고 마지막 영역은 복음 전도의 외적인 영향으로 지상 명령을 추구하는 댈러스 제일 침례교회의 주일학교 활동을 거론하지 않을 수 없다. 매체와 홍보 활동을 통해 가능한 모든 사람에게, 가능한 모든 방법을 통해, 가능한 모든 시간에 복음을 전했던 토머스 로드 침례교회(Thomas Road Baptist Church)도 여기에 속한다.

방식의 유형

10대 교회와 거기에 상응하는 경향 가운데서 우리는 각각의 교회가 사용한 다양한 방식과 그것을 통해 드러난 영향력에 주목했다. 교회의 방식이란 그 교회가 속한 문화에 성경적 원리를 적용하는 것이다. 어떤 교회들은 그저 '존재'만으로도 영향력을 갖는 반면에 다른 교회들은 독특한 방식을 차용해서 그것을 따른다.

아주사 거리 부흥에서 그들은 성령의 충만함과 임재하심을 구했다. 중국의 지하 교회는 사도행전의 초대교회가 그랬듯이 가정에서 모였다. 조용기 목사 또한 성경에 나오는 소모임의 양식을 적용해서 교회를 셀 모임으로 나누어 사역했다. 힐송 교회는 찬양을 통해 하나님을 예배하는 것으로 복음 전도 분야에 영향을 주었다.

마틴 루터 킹은 **비폭력 시민불복종**으로 인종적인 화합을 도모했고, W. A. 크리스웰은 **주일학교**로 교회를 변화시켰다. 스코필드는 **강해식 설교**를, 빌 하이벨스는 **구도자 중심**의 방법을 사용했다. 제리 폴웰은 **포화전도 방식**으로, 갈보리 교회는 훗날 **동시대적이며 편안한 교회**라는 타이틀을 갖게 한 방식으로 사역했다.

리더십의 유형

마침내 총 10장에 걸쳐서 나타난 리더십의 역할에 대해 살펴봐야 할 때가 왔다. 이중 두 곳은 교회 내부에서 자연적으로 성장한 것으로 보인다. 첫 번째는 중국의 가정 교회 운동으로 여기에는 영향력을 행사하는 어떤 지도자도 존재하지 않았다. 두 번째는 갈보리 교회 운동으로 교회에서 하는 일을 근본적으로 바꿔 놓은 베이비 붐 세대가 이 운동의 주동자다.

다른 여덟 곳의 교회에는 지도자가 존재했다. 이들은 하나님을 섬기기 위해 새로운 계획을 마음에 품었고 그것을 자신의 교회에서 시행한 사람들이었다. 지도자들은 혁명가들이었고… 격변론자였으며… 사회변혁의 주도자들이었다. 이들은 극복해야 했던 장애물을 통해 리더십을 평가받았는데, 그 많은 장애 속에서 퍼뜨린 영향력을 통해 이들의 이름은 더욱 상징성을 갖게 되었다.

이들은 하나님을 영화롭게 하기 위해 어려운 상황 속에서, 제한된 자원을 가지고, 말도 안 되는 확률과 싸워 이긴 지도자들이었다. 그러는 와중에 다른 교회에도 영향을 주었던 것이다. 자신들의 사역이 다른 교회에도 영향을 주어 그들도 같은 사역을 하기를 바랐고, 이 모든 것을 하나님이 원하신다고 믿었던 사람들이었다.

하나님에게 대담함과 용기를 구하라

모든 교회의 지도자는 이곳에 나온 10대 교회의 이야기를 읽고 자신의 경험을 각각의 경향과 비교해 보아야 한다. 이것은 이 책에 거론된 교회 하나를 골라 똑같이 되라는 의미가 아니다. 하지만 목사와 지도자라면 배울 것이 있다. 무엇을 바꾸고(문화) 무엇을 바꾸지 말아야(복음) 할지에 대해 안목을 얻게 되기 때문이다. 이 책을 읽는 사람들은 교회 하나가 세상을 어떻게 바꿀 수 있는지 보게 될 것이며, 똑같은 일을 행하게 해 달라고 기도하게 될지도 모른다.

지금으로부터 100년 후에는 무슨 일이 일어나게 될 것인가? 서기 2000년부터 2100년에 가장 영향력 있는 10대 교회는 어디가 될 것인가? 우리는 알 수 없다. 하지만 예수님이 향후 100년 사이에 다시 오시지 않는다면, 위대한 계획을 품은 혁신가를 통해 위대한 교회가 세워지며, 용기를 가지고 하나님이 마음에 부어 주시는 방법을 수행할 것이라는 것은 미루어 짐작할 수 있다. 바로 당신에게 그 일이 일어날 수도 있는 것이다.

부디 《전 세계에 영향을 미친 10대 교회(1900~2014)》를 즐겁게 읽으시길 바란다. 정말 푹 빠져서 읽었던 우리처럼 말이다.

당신의 진실한 벗,

에드 스테처
라이프웨이 리서치(LifeWay Research) 대표이사
전속 선교학자

워렌 버드
리더십 네트워크(Leadership Network) 연구소장

가장 영향력 있는 교회 찾기

이 책의 주제는 지난 100년간 세상에서 가장 영향을 많이 준 교회를 찾는 것이다. 이런 과업이라니. 첫 번째로, 나는 지난 100년간 기독교에 영향을 준 열 가지 사항을 알아내야 했다.[1] 두 번째로, 이 열 가지 사항을 가장 잘 반영한 교회를 찾아내고 그들이 끼친 영향력을 전 세계의 기독교와 연결시켜야 했다.[2] 세 번째로, 각 교회가 왜 탁월한지를 알려 주는 사항들을 세세하게 그리고 광범위하게 조사해야 했다. 네 번째로, 왜 이들이 영향력을 끼치는 존재인지를 정확하게 설명해 주는 각 교회의 실상에 대해 눈을 떼지 못할 만큼 흥미롭게 써 내려가야 했다. 그리고 마지막으로, 이 책을 읽는 당신이 영향력 있는 목회자가 되고 싶을 만큼 멋진 이야기를 써야 했다.

이 책으로 인해 학자와 연구자들이 교회에 대해 연구하는 데 있어 동기부여가 되길 바라는 마음이다. 하지만 무엇보다도, 목회자들과 교회 사역자들이 자신들의 교회를 세우는 것에 대해 한 층 더 커다란 갈망을 갖게 되길 원한다. 이들이 자신들의 교회에서 영향력이 있기를 원한다. 이 책에서 강조된 열 명의 목회자들이 그런 것처럼 말이다.

소수의 성도에게 영향을 주는 교회는 많지만, 대부분의 성도에게 영향을 주는 교회는 소수다. 주변 공동체에 영향을 끼치는 교회는 적고, 그들 지역이나 나라에 영향을 끼치는 교회는 더 찾아보기 힘들다. 그렇다면 지난 100년간 전 세계 기독교에 가장 큰 영향을 끼친 10대 교회는 어디라는 것일까?

세상에 크게 영향을 준 10대 교회를 결정할 기준을 세우기 전에, 먼저 기준에 포함되지 않는 것을 살펴보자. 첫째로, 교회가 그저 크다는 이유로 영향력 있는 교회라고 하지 않는다. 크다는 것은 인정받을 만하지만 영향력은 영원한 것이다. 그러므로 우리는 그저 대형교회를 찾는 것이 아니다. 또한 그저 교회가 유명하다고 해서 영향력 있는 교회라고 하지 않는다. 1930년대와 1940년대 '계곡의 작은 갈색 교회'(Little Brown Church in the Vale)라는 별명의 유명한 교회가 라디오를 통해 전국으로 방송되었다. 하지만 오늘날 이 교회에 대해 기억하는 사람은 거의 없다.

과거에는 참으로 유명한 설교자들이 많았다. 하지만 그들의 교회는 주변 사람들이나 교회 공동체에 영향을 주지 못했고, 하물며 지난 100년간 영향을 준 10대 교회에 포함되기 만무하다. 그러므로 우리는 그저 유명한 교회들을 찾는 것이 아니다.

주변 교회들과는 다른 시도를 하고 효과적으로 혁신을 일으킨 획기적인 교회들도 많았다. 그리고 맞다. 이들은 주변 교회에 영향을 주었을 것이다. 하지만 세상에서 영향력을 가진 10대 교회 중 하나가 되기 위해서는 교회 성도들이 다양한 문화권에 영향을 주고 그 영향력은 세기를 넘어서 지속되어야 했다.

1991년, 나는 혁신적인 교회들에 대해 설명하는 *Ten of Today's Innovated Churches*(오늘날의 혁신적인 10대 교회)라는 책을 썼다. 이 10대 교회들은 모두 성공을 거뒀지만 세계적으로 영향을 주는 교회를 고르자면 그 모든 교회가 고려 대상이 되지는 못했다. 1969년, 나는 *The 10 Largest Sunday Schools and What Makes Them Grow*(최고의 10대 주일학교와 성장 동력)라는 책을 썼다. 마찬가지로 이 교회들 중 몇몇은 혁신적이었고 영향력이 있었지만 전 세계적으로 영향을 끼치지 못했고, 그로 인해 지난 100년간 영향을 준 교회에 포함되지는 못했다.

어떤 교회들이 거론되는가?

이것은 개신교 교회에 대한 책이다. 왜냐하면 신약 교회는 로마가톨릭교회와 본질적으로 차이가 있기 때문이다. 엄청난 규모의 로마가톨릭교회는 교회와 공동체 그리고 전 세계에 의미 있는 영향력을 선사해 오고 있지만 메시지와 방법에 있어서 개신교 교회와 다르기 때문에 이 책에 싣지 않았다.

게다가 이 책은 대다수의 사회학자가 사이비라고 규정한 교회에 대해서는 얘기하지 않는다.[3] 그러므로 유타 주 솔트레이크시티에 위치한 모르몬 성막 혹은 모르몬 사원은 거론하지 않았다. 비록 모르몬교회가 솔트레이크시티를 넘어서 다른 지역 사람들의 도덕적 가치관에 중대한 영향을 주었고, 개인과 가정 그리고 공동체들은 도덕적이고 사회적으로 큰 감화를 받아 왔지만 말이다. 자신들을 '그리스도인'이라고 주장하지만 기독교 개신교의 역사 속에서 찾아볼 수 없는 기타 무리와 크리스천 사이언스, 여호와의 증인 등도 같은 이유로 실리지 않았다. 이런 형태의 교회들이 포함되지 않은 이유는 교리와 실제에 있어서 신약 교회의 전형에 맞지 않기 때문이다.

왜 이 책을 읽어야 하는가?

내가 이 책을 집필한 것은 사람들의 호기심을 충족시키기 위해서도 아니고 색다른 목록을 만들기 위해서도 아니다. 하나님이 과거에 행하셨던 위대한 일들이 현재에도 일어날 수 있다는 것을 목회자들에게 알려 주고 싶었고 그들이 훗날 영향을 줄 수 있다는 것을 깨닫게 해 주고 싶었기 때문이다. 과거에 영향을 준 교회들을 보면 우리도 그들처럼 좀 더 영향력을 주고 싶다는 마음을 품게 된다. 영향력 있는 교회의 몇몇 지도자들은 평범한 사람들이었지만 하나님이 평균 이상의 방식으로 그들을 사용하셨다. 또 어떤 지도자들은 신학적인 교육을 조금밖에 받지 못했거나 아예 몰랐지만, 장애를 뛰어넘어 역사상 위대한 영향력 있는 교회를 세웠다.

당신도 못 할 이유가 없다!

이 책을 읽고 나면 (당신이 보기에) 불가능한 일들을 계획한 다음 하나님에게 몰두하고 헌신적으로 기도해 보라. 당신의 기도가 하나님에게 가 닿을 때 하나님도 당신을 만지실 것이다. 그리고 당신은 세상을 움직이게 될 것이다.

그리스도 안에서 당신의 진실한 벗,

엘머 L. 타운즈

버지니아 주 린치버그 리버티 산꼭대기에 있는 집에서 쓰다.

The Ten
Most Influential
Churches
of the Past Century

 1부

가장 영향력 있는 10대 교회

사도적 신앙 선교회(The Apostolic Faith Mission)
캘리포니아 주 로스앤젤레스 아주사 거리

윌리엄 세이모어(William Seymour)

1

오순절 운동의 성장과
전 세계적 확산

사도적 신앙 선교회

캘리포니아 주 로스앤젤레스(아주사 부흥 운동)

캘리포니아 주 로스앤젤레스에 위치한 사도적 신앙 선교회는 1906년 아주사 부흥 운동을 일으킨 장소로, 폭발적인 성령의 임하심을 경험하고 그 영향을 전 세계로 확산시킨 곳이다. 아주사 부흥 운동으로 인해 약 19개의 교파 혹은 조직이 생겨났는데 이들의 세력은 아주사 선교회가 보여 준 현상이 왜소하게 보일 만큼 크게 확장되었다. 아주사 거리에는 성령의 임하심이 넘쳐났고, 세계 각지에서 몰려온 대표자들은 성령을 체험하고 이 경험으로 인해 변화되었다. 그들은 집으로 돌아가, 300명도 채 안 되는 예배자가 모여 있던 작은 2층 건물에서 맛본 것을 자신들의 삶과 속한 단체에서 나누었다.

아주사 거리에서 작게 시작된 사도적 신앙 선교회는 지난 100년 간 모든 교회 중에서 가장 강력하게 **영향을 끼친 교회**가 되었고, 영향은 7년 가까이 계속되었다. 교회의 역사는 7년이 조금 넘을 뿐이지만, 성령의 힘이 너무도 강력해 불과 몇 년 사이에 세상을 뒤흔들었고, 기독교는 그 이전과는 완전히 달라졌다. 아주사 부흥 운동 백주년 기념사업단의 운영진 빌리 윌슨(Billy Wilson)은 이렇게 말했다: "노예 출신을 부모로 둔 외눈의 흑인 남성과 함께 예배드렸던 로스앤젤레스의 몇 안 되는 사람들이 세계 곳곳에서 성령의 임재를 구하는 6억 명 이상의 사람들로 불어나게 된 것입니다."[1]

사도적 신앙 선교회
캘리포니아 주 로스앤젤레스 아주사 거리
윌리엄 세이모어

국민정부가 몰락하고 중화인민공화국이 형성되어 죽의 장막이 쳐졌을 때, 많은 사람들은 중국 내 기독교 교회가 붕괴될 것이라고 예측했다. 왜 그런가? 사람들은 건물, 프로그램, 조직망 그리고 교회를 유지하는 표면적인 것들을 신뢰하기 때문이다.

중국 공산당이 교회를 박해할수록 교회는 더 커지고 강력해지는 것으로 보인다. 다시 말하지만 이것은 서방 선교사, 서방의 돈, 서방의 기술이나 서방의 지도 없이 이뤄진 것이다. 가정 교회는 신학대학에서 교육을 받은 목사들, 교파 프로그램, 주일학교를 위한 자원 없이 계속해서 성장하고 있다. 성경이 한 권도 없는 가정 교회도 많았고, 교회에서 교회로 성경책을 빌려 쓰는 곳도 있었다.[1]

그렇기에 현재 중국에 1억 3천만 명이 넘는 신자가 있고 가정에서 모임을 갖는 지하 교회가 많다는 것은 놀라운 일이다. 이 세력에 대한 설명은 불가능하다. 가정 교회가 하나의 현상이 된 것은 오직 하나님만이 설명하실 수 있다.

제2차 세계대전 이후 중국은 극심한 정치적 혁명을 겪었다. 장제스를 대표로 한 국민정부는 유엔 가입국이 되었다. 하지만 공산당을 이끄는 마오쩌둥이 반군을 조직해 나라를 손에 넣었다. 1949년, 장제스와 국민정부군은 동해를 넘어 타이완으로 후퇴했고 그곳에서 국민정부를 설립했다. 그러면서 두 개의 중국이 생겨났다. 하나는 공화국이고 다른 하나는 공산주의 독재의 중국이었다.

마오쩌둥이 중국인이 가진 서양 제국주의와 식민주의에 대한 반감을 더욱 굳힐 수 있었던 것은 중국을 통제하려는 타국의 움직임이 감지되었기 때문이다. 그는 중국인들을 설득해 장제스가 미국의 꼭두각시라고 생각하게 만들었다. 또한 중국을 과거의 화려했던 역사로 되돌리겠다고 약속하며 중국은 중국인들이 다스려야 한다고 설파했다.

공산당이 나라를 제압했을 때, 중국에는 모든 교파를 합쳐 약 100만 명의 그리스도인이 있었다. 하지만 마오는 중국에서 기독교를 몰아내고 싶었다. 이것은 1844년 마르크스(Marx)가 말한 '대중의 아편', 즉 종교의 모든 흔적을 제거하는 것을 의미했다.[2]

유럽에 철의 장막이 내리쳐져 서방에서 공산 국가들이 다 배제된 것처럼, 중국도 죽의 장막을 굳게 쳐서 거의 모든 서방의 영향을 잘라 냈다. 많은 사람들이 중국에 있는 백만 명의 그리스도인에게 무슨 일이 생길지, 기독교에는 무슨 일이 생길지를 궁금해 했다.

새로운 공산 국가가 설립되자 그들은 모든 외국인 선교사들을 쫓아냈다. 1958년에 마지막 남은 서양인 선교사가 중국을 떠났다. 정부는 교회와 예수 그리스도를 따르는 사람들에 대한 공격을 시작했다. 목사, 지도자, 교육자를 비롯한 많은 그리스도인들이 교도소에 갔다. 몇몇은 순교를 당했다. 겉으로만 그리스도인임을 천명했던 사람들은 주님을 부인하고 교회로부터 멀어졌다. 친구와 친척을 배신하는 사람들이 생겨나면서 더 많은 그리스도인들이 수감됐다.

사탄이 서기 2세기에 박해와 고난을 가해 교회를 말살할 수 있다고 생각했던 그때처럼, 복음의 진정한 빛은 악이 누르려고 할수록 더 밝게 빛났다. 그리고 교회가 로마의 박해를 극복하고 로마 제국에서 가장 큰 힘이 됐듯이, 오늘날 중국에서도 예수 그리스도의 교회가 가장 강력한 세력 중 하나가 되었다. 중국 내 가정 교회에는 중국 인구의 10퍼센트에 달하는 약 1억 3천만 명이 있다고 추정된다.

가정 교회란 무엇인가?

'가정 교회'는 신약에 기록된 교회의 성경적 임무를 수행하는 그리스도인들의 독립적 집회를 설명하기 위한 용어다. 가정 교회를 묘사할 때 어떤 이들은 일반 교회보다 작은 교회라고 표현한다. 또 어떤 이들은 육신의 가족이 모이듯 신앙의 가족도 똑같은 방식으로 모여야 하기에 가정 교회야말로 가장 적절한 방식이라고 말한다. 사도행전에서도 기독교 교회가 가정에서 모였기 때문에 가정 교회라고 부르는 사람들도 있다. 또한 각 신자가 가정 교회의 다른 신자들과 함께 자신의 신앙을 나누기 때문에 기독교 공동체를 세우는 데 집만큼 효율적인 곳이 없다고 믿는 사람들도 있다. 게다가 가정 교회는 한 가족이 다른 가족을 돕듯이 서로를 좀 더 자연스럽게 돕게 해 준다. 그래서 많은 사람들이 가정에서 모이는 교회가 예수님이 원하시는 것이라고 믿는 것이다.

중국의 가정 교회는 박해받는 그리스도인이나 가정에서 만나는 지하 교회 운동으로 인식되기도 한다. 이들 대부분은 건물이나 공공시설에서 공동체 모임을 갖지 않는다. 사람들이 반대하는데다가 정부가 이들의 활동을 불법이라고 규정했기 때문이다. '셀 그룹'이나 '셀 교회'라는 용어는 가정 교회와 같은 게 아니다. 셀이라는 것은 큰 교회의 연장선상에 있으며 한 교회에 많은 셀들이 연결될 수 있다. 하지만 가정 교회는 대부분 다른 모임이나 기관과 상관없이 독자적이다.

2010년에 나는 상하이에서 22명의 가정 교회 지도자들과 대화를 나눈 적이 있다. 각 지도자는 약 20개에서 100개에 달하는 가정 교회를 감독하고 있었다.[3] 이 모임을 주선한 사람은 크리스티안 웨이(Christian Wei) 박사로, 그가 몸담고 있는 사이판 유콘 국제대학(EUCON International College)은 중국 연안에 위치해 중국으로 들어갈 지도자들을 훈련시키는 기독교 대학이었다. 나는 가정 교회 지도자들과 세 시간 넘게 대화한 후에 다음의 세 가지를 배웠다.

첫째, 어린 학생들을 가르치는 사람들이 여성이기 때문에 체포를 당하거나 교도소에 가는 사람은 오직 여성뿐이다. 중국에서 직접 자녀를 가르치는 것은 불법이 아니지만, 자신의 아이가 아닌 경우 사상을 주입하고 개종을 시키는 것은 법에 저촉된다. 그들에게 들은 바로는 18세 미만의 아이들을 가르쳤다는 이유로 주일학교 여성 교사 5명이 교도소에 갔다고 했다. 22명의 지도자에 속한 한 여성분이 말하길 자신은 아이들에게 복음을 가르쳐서 다섯 번이나 교도소에 갔다고 했다(22명의 지도자들이 보여 주듯 체포를 당한 여성들이 많이 있었는데 남성들 또한 박해를 받고 체포되기는 마찬가지였다. 22명의 지도자 모임에는 참석하지 않는 사람 가운데도 남성들, 가정 교회 지도자들 그리고 심지어 평신도까지도 신앙 때문에 체포된다는 것을 우리는 알고 있었다).

둘째, 지도자들은 중국 내 교회가 박해로 인해 더욱 성장했다고 말했다. 어떤 사람이 개종을 하는 경우 가정 교회 모임에 와서 간증을 하거나 말씀을 가르치라는 권유를 받게 된다고 한다. 가정 교회에 오는 모든 사람이 아주 처음부터 지도자로 훈련되는 것이다. 만약 저녁 시간 한 아파트 앞에 자전거가 너무 많이 세워져 있으면 당국은 그게 가정 교회 때문인 걸 안다고도 했다. 그런 경우 그 아파트의 임대가 취소될 수 있다고 한다. 그래서 성도들은 자신들의 몸집이 너무 커졌다고 생각되면 세 개나 네 개의 가정 교회로 나눈다. 그러면 준비된 새 지도자가 주 단위로 찾아온다고 한다.

셋째, 가정 교회의 회원을 대상으로 한 투표도 없고 교회 명부에 이름을 싣는 일도 없다. 예수님을 영접한 사람이라면 누구나 공동체의 일부가 되며, 모두가 서로를 책임지고, 타인을 위해 기도하며, 서로를 섬기는 일에 동참하게 된다. 이들은 관계와 공동체를 기반으로 움직이기 때문에 가정 교회가 새로 생겨도 쉽게 성장할 수 있다.

가정 교회의 토대

마오 주석이 시행한 두 가지 사업은 기독교의 폭발적인 증가를 위한 토대가 되었다. 하나님의 섭리였다. 그렇다. 마오는 중국으로부터 서양 교회를 몰아낸 한편 중국의 지하 교회가 대단히 막강해지는 기반을 마련해 준 것이다.

첫째, 중국인이 중국 전역에서 소규모로 교육을 받을 수 있게 학급을 조직했고, 이것은 지하 교회 운동의 외적 전형이 되었다. 둘째, 중국어 간소화를 지시하고 소규모 학급에서 모두가 사용하라고 명령했다. 그러므로 중국인 모두가 같은 언어를 말할 수 있게 됐고, 덕분에 모든 사람들이 가정 교회에서 복음을 배울 수 있게 된 것이었다.

마오는 《마오쩌둥 어록》(Little Red Book)을 공부하게 할 요량으로 사람들을 소규모 학급으로 나눴다. 이상적인 공산주의적 생활방식을 기초로 한 자신의 주장을 담은 책이었다. 중국인들은 자신의 의사와는 상관없이 주입식 수업에 출석해야 했고, 따라서 소규모 학급은 개인적 인식과 공동체 정신에 깊이 자리 잡게 되었다. 대중에게 사회적 혁명과 변화를 전달하기 위한 방식인 것으로 보인다. 마오는 자신으로 인해 작은 지하 교회와 모임을 위한 기반이 만들어지고 그것을 통해 전국에 기독교가 소개될 것이라는 것은 인지하지 못했다. 공산주의 사상에 거부 반응을 보였던 중국인들은 문화를 초월한 기독교의 순수한 본질을 보다 쉽게 받아들였다. 오늘날 적어도 중국인의 10퍼센트가 기독교를 받아들인 것이다.

중국 공산당 주석 마오쩌둥의 사상을 담은 《마오쩌둥 어록》은 1960년대 후반의 짧은 기간 동안 세상에서 가장 집중적으로 교육된 책으로 꼽힌다. 이 책은 예전에 마오가 했던 말이나 썼던 글을 당 편집자들이 모은 것으로, 1966년에서 1969년에 있었던 문화혁명에 관련된 사람들을 위해 만들어진 지침서였다. 마오는 중국 혁명이 융통성을 잃었고 기본 원리를 위배했다고 주장했다. 그래서 새로운 활력을 불어넣기 위해 그는 젊은이들이 홍위병에 가담하고 사회에 있는 '자본주의적' 요소를 공격해 달라고 촉구했다. 중국에 거주하는 모든 사람은 공부 모임에 참여해 모든 인용구에 대해 몇 시간씩 토론하고 자신들의 삶에 적용하라는 강요를 당했다.[4]

마오는 새로운 중국어 도입을 선보였고 이런 이유로 중국인들이 배우고 생각하는 방식이 강화되길 바랐다. 역사적으로 중국에서 쓰이는 두 가지 주요 언어는 광둥어와 만다린어로 둘 다 구어와 문어에서 사용된다. 하지만 새로운 보통화는 모든 중국인들을 같은 선상에 놓았고, 그로 인해 작은 지하 교회에서 복음을 배우고 공부하는 것을 가능하게 했다.

마오 주석의 중국어 개혁은 그가 이룩했던 성과들 가운데 가장 덜 알려져 있다. 하지만 이 변화는 언어의 특성 때문에 수천 년이 넘도록 제대로 사용되지 않은 언어를 단순화시키고 합리적으로 만드는 데 도움을 주었다. 또한 중국어

대체표기법으로 병음(핀인, pinyin)을 도입했다. 이러한 변화를 시작으로 마오는 언어를 포함해 중국의 모든 분야에 이르는 완전한 혁명을 선언했다.[5]

새로운 언어 표현을 통해 중국어는 그림문자에서 표음문자로 변형되었다. 문자를 표음식으로 만들자 중국인들은 인과관계에 대해 생각하기 시작했다.

중국 공산당이 1949년 나라를 장악한 이후 언어 개혁에 전적으로 매달렸다는 것은 잘 알려져 있고 기록에서도 찾아볼 수 있다. 초기에는 전통적 표기법을 단순화하고 심각한 문맹률(인민공화국을 선포했던 당시 문맹률은 인구의 약 80퍼센트에 달했다)을 낮추는 데 전념했다. 이런 시도에도 성과가 적었던 부분이 있었는데 바로 '공통어'인 보통화(베이징에서 사용된다)를 보급해 단일화한 것과 전통적 표기법을 폐지하고 문자를 표음식으로 적기 위해 병음이라는 발음표기 체계를 대중화한 것이다. 프롤레타리아 문화대혁명(1966~1976) 동안 강압적으로 전파되고 강요된 언어 조종 프로그램은 성공을 거뒀다. 이것은 혁명적인 신(新)인간을 만들기 위해 사상적으로 설득하려는 수단으로 사용됐다.[6]

중국에서의 기독교 발전

1949년의 죽의 장막 이래로 두 가지 세력이 중국 기독교 교회에 영향을 미쳤다. 하나는 명확한 무신론적 마르크스주의 신조로 이론상 기독교에 적극 대치되는 사상이었다. 또 다른 하나는 식민주의에 대한 중국의 반발이었다. 기독교 교회가 단지 예수 그리스도의 메시지만을 들여온 것이 아니라 중화제국을 유럽이나 미국 같은 하나의 나라로 만들기 위한 시도를 했기 때문이었다. 그래서 1949년 중국 정부는 기독교 선교사들에게 모두 추방 명령을 내렸다. 이것은 선교사들의 신앙 때문만이 아닌 선교사들을 보낸 나라의 정치사상에 반발하는 처사였다.

역사적으로 중국은 기독교에 우호적이었다. 당나라(서기 618~907) 왕들은 그리스도인들을 기꺼이 받아들였다. 17세기에는 정부가 예수회 선교사들을 반겼다. 중국의 초기 지도 제작에 많은 기여를 하며 중국인들이 국토의 광대함을 알 수 있게 해 준 사람은 바로 예수회 선교사 마테오 리치(Mateo Ricci)였다. 뿐만 아니라 예수회 선교사들은 과학 기술 도서를 중국어로 많이 옮겨 주었다.

20세기가 되어 기독교 선교사들이 점점 더 중국 깊숙이 들어가자, 많은 중국인들은 서양인들이 중국 시골에 침투해 미래를 위한 경제조치 혹은 군사작전을 취하려고 '위장' 한다고 느끼기 시작했다. 이 때문에 1900년 의화단 사건이 일어날 때까지 서양의 식민 제국에 대한 의혹과 배척이 계속됐다.

또한 건물과 재산도 문제가 됐다. 과거에는 선교사 기관들이 청

나라 황실의 허가를 받아 교회 부지를 사고 건물을 지었다. 결국 지방 정부는 교회에 세금을 부과하지 않았고, 교회들은 지방 정부에 등록되지 않았다. 공산혁명이 일어나자 지방 정부가 그간 미납한 세금을 근거로 교회를 몰수하기 시작했다. 공산당원들은 만약 그리스도인들이 건물, 땅, 시설이 없어 목회 활동을 할 수 없으면 없어질 것이라고 생각한 것이다. 이러한 문제가 생기자, 교황은 로마가톨릭 선교사들을 중국으로부터 모두 철수시켜 중립국으로 보냈다.

교회 지도자들은 공산당 정부와 함께 어떻게 하면 중국에 잔류하면서 정부와도 잘 지낼 수 있을지를 논의했다. 그들은 '반제국주의적인' 공개 성명을 발표했다. 그리고 중국 내 교회는 세 가지 분야인 행정, 재정, 신앙의 전파에 있어 외국과의 접촉을 없애겠다고 결정했다. 이것이 바로 삼자 운동으로, 스스로 관리하고, 스스로 자금을 모으고, 스스로 가르치는 것을 뜻한다.

결과적으로 중국에는 두 가지의 중요한 기독교 운동이 일어났다. 모두가 중국 정부에 의해 승인을 받은 것이었다. 첫 번째는 개신교파에 속하는 삼자 애국 운동(TSPM)이다. 두 번째는 로마가톨릭교에 속하는 중국 가톨릭 주교회다. 이들은 역사적으로 자생 교회가 지닌 선교학적 의미, 즉 (1) 스스로 관리, (2) 스스로 부양, (3) 스스로 전파를 근거로 '삼자'라고 불린다. '자생'이라는 단어는 한 교회가 (서방 기독교 같은) 외부의 영향으로 통제되지 않고, 하나님을 따라 믿음과 (재무나 지원 등의) 활동에서 스스로 통제하는 교회를 뜻한다.

중국 공산 정부가 삼자 교회를 인정하는 것은 삼자 교회들이 정부에 의해 통제되며 중국인 원조를 받고 중국인에 의해 전파된다는 이유 때문이다. 삼자 교회는 모두 정부에 등록되어 있다. 오늘날 약 2,300만 명의 중국인이 삼자 운동과 관련돼 있다.[7]

중국 정부는 로마가톨릭교회가 교황과 바티칸에 충성하고 있다는 이유로 못마땅해 했다. 그래서 가톨릭 지도자들과 중국 정부는 종교 교리 문제와 정치를 분리하기로 합의했다. 그런 식으로 가톨릭교회는 교리를 온전하게 지킬 수 있었고, 그로 인해 신실한 공산당 가톨릭 신자들은 교황에게 소속감을 느낄 수 있었다. 가톨릭교회는 종교 활동에 있어 정부가 통제하게 하면서도 여전히 교황의 교권 아래에 있도록 적절하게 양보를 했다. 중국 정부는 모든 교회들이 삼자 애국 운동이나 중국 가톨릭 주교회의 일부가 되라고 요구했고, 교회와 지도자들은 중국 공산당 중앙통전부에 의해 승인을 받아야 했다.

1966년부터 (마오가 세상을 떠난) 1967년까지 중국 내에는 사회정치적 운동, 즉 문화대혁명이 일어났다. 이 시기에 그리스도인들은 삼자 교회에서 예배를 드리는 것이 금지되었고, 심지어는 승인을 받았던 공식적인 교회들도 잠시 문을 닫아야만 했다. 마오는 자본주의를 척결하고 과거의 중국 문화가 지닌 전통적 가치를 없앰으로써 공산주의를 강화하려고 했다. 그는 공산 정부에 부르주아가 침투하고 있다고 주장했다. 마르크스적 율법주의를 받아들이게 하려는 목적으로 그는 모든 사람이 소규모 학급에서 빨간 소책자《마오쩌둥

어록》을 배워야 한다고 지시했다. 그는 전통적으로 쓰이던 광둥어를 대신해 근대화된 간체 혹은 표준 중국어가 사용되도록 했다.

중국의 젊은이들은 홍위병을 조직해 전국을 다니며 '계급투쟁'과 폭력 사태를 일으키는 것으로 응수했다. '자본주의'에 관심이 있다고 혐의를 받은 정치, 군부, 정부의 관서 고위층은 대거 숙청되었다. 교회 지도자를 향한 공개적 맹비난, 독단적인 구금, 고문, 재산 몰수, 강제 노역과 같은 광범위한 공격이 있었다. 막대한 수의 도시 청년들이 시골로 보내졌다. 가치를 따질 수 없는 공예품과 역사적으로 중요한 유물들이 파괴되었다. (마오의 부인과 친한 동료 3명인) '4인방'의 체포로 문화대혁명은 최후의 날을 맞았다.

성령이 악의 세력이 힘껏 거미줄을 치도록 두셨다가, 오히려 그 악폐 때문에 사람들이 하나님을 찾고 교회 안에서 주님을 구하게 하신 듯 보인다. 가정 교회가 바로 그 예다. 문화대혁명 때 자극을 받은 가정 교회 운동은 그 이후로 계속 성장해 왔다. 중국 공산 정부는 문화대혁명에서 등을 돌렸다. 아마 효과를 얻지 못했기 때문일 것이다. 당국은 여전히 철저하게 종교 활동을 통제했지만 삼자 교회에서의 예배는 다시 허용됐다. 더불어 정부는 중국기독교협회를 통해 허가된 기독교 예배를 공식적으로 인정하기에 이르렀다.

그러나 공산 정부는 여전히 가정 교회를 인정하지 않았고, 이것은 지방 정부 관계자들이 교회를 박해하는 결과를 낳았다. 모임을 해체시키거나 주일에 그리스도인들을 가택에 구금시키고, 체포나 감금, 때로는 중노동을 통해 '재교육'을 시키는 방식이었다. 가끔

정부는 지역 교회에 벌금을 부과했는데, 그게 통하지 않는 경우 지방 공무원들이 모임 여부를 감시해 교회로 사용되는 아파트나 집의 임대를 무효화시켰다. 모일 장소가 없으면 흩어질 것이라는 게 그들의 생각이었다.

1976년 문화대혁명의 종말로부터 2008년 베이징 올림픽이 끝날 때까지 교회에 대한 박해는 조금 약화되었고 정부 측은 어느 정도 관용을 보였다. 정부는 무신론적 입장에 항의하는 그리스도인들에 대해서는 별로 신경 쓰지 않았다. 오히려 그보다는 지역 교회나 자체 동원된 시민들이 모여 폭동을 일으키지나 않을까 촉각을 세우고 있었다. 아마도 그들의 두려움은 1989년의 천안문 광장 시위나 1999년 베이징에서 있었던 파룬궁 사태에서 기인했을 터였다.

어쩌면 정부는 가정 교회가 외부(서양)의 영향을 가지고 사람들을 제국주의의 도구로 만들 수 있다고 믿기에 두려워하는 것인지도 모른다. 중국 정부가 두려워하는 또 한 가지는 사람들을 끈질기게 따라다니는 미국인 전도사들의 열의다. 그렇기 때문에 18세 이하의 누구에게라도 개종을 권하거나 사상을 불어넣으면 법에 저촉되는 것이다. 그러나 미국인들에게 복음 전도라는 것은 중국의 역사적 문화와는 상반되는 개념이었다. 그러니 가정 교회를 1900년대 초반 남침례교 주일학교 전도사들처럼 집집마다 다니며 전도하는 교회로 생각해서는 안 된다. 그보다는 신자들이 그리스도에 대한 사랑, 예배에 대한 마음, 영적인 은사를 드러내며 새로운 신도를 끌어당기는 활력에 찬 젊은 교회로 생각해야 할 것이다.

새로운 박해

〈크리스처니티 투데이〉(*Christianity Today*)는 2012년 1월 국가종교 사무국이 비밀리에 가정 교회를 조사해서 그들에 대한 정보를 수집한다는 기사로 새로운 박해의 흐름을 알렸다. 이것은 가정 교회, 특히 18세 미만의 청소년에게 개종을 권하거나 사상을 가르치는 사람들에 대한 엄중 단속으로 이어졌다. 그런 후 정부는 '가정 교회' 라는 용어의 사용을 금지하기 위해 '가정 모임' 이라고 부르기 시작했다. 교회로서의 정체성을 빼앗으면 미등록 교회가 사라질 것이라고 믿었기 때문이었다.[8]

왜 가정 교회인가?

닐 콜(Neil Cole)은 그의 저서 《오가닉 처치》(*Organic Church*, 가나북스 역간)에서 "세상은 예수님에게 관심이 있다. 오히려 예수님과 시간을 보내고 싶어 하지 않는 건 그의 부인(교회는 예수님의 신부)이다" 라고 말했다.[9] 그는 많은 교회들이 건물과 프로그램, 성직자 급여에 재정을 쏟아 붓기 때문에 길을 잃은 것이라 여긴다. 또한 너무 많은 교회들이 시설을 기반으로 지어져 결국엔 '설 곳을 잃었다' 고 말한다.[10] "주일에 교회에 출석하는 것이 삶을 바꾸지 않는다. 마음속에 예수님이 계신 것이 사람들을 변화시킨다" 라고 서술하기도 했다.[11]

콜의 삶을 들여다보자면, 그는 미국 교회가 그 어느 때보다도 잘 조직화된 시대에 제도화된 교계를 떠난 사람이었다. 미국 교회 역사상 가장 좋은 시설, 최고의 과정, 뛰어난 교육 자료, 가장 탁월한 목사님들이 존재하던 때였다. 유기적 가정 교회 운동은 이러한 이점들을 누리지 않았고, 그가 교계를 떠난 것은 이 운동의 연장이었다. 그는 이것을 '과도한 성공으로부터의 회귀'라고 칭했다.[12]

사람들은 왜 가정 교회에 가는 것일까? 왜냐하면 환영받고 사랑받는 느낌을 얻으며, 그러면서 서로가 사랑하게 되기 때문이다. 그들은 따뜻함을 느끼며 공동체에 참여하는 것이다. 바로 이것이 그리스도의 몸에서 일어나야 하는 일이 아닐까? 우리는 모두 예수 그리스도 안에서 하나이며 서로 연합된 존재이지 않은가? 우리는 하나의 '가정' 혹은 하나의 '교회'에서 함께 사는 가족이다. 공산당은 '화해사회'(harmonious society)라는 슬로건을 걸고 공공 정책을 주입하려 했으나 성과를 얻지 못했다. 오히려 정부가 약속한 '화해사회'를 경험한 것은 교회에 속한 사람들이었다.

원자바오 전 총리에 의하면 요즘 중국 사람들은 '영적 위기'에 대해 얘기한다고 한다. 물론 그는 기독교적인 관점이 아닌 전통적인 중국 방식에 반하는 위기를 언급한 것뿐이었다. 마르크스 레닌주의의 신조는 사람들의 생각을 통제하는 게 아니다. 사람들은 자본주의를 향해 돌진하고 있고, 정부는 독특하고도 차별화된 방법으로 그것을 통제하려고 노력하고 있다. 젊은이들은 부를 얻기 위해 터무니없는 대가를 치르고, 중국인들에게 돈은 또 하나의 신으로 여겨지고 있다. 많은 사람들이 인생의 목표로 성공을 꼽는다. 베이징에 위치한 런민대학의 종교철학가 혜 광후 교수는 "부의 신(돈)을

섬기는 것이 많이 이들의 삶의 목표가 되었다"고 말했다.[13]

　중국과 그곳의 강력한 가정 교회들에게 무슨 일이 생길지는 시간이 지나 봐야 알 것이다. 그러는 동안 많은 사람들은 박해가 사라지기를 기도하고 있다. 중국 정부가 교회에 대한 탄압을 계속한다면 기도만이 중국과 중국 내 그리스도인들을 위해 할 수 있는 최선일 것이기 때문이다. 기도를 통해 그들은 힘을 얻고 살아남을 수 있을 것이다.

가정 교회의 강점과 취약점

　가정 교회가 가진 수많은 강점 중 하나는 바로 공동체라는 점이다. 가정 교회는 유죄 판결을 받은 사람들의 공동체다. 사람들이 가정 교회에 출석하는 이유는 거기 모인 사람들이 서로가 똑같이 유죄 판결을 받은 사람이라고 동질감을 느끼기 때문이다. 유유상종인 것이다. 그러나 또한 가정 교회는 사람들이 함께 모여 배우는 공동체이기도 하다. 목사님 같은 지도자로부터만 배우는 것이 아니라 서로가 서로에게서 배우게 된다. 왜냐하면 그들은 삶을 공유하고, 서로를 위해 기도하며, 같이 살기 때문이다. 가정 교회 교인들의 일체감은 같은 경험을 공유하는 일체감으로 이어진다. 반면에 개인주의적인 기독교의 경우 단절된 특성 때문에 많은 신자들이 교회로부터 떠나거나 그리스도 안에서 성장하지를 못한다.

　또 다른 강점은 가정 교회가 신앙을 만들어 가는 공동체라는 점 예배자들이 일용할 것들(감정적, 물질적, 영적, 지적으로)을 채워 주시는 구원자를 만날 수 있도록 격려했다. 그가 설교할 때면 사람들은 끊임없이 소리치며 화답했다.

> 많은 사람들이 성령에 이끌려 즉흥적인 설교를 하긴 했지만 주요 설교자는 세이모어였다. 종종 오순절교회 목사들이 성경을 쾅쾅 쳐 대는 인물로 그려지지만 세이모어는 그렇지 않았다. 하지만 그의 메시지는 강력해서 회개, 성결, 성령세례나 치유를 원하는 이들로 교회 제단은 늘 가득 찼다.[21]

세이모어는 성도들에게 권하길 주변 사람들에게 방언이 얼마나 신비로운지에 대해 얘기하지 말고 구원자 되신 예수 그리스도가 그들 삶에 얼마나 필요한지를 말하라고 했다.[22] 사람들은 사방으로 퍼져 아주사 거리에서 자신들이 경험한 것들에 대해 얘기했다. 모든 것이 자연스럽게 이뤄졌다. 설교는 불시에 전해졌고 사도적 신앙 선교회로부터 부흥의 강물이 쏟아져 흘렀다. 변화된 삶들로 인해 사람들은 더 강렬하게 이끌렸고, 하나님을 경험함으로 이곳의 기반은 단단해졌다.[23]

Apostolic Faith(사도적 신앙) 신문은 성령세례가 일어난 다른 지역에서 온 간증의 편지들을 실었다. 이 간증들은 예배 때 대중들에게 공개적으로 읽혔다. 간증이 하나씩 끝나면 "할렐루야, 아멘, 하나님

에게 영광을" 이라는 외침이 이어졌다.

여러 인종이 모인 교회를 모두가 좋아하는 것은 아니었다. 첫 성령세례가 있고 나서 6개월 후 파햄은 큰 기대를 안고 아주사 교회를 찾았지만 같은 제단에서 흑인과 백인이 섞여 기도하는 것을 보고 실망하고 말았다. 그는 특히 흑인 남성이 '성령에 쓰러진' 백인 여성을 잡아 주는 것을 보며 충격을 받았다. 파햄은 설교를 하면서 인종의 차이를 무시하는 성도들을 꾸짖었다. 세이모어와 교회 장로들은(백인과 흑인이 섞여 있었다) 파햄에게 나가라고 요구하고 다시는 오지 말라고 경고했다.

하지만 이런 시각을 가진 사람이 파햄뿐만은 아니었다. 10년이 안 되어 인종을 분리하는 오순절 교파가 나타난 것이다. 아프리카계 미국인은 하나님의 교회에, 백인들은 하나님의 성회에 참석했다. 이러한 교파들은 고의로 분리된 게 아니라 관계에 의해 자연스럽게 형성된 것이었다. 그들은 아주사 거리로부터 배운 방언의 경험은 포용했지만 인종 통합이라는 세이모어의 비전을 달성하지는 못했다.

획기적인 예배

아주사 교회 예배에는 획기적인 것들이 많았다. 첫째, 성직자와 평신도 모두 즉흥 설교를 할 수 있었고 매 예배 시간에는 설교가 몇 번씩 있었다. 둘째, 성도들은 영어와 방언으로 찬양했다. 사람들이 즉석에서 노래를 하면 한 노래에서 쓰인 다른 언어는 영어로 통역되었다. 셋째, 예언과 하나님으로부터 치유를 받는 것 그리고 악령을 쫓는 일이 흔하게 일어났다. 넷째, 성령의 인도하심에 따라 자신들의 간증을 자유롭게 나누었다. 다섯째, 예배 시간에는 성유를 머리에 바르는 것과 안수 기도, 옷자락 기도(아픔과 슬픔, 고통, 애통을 느끼는 사람들을 위해 하는 기도)처럼 기도 제목을 놓고 기도하는 일이 행해졌다. 여섯째, 예배를 인도하고, 설교하고, 가르치고, 촉구하는 데 있어 여성들이 적극적으로 참여하기 시작했다. 여성들은 기도하고, 예언적 간증을 전하고, 방언을 말하고 그것을 해석했던 것이다.[24]

성령의 나타나심에 대한 다음의 설명을 살펴보자.

> 하나님의 일하심 가운데 많은 이들이 구원받았고, 다시
> 발견된 은사인 성령세례가 주요한 동력이 되었다. 성령님
> 의 나타나심은 선물과도 같았는데 예를 들면 … 뛰어다니
> 기(사람들이 자리에서 일어나 건물 곳곳을 뛰어다니고 가능한 한 많은
> 사람들을 안아 주며 자신들이 경험하는 기쁨을 표현하는 것), 치유받
> 기와 성령의 힘으로 쓰러지기가 있었다.[25] 남자들은 전투
> 에서 죽어 가듯 곳곳에서 쓰러지거나 하나님을 구하기 위
> 해 단체로 강단으로 돌진했다. 그 광경은 종종 쓰러진 나
> 무들이 있는 숲을 보는 듯했다.[26]

이 부흥에서 특별히 주목할 것은 여성의 역할이다. 몇 년이 지나자 미국의 거리에는 여성의 투표권을 요구하는 가두행진이 생겼다. 약 10년 후, 입법자들은 헌법 수정 제19조를 미국 헌법에 승인했고 이로써 여성들은 투표할 권리를 획득했다. 아주사 거리에서 여성들은 바라던 대로 모든 선교 사역을 함께할 수 있었고, 더불어 설교하고, 예배를 이끌고, 가르치고, 치유 사역을 행하고, 예언을 행하고, 방언을 말하고, 방언을 통역했다. 다른 남자 인도자들이 하듯이 말이다.[27] 이것은 정치적으로 정당한 행위는 아니었지만 그렇다고 해서 이것이 여성들 자신이나 성도들의 압력으로 인해 벌어진 결과는 아니었다. 여성들이 이끌게 된 것은 그들이 성령세례를 받았기 때문이고, 하나님의 기름부으심이 있었기 때문이었다.[28]

아주사 부흥 운동과 웨일스 부흥 운동의 관계

아주사 부흥 운동이 일어나기 2년 전인 1904년, 웨일스 부흥 운동이 시작되었다.[29] 각 지역에서 온 10만 명 이상의 사람이 하나님을 영접했다. 이 부흥 운동의 일차적인 시작은 이십 대 시절을 광부로 지냈던 에번 로버츠(Evan Roberts)의 설교도 있었지만, 부흥 운동을 널리 퍼지게 한 데에는 다른 많은 요소들이 있었다.

웨일스 부흥이 전 세계로 퍼지며 캘리포니아 주 로스앤젤레스까지 그리고 제일 침례교회의 목사인 조지프 스메일(Joseph Smale)에게도 가 닿았다. 그는 이 부흥을 직접 목도하기 위해 웨일스에 갔다

와서는 자신의 성도들을 위해 똑같은 형식의 부흥회를 열려고 노력했지만 쫓겨나고 말았다. 그래서 그는 로스앤젤레스로 와서 신약성서 교회(New Testament Church)를 세웠다. 죄를 고백하는 것, 경건함을 구하는 것, 하나님과의 새로운 경험을 하는 것을 바탕으로 부흥이 계속되었다. 여기에 성령세례와 방언은 포함되지 않았지만 로스앤젤레스의 많은 지역에서 부흥에 대한 기대감이 생겨났다.

웨일스 부흥에서 생겨난 이 부흥과 하나님의 행하심은 마치 '자비의 단비'와도 같았다. 하지만 세이모어가 사도적 신앙 선교회를 세웠을 때 거기에는 '늦은 비'라고 표현된 쏟아 붓는 폭우가 있었다. 웨일스 부흥에서는 '더 깊은 삶'의 경험을 강조한다면, 세이모어는 방언처럼 성령세례의 증거가 되는 다른 현상들을 접하게 하는 데 주력했다.

신문 업계에서는 양쪽 부흥 운동에 대해 보도했다. 〈웨스턴 메일〉(The Western Mail)과 〈사우스 웨일스 데일리뉴스〉(South Wales Daily News)는 웨일스 부흥 운동에 대한 소식을 긍정적으로 보도했고, 〈로스앤젤레스 타임스〉는 아주사 부흥 운동에 대한 소식을 부정적으로 내보냈다. 양쪽 부흥 운동은 둘 다 세계를 자극했지만 서로에게 나타난 징후들은 달랐다. 아주사 교회의 예배는 분명하게 오순절파인 데 반해서 대단한 영적 에너지를 지녔던 웨일스 부흥 운동은 방언처럼 나타나는 성령의 개입에는 초점을 맞추지 않았다는 점이다. 웨일스 부흥 운동에서의 가장 큰 차이점이라면 복음주의와 영혼 구원에 주안점을 둔 것이다. 침례교 목사이자 저자인 J. 에드윈 오르(J.

Edwin Orr)는 "이러한 자각이 영국 전역, 스칸디나비아, 유럽 항구, 북아메리카, 인도 선교지, 동양, 아프리카와 라틴아메리카를 휩쓸었다"고 말했다.[30]

하나님이 웨일스 부흥 운동의 에번 로버츠를 통해 시작하신 일은 아주사 부흥 운동에도 영향을 미쳤다. 에번 로버츠와 세이모어는 둘 다 예배를 길게 드렸고, 틀에 맞추지 않았으며, 자발적인 간증을 환영하고 찬양을 많이 불렀다. 웨일스 부흥 운동의 몇 가지 특징은 아주사 부흥 운동에서도 발견되는데 다음과 같다. (1) 그룹 예배 형식보다는 개인적 예배, (2) 회개를 통해 예수 그리스도를 알게 됨, (3) 경건함과 신성함, (4) 하나님에게 노래로 예배, (5) 평신도와 성직자의 즉흥적인 설교, (6) 전도 집회 스타일(찬양, 회개, 성찬식, 세족식, 기도, 치유와 몇 번의 설교를 포함해서 때로는 10시간에서 12시간까지 지속되었다)의 예배, (7) 공개적으로 선언되는 미래 예언, (8) 감정 표현이 가득한 예배.

이 밖의 초기 오순절파 교회들

앞에서 언급했듯이 성령세례와 방언 등의 현상은 아주사 부흥 운동에서 처음 나타난 게 아니었다. 방언은 사도행전 2장의 성령강림절부터 계속해서 나타났지만, 아주사 부흥 운동 전에는 정식으로 기록된 것이 거의 없었다.[31] 목사이자 강연자인 데일 A. 로빈스(Dale A. Robbins)는 방언의 역사에 대해 이렇게 말했다.

몇몇 사람들은 오늘날 방언의 타당성에 흠집을 잡으려고 노력한다. 하나님으로부터 받은 특별한 능력들은 사도 시대를 마지막으로 사라졌다고 주장하면서 말이다. 하지만 교회사를 조금이라도 공부한다면 이 이론이 근거 없다는 것을 깨닫게 될 것이다. 20세기 동안 교회 지도자들에 의해 집필된 책에서도 방언과 다른 은사들이 끊임없이 언급되기 때문이다. 필립 샤프(Philip Schaff)가 쓴 책 《교회사》 (*The History of the Christian Church*, 크리스천다이제스트 역간)를 보면, 1859년에 일어난 아일랜드 부흥 때 프랑스 세벤느 산맥의 카미자르와 초기 청교도와 감리교 신자들에게서 방언이 나타났고, 1831년에는 어빙파 신도들에게서도 나타났음을 알 수 있다. 《브리태니커 백과사전》(*The Encyclopedia Britannica*)을 보면, 방언이 모든 세대의 기독교 부흥 운동 중에 반복적으로 나타났는데, 13세기의 탁발 수도승 사이에서, 얀센파와 초기 청교도, 세벤느 산맥의 박해받는 프로테스탄트와 어빙파 신도들에게 나타났다고 한다.[32]

오순절교회 역사학자들은 신약부터 현재에 이르기까지 오순절파의 흐름이 끊이지 않고 계속되었다고 주장한다. 하지만 그들은 아주사 부흥 운동이 교회 내 사도적 능력의 현대판 재현이라고 간주하고, 현대 오순절학파의 대다수 역사가들은 미국과 영국에서 급진적인 부흥 운동이 펼쳐짐에 따라 19세기 후반에 이러한 움직임이 일어났다고 서술했다.[33] 아주사 거리에서 윌리엄 세이모어와 함께

한 예배로 방언의 역사가 있었지만, 역사 속에서 나타난 다른 방언의 증거들은 계속된 운동의 결과로 생긴 것이 아니었다. 로스앤젤레스에서 있었던 일은 인식이 가능했고, 모사가 가능했으며, 반복도 가능했다. 그리고 이것이 학자들이 신뢰성을 입증하기 위해 사용하는 기준들이다. 세이모어가 경험한 것은 '병에 담아져' 세계로 보내기 위해 바다에 띄워졌다. 특별한 은사를 받는 경험은 세이모어가 첫 번째도 아니고, 또한 마지막도 아닐 것이다.

방언을 말하는 것이 성령세례를 경험했다는 증거가 될 수 없다고 거부하는 사람들은 체험의 실재가 무엇인지 알아볼 수 있을지는 몰라도, 그게 성령에 의해 만들어진 성경적 표현이라는 것을 거부하는 것은 확실하다. 하지만 그 누구도 아주사 부흥 운동의 폭발적인 영향과 기독교 세계가 받은 충격을 부인할 수는 없을 것이다. 많은 오순절파 교회들이 세이모어의 사도적 신앙 선교회에서 파생되었다. 규모적으로 더 큰 곳도 있었고, 어떤 경우 세이모어보다도 더 많은 대중들의 이목을 집중시켰다. 세이모어는 구원받은 사람들이 아닌 교회 내부에서만 인기가 있었다.

에이미 셈플 맥퍼슨은 아주사 거리를 방문했고 그 메시지에 크게 영향을 받았다. 그녀는 더 나아가 1923년에 역사적인 안젤루스 교회당(Angelus Temple)을 찾았고 성령세례와 방언을 토대로 한 새로운 교파를 세웠다. 1922년 에이미가 처음으로 한 설교는 에스겔의 첫 환상으로 네 개의 얼굴, 곧 사람, 사자, 소, 독수리(겔 1장 참조)를 지닌 천상의 존재였다. 그녀는 이 모습들을 예수 그리스도의 복음이 가진 네 가지 모습과 비교했다. 사람은 예수 그리스도, 사자는 성령과 불을 지닌 능력의 세례자, 소는 우리의 죄와 질병을 대신 지고 십자가에 오르신 치유의 하나님 그리고 독수리는 귀환하셔서 승리를 안겨 주실 다시 오실 왕 예수였다. 이 네 가지 법칙은 '사중복음'으로 알려지게 됐고 교회는 네 가지의 상징, 곧 십자가, 성배, 비둘기 그리고 왕관으로 발전시켰다. 오늘날 이 운동은 국제 포스퀘어 교회로 알려져 있다.

맥퍼슨은 곧 로스앤젤레스에 5,300석의 객석이 있는 강당을 건설하고 빈센트(Vincente)와 데오도라 데 반테(Teodora De Vante)를 필리핀 선교사로 파송했다.[34] 시작부터 선교사 파송 기구로서 출발한 포스퀘어 교회는 오늘날까지 8백만 명 이상을 전 세계에 파송했다. 이 교파는 세계 곳곳에 7만 8천 명의 성도와 예배당을 가지고 있다.[35] 교회의 주간지인 *Foursquare Crusader*(견고한 십자군)와 월간 잡지 *The Bridal Call*(신부의 소명)은 맥퍼슨의 영향을 더욱 널리 퍼뜨렸다. 그녀는 더 많은 사람들에게 다가가기 위해 라디오 방송국을 지었다.

아마도 어떤 사람들은 맥퍼슨의 교회가 지난 100년간 가장 영향력 있는 교회 목록에 있어야 한다고 생각할 것이다. 하지만 안젤루스 교회당과 포스퀘어 교회는 아주사 거리를 토대로 파생된 두 개의 흐름으로 봐야 할 것이다. 또한 다른 오순절교회들도 가장 영향력 있는 10대 교회 안에 포함되어야 한다고 생각하는 사람들이 있을 수 있지만, 아무리 위대하고 강력하다고 해도 이 시초는 모두 세

이모어에서 시작됐다는 것을 잊으면 안 된다.[36]

아주사 거리에서 잦아든 불꽃

아주사 부흥 운동은 몇 년간 계속되었다. 하지만 사탄은 하나님이 일하실 때마다 반격을 날리는 법이다. 많은 교파가 성령세례의 감정 표출에 대해 비난했고 〈로스앤젤레스 타임스〉가 쓴 부정적인 기사로 비난의 독이 퍼지기 시작했다. 1908년 5월 13일, 세이모어가 지니 에반스 무어와 결혼하자 이 결혼에 동의하지 않는 많은 사람들이 교회를 떠났다. 백인과 흑인이 섞이면 안 된다고 생각했던 찰스 파햄과 다른 사람들은 또 다른 분열을 일으켰다.

> 세이모어는 결국 인종 통합에 대해 의견이 다른 백인 여성 때문에 지독한 경험을 하게 되었다 … 전 세계적으로 5만 명의 구독자를 가진 정기 간행물 *Apostolic Faith*(사도적 신앙)를 발행하는 데 도움을 준 클레어 럼과 또 다른 여성 한 명이 정기 간행물과 메일링 리스트를 빼내 오리건 포틀랜드로 떠난 것이다. 그들 중 한 명은 이곳에서 또 다른 전도 단체를 세웠다. 이것은 세이모어의 출판 선교회를 실질적으로 짓밟은 행태였다.[37]

하비 콕스(Harvey Cox)는 자신의 책 《영성, 음악, 여성》(*Fire from*

Heaven, 동연 역간)에서, 세이모어는 교회 내에서 인종 차별이 생기는 걸 보았고 "백인 여성에 대한 환멸이 방언의 은사를 받아들이는 것에 영향을 주었다. 누군가가 방언을 말하면서도 여전히 동료 예배자를 혐오할 수도 있다는 것을 보며, 성령이 임하고 새 예루살렘이 가까워지는 가장 확실한 신호는 방언을 말하는 것이 아니라 인종 장벽이 사라지는 것이라는 생각이 들었다"고 저술했다.[38]

세이모어는 널리 여행을 다니며 아주사 부흥의 불씨를 퍼뜨렸지만, 의도치 않은 결과로 자신의 집이 불에 타 버리고 말았다. 그런데도 그는 옛날 아주사 부흥의 불꽃을 지닌 새로운 교회들을 세우는 데 힘을 보탰다. 그는 *The Doctrines and Discipline of the Azusa Street Apostolic Faith Mission of Los Angeles*(사도적 신앙 선교회의 교리와 규율)라는 책도 썼는데, 새롭게 건립되는 교회들은 이 책을 기준으로 삼았다.[39]

매일 예배 시간이 짧아지며 매주 부흥의 열기가 식어 가자 교회는 인종별로 나뉘기 시작했다. 스페인 사도적 신앙 선교회는 스페인어로 예배를 드렸다. 이탈리아 오순절교회도 갈라져 나왔고, 51번가 사도적 신앙 선교회도 시작되었다. 몇몇 당찬 사람들은 교인을 빼돌려 오순절 선교회를 시작했다. 인종이 갈라진 것을 넘어서 교리가 분열된 것이다. 몇몇은 오순절파로 남기도 했지만 세이모어의 사도적 신앙 선교회가 가진 시각에는 의견을 달리했다.

부흥의 열기가 가라앉고 몇 년 후 사도적 신앙 선교회에 남은 성도는 소수였는데 대부분이 보니 브래 거리 때부터 있던 사람들이었다. 성도들은 줄어들기 시작했다. 백인 성도가 떠나고 아주사 거리에는 흑인 성도만 남았다.[40] 모든 나무가 하늘을 향해 뻗어 나가듯 세이모어도 영향력을 펼쳤다가, 모든 나무가 성장 주기를 거치며 시들고 마는 것처럼 사도적 신앙 선교회의 성도들도 처음의 작은 건물에 다 들어갈 수 있을 정도로 감소했다.

1922년 9월 28일, 세이모어는 흉통을 느끼며 숨이 가빠졌고 결국 세상을 떠났다. 몇몇 사람들은 그가 상심해서 죽었다고 말하기도 했다. 로스앤젤레스 에버그린 묘지에 있는 묘비에는 단지 이렇게만 적혀 있다: "우리 목사님." 세이모어가 죽자 아내인 지니가 선교회를 이어 나갔지만 1931년 성도들은 건물을 잃었고, 로스앤젤레스 시에 의해 허물어졌다.

::
::

마무리

아주사 부흥 운동은 20세기라는 어두운 밤을 빛나게 하는 눈부신 별 중의 하나였다. 모든 나무가 가을에 찬란함을 발산하고 겨울의 맹습으로 생을 다하듯 사도적 신앙 선교회도 그렇게 끝났다. 하지만 사도적 신앙 선교회라는 생명은 수치스럽게 죽은 게 아니었다. 오늘날에도 십여 개의 거대한 교파로 남아 방언을 포함한 성령 세례의 메시지를 널리 전하고 있다.

아주사 거리의 정신은 교파를 막론하고 살아 있다. 순복음실업

인선교연합회(Full Gospel Business Men's Fellowship), 〈카리스마 매거진〉 (*Charisma Magazine*) 그리고 똑같은 부서를 가진 수천의 다른 조직들 안에서 말이다. 미주리 주 스프링필드의 에반젤대학(Evangel University)이나 오클라호마 주 털사의 오럴로버츠대학(Oral Roberts University), 버지니아 주 버지니아비치의 리젠트대학(Regent University) 그리고 거의 전세계 각국에 있는 수많은 다른 학교들 안에도 살아 있다. TBN 방송국에서 윌리엄 세이모어의 메시지를 전달하던 잰(Jan)과 폴 크라우치(Paul Crouch)의 텔레비전 방송에서도 아주사 거리의 정신은 계속됐다. 또한 수천 개의 라디오와 텔레비전, 인터넷 기관들이 계속해서 메시지를 전달하고 있다.

아주사 거리에서 작게 시작된 사도적 신앙 선교회는 지난 100년간 다른 교회들에게 강력한 영향을 미쳤다. 아주사 부흥 운동 백주년 기념사업단의 운영진 빌리 윌슨은 이렇게 말했다: "노예 출신을 부모로 둔 외눈의 흑인 남성과 함께 예배드렸던 로스앤젤레스의 몇 안 되는 사람들이 세계 곳곳에서 성령의 임재를 구하는 6억 명 이상의 사람들로 불어나게 된 것입니다."[41]

가정 교회

무명의 인도자

2

보이지 않지만 상존하는
가정 교회의 영향

중국의 유기적 가정 교회

중국 본토

중국의 가정 교회는 중국 내 거의 모든 곳에 산재해 있지만, 어디에 있는지 찾을 수 있는 방법은 없다. 예배당도 광고도 홍보도 없이 중국의 가정 교회(또한 지하 교회로도 알려져 있다)는 세상에서 가장 막강한 기독교 운동의 하나가 되었다.

비공식적으로 중국에는 1억 3천만의 신자가 있다. 당국으로부터 공인받은 삼자 교회의 등록자가 약 2,350만 명에 달하는 반면, 거의 1억 명이나 되는 사람들이 집, 아파트, 식당 그리고 그 밖의 장소에서 가정 교회 모임을 갖는다. 사람들 말에 따르면 공산당이 중국을 지배하기 시작한 1949년에는 지하 교회가 없었다고 한다. 그럼에도 오늘날 15억의 인구를 가진 이 나라에서 기독교가 폭발적으로 증가한 것이다. 중국은 세계 인구의 5분의 1을 담당하고 중국 정부는 기독교에 적대적 아니면 비우호적으로 인식된다. 그럼에도 가정 교회는 건물, 조직적 체계, 프로그램, 교파의 지원이나 외부 나라의 영향 없이 성장해 온 것이다.

국민정부가 몰락하고 중화인민공화국이 형성되어 죽의 장막이 쳐졌을 때, 많은 사람들은 중국 내 기독교 교회가 붕괴될 것이라고 예측했다. 왜 그런가? 사람들은 건물, 프로그램, 조직망 그리고 교회를 유지하는 표면적인 것들을 신뢰하기 때문이다.

중국 공산당이 교회를 박해할수록 교회는 더 커지고 강력해지는 것으로 보인다. 다시 말하지만 이것은 서방 선교사, 서방의 돈, 서방의 기술이나 서방의 지도 없이 이뤄진 것이다. 가정 교회는 신학대학에서 교육을 받은 목사들, 교파 프로그램, 주일학교를 위한 자원 없이 계속해서 성장하고 있다. 성경이 한 권도 없는 가정 교회도 많았고, 교회에서 교회로 성경책을 빌려 쓰는 곳도 있었다.[1]

그렇기에 현재 중국에 1억 3천만 명이 넘는 신자가 있고 가정에서 모임을 갖는 지하 교회가 많다는 것은 놀라운 일이다. 이 세력에 대한 설명은 불가능하다. 가정 교회가 하나의 현상이 된 것은 오직 하나님만이 설명하실 수 있다.

제2차 세계대전 이후 중국은 극심한 정치적 혁명을 겪었다. 장제스를 대표로 한 국민정부는 유엔 가입국이 되었다. 하지만 공산당을 이끄는 마오쩌둥이 반군을 조직해 나라를 손에 넣었다. 1949년, 장제스와 국민정부군은 동해를 넘어 타이완으로 후퇴했고 그곳에서 국민정부를 설립했다. 그러면서 두 개의 중국이 생겨났다. 하나는 공화국이고 다른 하나는 공산주의 독재의 중국이었다.

마오쩌둥이 중국인이 가진 서양 제국주의와 식민주의에 대한 반감을 더욱 굳힐 수 있었던 것은 중국을 통제하려는 타국의 움직임이 감지되었기 때문이다. 그는 중국인들을 설득해 장제스가 미국의 꼭두각시라고 생각하게 만들었다. 또한 중국을 과거의 화려했던 역사로 되돌리겠다고 약속하며 중국은 중국인들이 다스려야 한다고 설파했다.

공산당이 나라를 제압했을 때, 중국에는 모든 교파를 합쳐 약 100만 명의 그리스도인이 있었다. 하지만 마오는 중국에서 기독교를 몰아내고 싶었다. 이것은 1844년 마르크스(Marx)가 말한 '대중의 아편', 즉 종교의 모든 흔적을 제거하는 것을 의미했다.[2]

유럽에 철의 장막이 내리쳐져 서방에서 공산 국가들이 다 배제된 것처럼, 중국도 죽의 장막을 굳게 쳐서 거의 모든 서방의 영향을 잘라 냈다. 많은 사람들이 중국에 있는 백만 명의 그리스도인에게 무슨 일이 생길지, 기독교에는 무슨 일이 생길지를 궁금해 했다.

새로운 공산 국가가 설립되자 그들은 모든 외국인 선교사들을 쫓아냈다. 1958년에 마지막 남은 서양인 선교사가 중국을 떠났다. 정부는 교회와 예수 그리스도를 따르는 사람들에 대한 공격을 시작했다. 목사, 지도자, 교육자를 비롯한 많은 그리스도인들이 교도소에 갔다. 몇몇은 순교를 당했다. 겉으로만 그리스도인임을 천명했던 사람들은 주님을 부인하고 교회로부터 멀어졌다. 친구와 친척을 배신하는 사람들이 생겨나면서 더 많은 그리스도인들이 수감됐다.

사탄이 서기 2세기에 박해와 고난을 가해 교회를 말살할 수 있다고 생각했던 그때처럼, 복음의 진정한 빛은 악이 누르려고 할수록 더 밝게 빛났다. 그리고 교회가 로마의 박해를 극복하고 로마 제국에서 가장 큰 힘이 됐듯이, 오늘날 중국에서도 예수 그리스도의 교회가 가장 강력한 세력 중 하나가 되었다. 중국 내 가정 교회에는 중국 인구의 10퍼센트에 달하는 약 1억 3천만 명이 있다고 추정된다.

가정 교회란 무엇인가?

'가정 교회'는 신약에 기록된 교회의 성경적 임무를 수행하는 그리스도인들의 독립적 집회를 설명하기 위한 용어다. 가정 교회를 묘사할 때 어떤 이들은 일반 교회보다 작은 교회라고 표현한다. 또 어떤 이들은 육신의 가족이 모이듯 신앙의 가족도 똑같은 방식으로 모여야 하기에 가정 교회야말로 가장 적절한 방식이라고 말한다. 사도행전에서도 기독교 교회가 가정에서 모였기 때문에 가정 교회라고 부르는 사람들도 있다. 또한 각 신자가 가정 교회의 다른 신자들과 함께 자신의 신앙을 나누기 때문에 기독교 공동체를 세우는 데 집만큼 효율적인 곳이 없다고 믿는 사람들도 있다. 게다가 가정 교회는 한 가족이 다른 가족을 돕듯이 서로를 좀 더 자연스럽게 돕게 해 준다. 그래서 많은 사람들이 가정에서 모이는 교회가 예수님이 원하시는 것이라고 믿는 것이다.

중국의 가정 교회는 박해받는 그리스도인이나 가정에서 만나는 지하 교회 운동으로 인식되기도 한다. 이들 대부분은 건물이나 공공시설에서 공동체 모임을 갖지 않는다. 사람들이 반대하는데다가 정부가 이들의 활동을 불법이라고 규정했기 때문이다. '셀 그룹'이나 '셀 교회'라는 용어는 가정 교회와 같은 게 아니다. 셀이라는 것은 큰 교회의 연장선상에 있으며 한 교회에 많은 셀들이 연결될 수 있다. 하지만 가정 교회는 대부분 다른 모임이나 기관과 상관없이 독자적이다.

2010년에 나는 상하이에서 22명의 가정 교회 지도자들과 대화를 나눈 적이 있다. 각 지도자는 약 20개에서 100개에 달하는 가정 교회를 감독하고 있었다.[3] 이 모임을 주선한 사람은 크리스티안 웨이(Christian Wei) 박사로, 그가 몸담고 있는 사이판 유콘 국제대학(EUCON International College)은 중국 연안에 위치해 중국으로 들어갈 지도자들을 훈련시키는 기독교 대학이었다. 나는 가정 교회 지도자들과 세 시간 넘게 대화한 후에 다음의 세 가지를 배웠다.

첫째, 어린 학생들을 가르치는 사람들이 여성이기 때문에 체포를 당하거나 교도소에 가는 사람은 오직 여성뿐이다. 중국에서 직접 자녀를 가르치는 것은 불법이 아니지만, 자신의 아이가 아닌 경우 사상을 주입하고 개종을 시키는 것은 법에 저촉된다. 그들에게 들은 바로는 18세 미만의 아이들을 가르쳤다는 이유로 주일학교 여성 교사 5명이 교도소에 갔다고 했다. 22명의 지도자에 속한 한 여성분이 말하길 자신은 아이들에게 복음을 가르쳐서 다섯 번이나 교도소에 갔다고 했다(22명의 지도자들이 보여 주듯 체포를 당한 여성들이 많이 있었는데 남성들 또한 박해를 받고 체포되기는 마찬가지였다. 22명의 지도자 모임에는 참석하지 않는 사람 가운데도 남성들, 가정 교회 지도자들 그리고 심지어 평신도까지도 신앙 때문에 체포된다는 것을 우리는 알고 있었다).

둘째, 지도자들은 중국 내 교회가 박해로 인해 더욱 성장했다고 말했다. 어떤 사람이 개종을 하는 경우 가정 교회 모임에 와서 간증을 하거나 말씀을 가르치라는 권유를 받게 된다고 한다. 가정 교회에 오는 모든 사람이 아주 처음부터 지도자로 훈련되는 것이다. 만약 저녁 시간 한 아파트 앞에 자전거가 너무 많이 세워져 있으면 당국은 그게 가정 교회 때문인 걸 안다고도 했다. 그런 경우 그 아파트의 임대가 취소될 수 있다고 한다. 그래서 성도들은 자신들의 몸집이 너무 커졌다고 생각되면 세 개나 네 개의 가정 교회로 나눈다. 그러면 준비된 새 지도자가 주 단위로 찾아온다고 한다.

셋째, 가정 교회의 회원을 대상으로 한 투표도 없고 교회 명부에 이름을 싣는 일도 없다. 예수님을 영접한 사람이라면 누구나 공동체의 일부가 되며, 모두가 서로를 책임지고, 타인을 위해 기도하며, 서로를 섬기는 일에 동참하게 된다. 이들은 관계와 공동체를 기반으로 움직이기 때문에 가정 교회가 새로 생겨도 쉽게 성장할 수 있다.

가정 교회의 토대

마오 주석이 시행한 두 가지 사업은 기독교의 폭발적인 증가를 위한 토대가 되었다. 하나님의 섭리였다. 그렇다. 마오는 중국으로부터 서양 교회를 몰아낸 한편 중국의 지하 교회가 대단히 막강해지는 기반을 마련해 준 것이다.

첫째, 중국인이 중국 전역에서 소규모로 교육을 받을 수 있게 학급을 조직했고, 이것은 지하 교회 운동의 외적 전형이 되었다. 둘째, 중국어 간소화를 지시하고 소규모 학급에서 모두가 사용하라고 명령했다. 그러므로 중국인 모두가 같은 언어를 말할 수 있게 됐고, 덕분에 모든 사람들이 가정 교회에서 복음을 배울 수 있게 된 것이었다.

마오는 《마오쩌둥 어록》(Little Red Book)을 공부하게 할 요량으로 사람들을 소규모 학급으로 나눴다. 이상적인 공산주의적 생활방식을 기초로 한 자신의 주장을 담은 책이었다. 중국인들은 자신의 의사와는 상관없이 주입식 수업에 출석해야 했고, 따라서 소규모 학급은 개인적 인식과 공동체 정신에 깊이 자리 잡게 되었다. 대중에게 사회적 혁명과 변화를 전달하기 위한 방식인 것으로 보인다. 마오는 자신으로 인해 작은 지하 교회와 모임을 위한 기반이 만들어지고 그것을 통해 전국에 기독교가 소개될 것이라는 것은 인지하지 못했다. 공산주의 사상에 거부 반응을 보였던 중국인들은 문화를 초월한 기독교의 순수한 본질을 보다 쉽게 받아들였다. 오늘날 적어도 중국인의 10퍼센트가 기독교를 받아들인 것이다.

중국 공산당 주석 마오쩌둥의 사상을 담은 《마오쩌둥 어록》은 1960년대 후반의 짧은 기간 동안 세상에서 가장 집중적으로 교육된 책으로 꼽힌다. 이 책은 예전에 마오가 했던 말이나 썼던 글을 당 편집자들이 모은 것으로, 1966년에서 1969년에 있었던 문화혁명에 관련된 사람들을 위해 만들어진 지침서였다. 마오는 중국 혁명이 융통성을 잃었고 기본 원리를 위배했다고 주장했다. 그래서 새로운 활력을 불어넣기 위해 그는 젊은이들이 홍위병에 가담하고 사회에 있는 '자본주의적' 요소를 공격해 달라고 촉구했다. 중국에 거주하는 모든 사람은 공부 모임에 참여해 모든 인용구에 대해 몇 시간씩 토론하고 자신들의 삶에 적용하라는 강요를 당했다.[4]

마오는 새로운 중국어 도입을 선보였고 이런 이유로 중국인들이 배우고 생각하는 방식이 강화되길 바랐다. 역사적으로 중국에서 쓰이는 두 가지 주요 언어는 광둥어와 만다린어로 둘 다 구어와 문어에서 사용된다. 하지만 새로운 보통화는 모든 중국인들을 같은 선상에 놓았고, 그로 인해 작은 지하 교회에서 복음을 배우고 공부하는 것을 가능하게 했다.

마오 주석의 중국어 개혁은 그가 이룩했던 성과들 가운데 가장 덜 알려져 있다. 하지만 이 변화는 언어의 특성 때문에 수천 년이 넘도록 제대로 사용되지 않은 언어를 단순화시키고 합리적으로 만드는 데 도움을 주었다. 또한 중국어

대체표기법으로 병음(핀인, pinyin)을 도입했다. 이러한 변화를 시작으로 마오는 언어를 포함해 중국의 모든 분야에 이르는 완전한 혁명을 선언했다.[5]

새로운 언어 표현을 통해 중국어는 그림문자에서 표음문자로 변형되었다. 문자를 표음식으로 만들자 중국인들은 인과관계에 대해 생각하기 시작했다.

중국 공산당이 1949년 나라를 장악한 이후 언어 개혁에 전적으로 매달렸다는 것은 잘 알려져 있고 기록에서도 찾아볼 수 있다. 초기에는 전통적 표기법을 단순화하고 심각한 문맹률(인민공화국을 선포했던 당시 문맹률은 인구의 약 80퍼센트에 달했다)을 낮추는 데 전념했다. 이런 시도에도 성과가 적었던 부분이 있었는데 바로 '공통어'인 보통화(베이징에서 사용된다)를 보급해 단일화한 것과 전통적 표기법을 폐지하고 문자를 표음식으로 적기 위해 병음이라는 발음표기 체계를 대중화한 것이다. 프롤레타리아 문화대혁명(1966~1976) 동안 강압적으로 전파되고 강요된 언어 조종 프로그램은 성공을 거뒀다. 이것은 혁명적인 신(新)인간을 만들기 위해 사상적으로 설득하려는 수단으로 사용됐다.[6]

중국에서의 기독교 발전

1949년의 죽의 장막 이래로 두 가지 세력이 중국 기독교 교회에 영향을 미쳤다. 하나는 명확한 무신론적 마르크스주의 신조로 이론상 기독교에 적극 대치되는 사상이었다. 또 다른 하나는 식민주의에 대한 중국의 반발이었다. 기독교 교회가 단지 예수 그리스도의 메시지만을 들여온 것이 아니라 중화제국을 유럽이나 미국 같은 하나의 나라로 만들기 위한 시도를 했기 때문이었다. 그래서 1949년 중국 정부는 기독교 선교사들에게 모두 추방 명령을 내렸다. 이것은 선교사들의 신앙 때문만이 아닌 선교사들을 보낸 나라의 정치사상에 반발하는 처사였다.

역사적으로 중국은 기독교에 우호적이었다. 당나라(서기 618~907) 왕들은 그리스도인들을 기꺼이 받아들였다. 17세기에는 정부가 예수회 선교사들을 반겼다. 중국의 초기 지도 제작에 많은 기여를 하며 중국인들이 국토의 광대함을 알 수 있게 해 준 사람은 바로 예수회 선교사 마테오 리치(Mateo Ricci)였다. 뿐만 아니라 예수회 선교사들은 과학 기술 도서를 중국어로 많이 옮겨 주었다.

20세기가 되어 기독교 선교사들이 점점 더 중국 깊숙이 들어가자, 많은 중국인들은 서양인들이 중국 시골에 침투해 미래를 위한 경제조치 혹은 군사작전을 취하려고 '위장' 한다고 느끼기 시작했다. 이 때문에 1900년 의화단 사건이 일어날 때까지 서양의 식민 제국에 대한 의혹과 배척이 계속됐다.

또한 건물과 재산도 문제가 됐다. 과거에는 선교사 기관들이 청

나라 황실의 허가를 받아 교회 부지를 사고 건물을 지었다. 결국 지방 정부는 교회에 세금을 부과하지 않았고, 교회들은 지방 정부에 등록되지 않았다. 공산혁명이 일어나자 지방 정부가 그간 미납한 세금을 근거로 교회를 몰수하기 시작했다. 공산당원들은 만약 그리스도인들이 건물, 땅, 시설이 없어 목회 활동을 할 수 없으면 없어질 것이라고 생각한 것이다. 이러한 문제가 생기자, 교황은 로마가톨릭 선교사들을 중국으로부터 모두 철수시켜 중립국으로 보냈다.

교회 지도자들은 공산당 정부와 함께 어떻게 하면 중국에 잔류하면서 정부와도 잘 지낼 수 있을지를 논의했다. 그들은 '반제국주의적인' 공개 성명을 발표했다. 그리고 중국 내 교회는 세 가지 분야인 행정, 재정, 신앙의 전파에 있어 외국과의 접촉을 없애겠다고 결정했다. 이것이 바로 삼자 운동으로, 스스로 관리하고, 스스로 자금을 모으고, 스스로 가르치는 것을 뜻한다.

결과적으로 중국에는 두 가지의 중요한 기독교 운동이 일어났다. 모두가 중국 정부에 의해 승인을 받은 것이었다. 첫 번째는 개신교파에 속하는 삼자 애국 운동(TSPM)이다. 두 번째는 로마가톨릭교에 속하는 중국 가톨릭 주교회다. 이들은 역사적으로 자생 교회가 지닌 선교학적 의미, 즉 (1) 스스로 관리, (2) 스스로 부양, (3) 스스로 전파를 근거로 '삼자' 라고 불린다. '자생' 이라는 단어는 한 교회가 (서방 기독교 같은) 외부의 영향으로 통제되지 않고, 하나님을 따라 믿음과 (재무나 지원 등의) 활동에서 스스로 통제하는 교회를 뜻한다.

중국 공산 정부가 삼자 교회를 인정하는 것은 삼자 교회들이 정부에 의해 통제되며 중국인 원조를 받고 중국인에 의해 전파된다는 이유 때문이다. 삼자 교회는 모두 정부에 등록되어 있다. 오늘날 약 2,300만 명의 중국인이 삼자 운동과 관련돼 있다.[7]

중국 정부는 로마가톨릭교회가 교황과 바티칸에 충성하고 있다는 이유로 못마땅해 했다. 그래서 가톨릭 지도자들과 중국 정부는 종교 교리 문제와 정치를 분리하기로 합의했다. 그런 식으로 가톨릭교회는 교리를 온전하게 지킬 수 있었고, 그로 인해 신실한 공산당 가톨릭 신자들은 교황에게 소속감을 느낄 수 있었다. 가톨릭교회는 종교 활동에 있어 정부가 통제하게 하면서도 여전히 교황의 교권 아래에 있도록 적절하게 양보를 했다. 중국 정부는 모든 교회들이 삼자 애국 운동이나 중국 가톨릭 주교회의 일부가 되라고 요구했고, 교회와 지도자들은 중국 공산당 중앙통전부에 의해 승인을 받아야 했다.

1966년부터 (마오가 세상을 떠난) 1967년까지 중국 내에는 사회정치적 운동, 즉 문화대혁명이 일어났다. 이 시기에 그리스도인들은 삼자 교회에서 예배를 드리는 것이 금지되었고, 심지어는 승인을 받았던 공식적인 교회들도 잠시 문을 닫아야만 했다. 마오는 자본주의를 척결하고 과거의 중국 문화가 지닌 전통적 가치를 없앰으로써 공산주의를 강화하려고 했다. 그는 공산 정부에 부르주아가 침투하고 있다고 주장했다. 마르크스적 율법주의를 받아들이게 하려는 목적으로 그는 모든 사람이 소규모 학급에서 빨간 소책자《마오쩌둥

어록》을 배워야 한다고 지시했다. 그는 전통적으로 쓰이던 광둥어를 대신해 근대화된 간체 혹은 표준 중국어가 사용되도록 했다.

중국의 젊은이들은 홍위병을 조직해 전국을 다니며 '계급투쟁'과 폭력 사태를 일으키는 것으로 응수했다. '자본주의'에 관심이 있다고 혐의를 받은 정치, 군부, 정부의 관서 고위층은 대거 숙청되었다. 교회 지도자를 향한 공개적 맹비난, 독단적인 구금, 고문, 재산 몰수, 강제 노역과 같은 광범위한 공격이 있었다. 막대한 수의 도시 청년들이 시골로 보내졌다. 가치를 따질 수 없는 공예품과 역사적으로 중요한 유물들이 파괴되었다. (마오의 부인과 친한 동료 3명인) '4인방'의 체포로 문화대혁명은 최후의 날을 맞았다.

성령이 악의 세력이 힘껏 거미줄을 치도록 두셨다가, 오히려 그 악폐 때문에 사람들이 하나님을 찾고 교회 안에서 주님을 구하게 하신 듯 보인다. 가정 교회가 바로 그 예다. 문화대혁명 때 자극을 받은 가정 교회 운동은 그 이후로 계속 성장해 왔다. 중국 공산 정부는 문화대혁명에서 등을 돌렸다. 아마 효과를 얻지 못했기 때문일 것이다. 당국은 여전히 철저하게 종교 활동을 통제했지만 삼자교회에서의 예배는 다시 허용됐다. 더불어 정부는 중국기독교협회를 통해 허가된 기독교 예배를 공식적으로 인정하기에 이르렀다.

그러나 공산 정부는 여전히 가정 교회를 인정하지 않았고, 이것은 지방 정부 관계자들이 교회를 박해하는 결과를 낳았다. 모임을 해체시키거나 주일에 그리스도인들을 가택에 구금시키고, 체포나 감금, 때로는 중노동을 통해 '재교육'을 시키는 방식이었다. 가끔

정부는 지역 교회에 벌금을 부과했는데, 그게 통하지 않는 경우 지방 공무원들이 모임 여부를 감시해 교회로 사용되는 아파트나 집의 임대를 무효화시켰다. 모일 장소가 없으면 흩어질 것이라는 게 그들의 생각이었다.

1976년 문화대혁명의 종말로부터 2008년 베이징 올림픽이 끝날 때까지 교회에 대한 박해는 조금 약화되었고 정부 측은 어느 정도 관용을 보였다. 정부는 무신론적 입장에 항의하는 그리스도인들에 대해서는 별로 신경 쓰지 않았다. 오히려 그보다는 지역 교회나 자체 동원된 시민들이 모여 폭동을 일으키지나 않을까 촉각을 세우고 있었다. 아마도 그들의 두려움은 1989년의 천안문 광장 시위나 1999년 베이징에서 있었던 파룬궁 사태에서 기인했을 터였다.

어쩌면 정부는 가정 교회가 외부(서양)의 영향을 가지고 사람들을 제국주의의 도구로 만들 수 있다고 믿기에 두려워하는 것인지도 모른다. 중국 정부가 두려워하는 또 한 가지는 사람들을 끈질기게 따라다니는 미국인 전도사들의 열의다. 그렇기 때문에 18세 이하의 누구에게라도 개종을 권하거나 사상을 불어넣으면 법에 저촉되는 것이다. 그러나 미국인들에게 복음 전도라는 것은 중국의 역사적 문화와는 상반되는 개념이었다. 그러니 가정 교회를 1900년대 초반 남침례교 주일학교 전도사들처럼 집집마다 다니며 전도하는 교회로 생각해서는 안 된다. 그보다는 신자들이 그리스도에 대한 사랑, 예배에 대한 마음, 영적인 은사를 드러내며 새로운 신도를 끌어당기는 활력에 찬 젊은 교회로 생각해야 할 것이다.

새로운 박해

〈크리스처니티 투데이〉(*Christianity Today*)는 2012년 1월 국가종교 사무국이 비밀리에 가정 교회를 조사해서 그들에 대한 정보를 수집한다는 기사로 새로운 박해의 흐름을 알렸다. 이것은 가정 교회, 특히 18세 미만의 청소년에게 개종을 권하거나 사상을 가르치는 사람들에 대한 엄중 단속으로 이어졌다. 그런 후 정부는 '가정 교회'라는 용어의 사용을 금지하기 위해 '가정 모임'이라고 부르기 시작했다. 교회로서의 정체성을 빼앗으면 미등록 교회가 사라질 것이라고 믿었기 때문이었다.[8]

왜 가정 교회인가?

닐 콜(Neil Cole)은 그의 저서 《오가닉 처치》(*Organic Church*, 가나북스 역간)에서 "세상은 예수님에게 관심이 있다. 오히려 예수님과 시간을 보내고 싶어 하지 않는 건 그의 부인(교회는 예수님의 신부)이다"라고 말했다.[9] 그는 많은 교회들이 건물과 프로그램, 성직자 급여에 재정을 쏟아 붓기 때문에 길을 잃은 것이라 여긴다. 또한 너무 많은 교회들이 시설을 기반으로 지어져 결국엔 '설 곳을 잃었다'고 말한다.[10] "주일에 교회에 출석하는 것이 삶을 바꾸지 않는다. 마음속에 예수님이 계신 것이 사람들을 변화시킨다"라고 서술하기도 했다.[11]

콜의 삶을 들여다보자면, 그는 미국 교회가 그 어느 때보다도 잘 조직화된 시대에 제도화된 교계를 떠난 사람이었다. 미국 교회 역사상 가장 좋은 시설, 최고의 과정, 뛰어난 교육 자료, 가장 탁월한 목사님들이 존재하던 때였다. 유기적 가정 교회 운동은 이러한 이점들을 누리지 않았고, 그가 교계를 떠난 것은 이 운동의 연장이었다. 그는 이것을 '과도한 성공으로부터의 회귀'라고 칭했다.[12]

사람들은 왜 가정 교회에 가는 것일까? 왜냐하면 환영받고 사랑받는 느낌을 얻으며, 그러면서 서로가 사랑하게 되기 때문이다. 그들은 따뜻함을 느끼며 공동체에 참여하는 것이다. 바로 이것이 그리스도의 몸에서 일어나야 하는 일이 아닐까? 우리는 모두 예수 그리스도 안에서 하나이며 서로 연합된 존재이지 않은가? 우리는 하나의 '가정' 혹은 하나의 '교회'에서 함께 사는 가족이다. 공산당은 '화해사회'(harmonious society)라는 슬로건을 걸고 공공 정책을 주입하려 했으나 성과를 얻지 못했다. 오히려 정부가 약속한 '화해사회'를 경험한 것은 교회에 속한 사람들이었다.

원자바오 전 총리에 의하면 요즘 중국 사람들은 '영적 위기'에 대해 얘기한다고 한다. 물론 그는 기독교적인 관점이 아닌 전통적인 중국 방식에 반하는 위기를 언급한 것뿐이었다. 마르크스 레닌주의의 신조는 사람들의 생각을 통제하는 게 아니다. 사람들은 자본주의를 향해 돌진하고 있고, 정부는 독특하고도 차별화된 방법으로 그것을 통제하려고 노력하고 있다. 젊은이들은 부를 얻기 위해 터무니없는 대가를 치르고, 중국인들에게 돈은 또 하나의 신으로 여겨지고 있다. 많은 사람들이 인생의 목표로 성공을 꼽는다. 베이징에 위치한 런민대학의 종교철학가 헤 광후 교수는 "부의 신(돈)을

섬기는 것이 많이 이들의 삶의 목표가 되었다"고 말했다.[13]

중국과 그곳의 강력한 가정 교회들에게 무슨 일이 생길지는 시간이 지나 봐야 알 것이다. 그러는 동안 많은 사람들은 박해가 사라지기를 기도하고 있다. 중국 정부가 교회에 대한 탄압을 계속한다면 기도만이 중국과 중국 내 그리스도인들을 위해 할 수 있는 최선일 것이기 때문이다. 기도를 통해 그들은 힘을 얻고 살아남을 수 있을 것이다.

가정 교회의 강점과 취약점

가정 교회가 가진 수많은 강점 중 하나는 바로 공동체라는 점이다. 가정 교회는 유죄 판결을 받은 사람들의 공동체다. 사람들이 가정 교회에 출석하는 이유는 거기 모인 사람들이 서로가 똑같이 유죄 판결을 받은 사람이라고 동질감을 느끼기 때문이다. 유유상종인 것이다. 그러나 또한 가정 교회는 사람들이 함께 모여 배우는 공동체이기도 하다. 목사님 같은 지도자로부터만 배우는 것이 아니라 서로가 서로에게서 배우게 된다. 왜냐하면 그들은 삶을 공유하고, 서로를 위해 기도하며, 같이 살기 때문이다. 가정 교회 교인들의 일체감은 같은 경험을 공유하는 일체감으로 이어진다. 반면에 개인주의적인 기독교의 경우 단절된 특성 때문에 많은 신자들이 교회로부터 떠나거나 그리스도 안에서 성장하지를 못한다.

또 다른 강점은 가정 교회가 신앙을 만들어 가는 공동체라는 점이다. 신앙이라는 것은 그저 명사가 아니다. 신앙은 우리가 살아야 하는 동사다. 가정 교회는 함께 살고 함께 기도하며 수차례나 함께 박해를 받는다. 결과적으로 그들은 하나님을 개인적으로만 믿는 게 아니라 공동체적으로도 믿게 된다.

성도들이 서로 대화하는 가운데 그들의 내적 신앙(동사)은 서로의 외적 신앙(명사)의 틀을 만든다. 그리고 이것은 가정 교회의 또 다른 장점, 가치를 형성하는 공동체라는 점으로 이어진다. 가정 교회에서는 실제적 적용이 교리를 드러내는 것보다 더 중요하거나, 아니면 적어도 똑같이 중요하다고 여겨진다. 그래서 그들은 서로 삶을 나누고 서로의 가치와 사고방식을 습득하게 된다. 바로 이 공동체 안에서 사람들은 '자아정체감'을 형성하고, 가정 교회의 다른 이들처럼 변화하며, 예수 그리스도와 닮아 가게 된다. 기존 교회에서보다 가정 교회에서 좀 더 개인적인 기독교를 만나게 되는 것이다.

가정 교회의 또 다른 강점은 통합되지 않는다는 점이다. 한 사람이 한 가족에만 속하듯이 사람들은 그들의 존재만으로 가정 교회에 받아들여지며, 무엇을 아는지 어떤 지위를 갖고 있는지는 중요하지 않다. 그렇게 가정 교회는 강력한 힘을 갖게 되었다. 사람들에게 소속감을 주는 효과로 인해 그들의 삶에 많은 영향을 준 것이다.

그 누구도 미국에 얼마나 많은 가정 교회가 있는지는 모르는 것 같다. 터무니없이 많은 수를 추산하는 사람들이 있는 반면, 또 별로 없다는 사람들도 있기 때문이다. 〈로스앤젤레스 타임스〉가 작성한 가정 교회에 대한 기사를 보면, "향후 20년에서 25년 사이 회중교회는 수적으로나 영향력에 있어서 주목할 만한 감소를 겪게 될 것이고, 새로운 유형의 교회가 주는 영향력이 실질적으로 상승하게 될 것"이라고 서술했다.[14] 이 기사는 미국 내 가정 교회 출현을 지지하는 스펜서 버크(Spencer Burke)와 그의 홈페이지 THEOOZE를 함께 다뤘다.[15] 나는 버크와 인터뷰를 진행했는데 그는 미국에 1만 개 이상, '수천수만 개'의 가정 교회가 있다고 진술했다. 가정 교회를 찾아내고 집계를 내고 보도하는 것이 어렵다는 것. 이것이 바로 가정 교회와 관련된 첫 번째 문제점이다.

보통의 미국인들에게 교회란 무릇 주일 아침에 함께 예배드릴 건물이 있고, 회사로 차를 몰고 가다가도 건물을 볼 수 있거나 아니면 건물이 어디 있는지라도 알아야 하는 존재로 여겨진다. 이렇게 된 이유는 교회가 우리 주변 어디에나 있기 때문이다. 다양한 규모와 다양한 교파로, 효과적이든 전통에 묶여 있든, 교회는 어디에나 존재한다.

가정 교회 자체가 조직의 부재를 드러낸다는 것이 두 번째 취약점이다. 가정 교회에는 지도자/목사가 있거나 없을 수 있다. 기관, 봉사 활동, 선교 사업을 돕는 대표자들이 있거나 없을 수 있다. 가정 교회의 일원이 되기 위해 고수해야 하는 교리 진술이 있거나 없을 수 있다. 성경 말씀, 교리적 진실, 삶에 대한 기대에 대해 완전하고 포괄적이며 건강하게 설교하고 가르치기 위해 구성된 교육 과정이 있거나 없을 수도 있다.

누군가 가정 교회를 비난한다면 그것은 아마도 비난하는 사람의 약점을 반영하는 것일 터이다. 기존 교회 신자들은 원하는 대로 자신들의 신앙을 표현하는 놀라운 자유를 즐기는 반면, 가정 교회 신자들은 공동체의 삶을 산다. 이것은 교리, 주일 성수, 금전적 의무, 교회 프로그램에 대한 지원으로부터의 자유를 의미할지도 모른다. 그리고 여기에는 이단으로 빠지는 자유와 율법 폐기론 혹은 율법주의로부터의 자유 그리고 분리되어 사라지는 자유도 포함된다.

마무리

사도행전에 나와 있듯이 초기 그리스도인들은 가정 교회에서 모였다. "날마다 마음을 같이하여 성전에 모이기를 힘쓰고 집에서 떡을 떼며 기쁨과 순전한 마음으로 음식을 먹고"(행 2:46). 얼마 지나지 않아 예루살렘에는 2만 5천 명에 달하는 그리스도인들이 있었던 것 같다. "말씀을 들은 사람 중에 믿는 자가 많으니 남자의 수가 약 오천이나 되었더라"(행 4:4). 헬라어에서 '사람'은 남성을 뜻한다. 초대교회는 사람의 수를 세는 데 구약 방식에 영향을 받았다. 민수기에서는 남성과 가장만이 수에 포함됐다. 그러므로 초대교회에서 '가장'이 5천 명 있다면 여성과 아이들을 포함할 경우 대략 2만 5천 명까지 불어나는 것이다. 역사상 첫 번째 대형 교회였던 게 분명하다.

초대교회는 주로 유대교였고 각 도시에 위치한 유대교 회당에서 집회를 가졌다. 그러나 시간이 흐르며 유대교는 박해를 받았고, 바울은 유대교 회당을 떠났다. 그리고 "거기서 옮겨 하나님을 경외하는 디도 유스도라 하는 사람의 집에 들어가니 그 집은 회당 옆"(행 18:7)이었다. 오늘날 사회에서는 허용되는 듯 보이는 이 행동이 바울에게는 급진적인 행동이었다. 결국 주님이 말씀하셨다: "밤에 주께서 환상 가운데 바울에게 말씀하시되 두려워하지 말며 … 내가 너와 함께 있으매"(행 18:9~10). 바울은 에베소로 가서 똑같은 행동을 했다: "바울이 회당에 들어가 석 달 동안 담대히 하나님 나라에 관하여 강론하며 권면하되"(행 19:8). 그러나 유대인들이 그를 거부하자 바울은 "그들을 떠나 제자들을 따로 세우고 두란노 서원에서 날마다 강론" 했다(행 19:9). 그러므로 초대교회는 가정에서 예배를 드렸다는 결론이 나온다.

역사 가운데 기독교는 교회를 건설했고, 모임을 만들었으며, 신학교에서 목사를 양성하고, 교육 프로그램을 도입했다. 초기 선교사들은 중국으로 들어가 고향에서 하던 식으로 목회 활동을 했다. 하지만 공산당이 장악하자 모든 것이 바뀌었다. 새 정부는 서양에서 조직된 기독교의 흔적과 함께 서방의 제국주의를 몰아냈다.

그러자 가정 교회 안에 새롭고 순수한 형식의 기독교가 생겨나기 시작했다. 서양 문화에 동화되지 않은 진정한 기독교였다. 공산주의가 무신론과 반물질주의와 반자유기업체제에 빠질수록 중국인들이 순수한 기독교로 회귀하게 만드는 분위기가 조성됐다. 그리고 무슨 일이 일어났는가? 중국의 가정 교회는 세상에서 가장 강력하고도 원기 완성한 기독교의 형태가 되었다. 중국에서 벌어진 일로부터 우리는 많은 것을 배워야 한다.

에벤에셀 침례교회
조지아 주 애틀랜타

마틴 루터 킹

3

교회 내 인종 통합으로 이어진
비폭력 운동

에벤에셀 침례교회

조지아 주 애틀랜타

인권 운동에 있어서 가장 유명한 주창자는 아마도 마틴 루터 킹일 것이다. 그는 조지아 주 애틀랜타에 위치한 에벤에셀 침례교회의 강단에서 미국 내 흑인뿐만이 아닌 전 세계의 모든 인종을 위해 인종 차별 폐지 운동을 제기했다. 부당하다고 생각되는 법에는 소극적 비폭력 평화 시위로 인종 차별에 강하게 대처했다. 그가 건설한 것은 사회 정의 운동이었다.

성공적으로 문화 장벽을 돌파한 또 다른 예로는 브루클린 테버너클 교회(Brooklyn Tabernacle)와 그래미 수상으로 잘 알려진 다민족 성가대를 꼽을 수 있다.

킹 목사는 문화가 거부당하는 것에 반발한 반면, 짐 심발라(Jim Cymbala) 목사는 예배를 통한 인종 통합을 위해 앞장섰다. 한 인종이 다른 인종에 섞이는 것이 아니라, 모두가 예수 그리스도 안에서 값진 하나가 된 것이었다. 심발라는 유명한 그의 저서 《새 바람 강한 불길》(Fresh Wind, Fresh Fire, 죠이선교회 역간)을 집필하며 자신의 생각을 예배에 반영했다.[1]

미국의 많은 아프리카계 미국인 교회들이 킹 목사가 맡았던 시민불복종의 역할을 따랐던 반면, 앵글로색슨 교회는 브루클린 테버너클의 본보기를 따라 하나님의 임재를 구하며 예배하고 부흥하면서 회중의 통합을 이끌어 냈다.

마틴 루터 킹의 인권 운동은 조지아 주 애틀랜타에 있는 에벤에셀 침례 교회의 강단으로부터 시작되었고, 미국 흑인들과 그 외의 소수 집단에게 평등권을 선사하며 미국에 큰 영향을 주었다. 1964년 린든 존슨(Lyndon Johnson) 대통령이 민권법에 서명해서 법이 통과된 것도 그의 '비폭력' 혁명 덕이었다. 마틴 루터 킹과 이 교회는 휠체어 경사로부터 고용 평등권, 대학 내 여성 운동을 위한 타이틀 나인(Title IX)에 이르기까지 미국인들의 삶을 전반적으로 바꿔 놓았다. 미국에서 소수자들의 사회 통합에 이만큼 영향을 끼친 교회는 아마 없을 것이다.

마틴 루터 킹은 미국의 흑인 목사로 인권 운동의 지도자였다. 그는 미국 내 흑인들의 비폭력 평화 시위 운동을 추진한 것으로 잘 알려져 있다. 킹이 국가적 지도자로 떠오른 것은 1955년 3월, 클로뎃 콜빈(Claudette Colvin)이라는 15세의 여학생이 몽고메리에서 백인에게 자리를 양보하는 것을 거부한 게 발단이었다. 버밍햄 흑인 위원회의 회원이었던 마틴 루터 킹은 그 사건을 조사했고, 결국엔 그 사건의 대변인이 되었다. 하지만 콜빈이 미혼인 가운데 임신했던 상태여서 위원회는 더 나은 사례가 생길 때까지 기다리기로 결정했다.

나라를 떠들썩하게 만든 사건은 1955년 12월 1일에 일어났다. 로자 파크스(Rosa Parks)가 버스에서 자신의 좌석을 백인에게 양보하는 걸 거부했다는 이유로 체포된 것이었다. 킹의 지휘 아래 몽고메리 버스 보이콧이 계획되고 실행됐다. 불매 운동은 385일 동안 계속

되었고, 킹의 집에서 폭탄이 터지는 사건이 생길 정도로 상황은 너무 심각해졌다. 킹은 이 운동을 벌이며 체포를 당하기도 했다. 연방 지방법원은 브라우더 대 게일(Browder vs. Gayle) 소송 사건을 다뤘고 몽고메리의 모든 공공버스에서 행해졌던 인종 차별에 종지부를 찍었다.[2] 킹의 역할로 인해 버스 보이콧이 성공적으로 끝날 수 있었고, 그는 인종 통합 사건에 있어 국가적 지도자가 되었다. 그리고 그는 인권 운동에 있어 전 국민의 대변자가 되었다.

1962년, 킹은 앨라배마 주 버밍햄에서 비폭력 시위를 이끌었는데 경찰이 평등권을 요구하는 흑인들을 사정없이 구타하는 모습이 미국 대중 매체의 주목을 끌었다. 희생자들의 모습에 이 운동은 전 국민의 뇌리에 박혔다.

1963년, 킹은 백만 명 이상의 흑인들과 함께 워싱턴 DC에서 행진을 벌였다. 그리고 그는 이곳에서 그 유명한 연설, "I Have a Dream"(나는 꿈이 있습니다)을 남겼다. 많은 사람들이 이것이야말로 미국 역사상 가장 위대한 연설이며, 기독교에서 찾아볼 수 있는 가장 중요한 연설이라고 입을 모은다. 글이 매우 뛰어나고 감동시키는 힘이 있는데다가, 무엇보다 미국 문화에 엄청난 영향을 미쳤기 때문이다. 아마도 이 연설이 홍보에 쐐기를 박았던 것 같다. 민권법은 국회를 통과했고, 1964년 결국 린든 존슨 대통령이 서명을 했다.[3]

1965년, 킹과 남부기독교지도자연맹(SCLC)은 앨라배마 주 셀마부터 몽고메리까지 이르는 가두 행진을 조직했지만 몽고메리에서 경찰의 저지에 부딪치고 말았다. 경찰견들이 가두 행진을 하는 사람들을 공격했지만 그들은 물러서지 않았다. 소방 호스로 물을 맞아도 그들은 포기하지 않았다. 경찰이 그들의 가두 행진을 막아서도 그들은 계속 전진했다. 킹과 뜻을 함께한 사람들이 겪는 고통은 이 운동의 영향력이 흑인들과 나머지 미국인들 사이에서 더욱 증폭되게 만들었다.

인생 말년에 킹은 자신의 계획을 베트남과 빈곤 사업에까지 확대했지만, 1968년 4월 4일 테네시 주의 멤피스에서 암살을 당하고 만다. 그가 사망하자 미국의 많은 대도시에서 인종 간의 폭동이 발발했다. 이 폭동이 일어나게 된 데에는 훗날 킹의 살해 죄로 기소된 제임스 얼 레이(James Earl Ray)가 정부의 지시를 받고 암살을 했다는 루머도 한 몫을 했다. 이 루머는 킹이 사망한 후에도 몇 년간이나 떠돌았다.

1964년, 킹은 인종 통합을 위한 비폭력 운동으로 노벨 평화상을 받았다. 사후에는 대통령 자유훈장과 의회황금메달을 받았다. 1986년에는 마틴 루터 킹의 날이 연방 공휴일로 제정됐다. 미국 내셔널 몰에는 2011년에 세운 킹의 기념 동상이 있다.

마틴 루터 킹의 생애 초기

마틴 루터 킹과 그의 아버지는 둘 다 원래 이름이 마이클 킹(Michael King)이었지만, 아버지가 독일 베를린에 있는 침례교세계연맹의 모임에 다섯 번째 출석했던 날 둘의 이름을 바꿨다. 아버지가 바로 그날 1519년에 시작된 종교 개혁과 마틴 루터의 위대함에 감명을 받았기 때문이었다. 아버지는 개혁가에게 경의를 표하는 마음으로 자신과 아들의 이름을 동시에 바꿨다.

킹은 주일학교를 다닐 때 예수님의 육신의 부활을 믿지 않았다. 그는 후에 "의심이 수그러들 줄 모르고 계속 샘솟았다"라고 회고했다. 그러나 그는 개의치 않고 목사가 되었다. 왜냐하면 세상에는 심오한 진리가 많고 사람들은 그 진리에서 벗어날 수 없다는 결론에 이르렀기 때문이었다. 그는 9학년과 12학년을 건너뛰고 15세의 나이로 모어하우스대학(Morehouse College)에 진학, 1948년에 그곳에서 사회학 학위를 취득했다. 이어서 펜실베이니아 주 체스터에 위치한 크로저 신학교(Crozer Technological Seminary)에 들어가 1951년에 신학 학위를 받았다.

킹은 1963년 6월 28일 코레타 스콧(Coretta Scott)과 결혼했다. 결혼식은 앨라배마 주 하이버거에 있는 부모님 집 앞마당 잔디에서 올렸다. 부부는 네 명의 아이를 낳았다. 킹은 앨라배마 주 몽고메리에 있는 덱스터 애비뉴 침례교회(Dexter Avenue Baptist Church)에서 목회를 했고, 보스턴대학(Boston University)에서 조직신학으로 박사 과정을 밟아 1955년 6월 5일 박사 학위를 취득했다. 하지만 *A Comparison of the Conceptions of God in the Thinking of Paul Tillich and Henry Nelson Wieman*(폴 틸리히와 헨리 넬슨 위먼의 신에 대한 개념 비교)이라는 그의 논문은 표절 의혹이 제기되며 비난을 받았다. 1991년 학교 측 조사를 통해 킹이 논문의 일부를 표절함으로 부적절한 행동을 한 게

드러났지만, 논문이 학문에 기여한 지적 공헌은 학위를 수여하기에 마땅하다는 결론이 나왔다.[4]

킹의 반체제적인 접근이 드러나자 FBI는 그가 공산주의자와 관계가 있을지도 모른다며 조사에 착수했고, 그 과정에서 그의 외도가 드러났다. 다양한 정부 관리들이 그의 평판을 떨어뜨리려 애를 썼다. 아무도 그의 기만을 용납하지 않는 와중에도 킹의 전 인류적 메시지와 유일무이한 업적은 그의 약점을 무색하게 만들었다.

킹은 누구도 완벽하지 않았던 모든 개혁자와 성직자를 대변한다. "만일 우리가 죄가 없다고 말하면 스스로 속이고…"(요일 1:8). 우리는 우리 모두가 도덕적으로 불완전하다는 것을 인지해야 한다. "우리가 이 보배를 질그릇에 가졌으니…"(고후 4:7).

비폭력의 깨달음

킹의 비폭력 신학은 복음과 인간으로서의 예수 그리스도에 대한 연구로부터 비롯되었다. 킹은 자신의 믿음이 무엇보다 하나님에 대한 사랑, 적에 대한 사랑, 우리 몸과 같이 대하는 이웃에 대한 사랑 그리고 타인을 위한 기도에 기반을 둔다고 말했다. 그는 종종 자신의 비폭력에 대한 견해가 예수님의 권고인 "누구든지 네 오른편 뺨을 치거든 왼편도 돌려 대며"(마 5:39)에 근거했다고 말했다. 또한 그는 예수님이 베드로에게 하신 책망의 말씀, "네 칼을 도로 칼집에 꽂으라"(마 26:52)를 종종 인용하기도 했다.

1963년 교도소에서 썼던 책 *Letter from a Birmingham Jail*(버밍햄 감옥으로부터의 편지)에서 킹은 자신을 '예수 극단주의자'라고 설명하며 평화주의자인 기독인 저자들의 글을 많이 인용했다.[5] 그리고 그는 유명한 연설, "I've Been to the Mountaintop"(나는 산 정상에 가 보았습니다)을 전하며 비폭력은 하나님의 뜻을 실천하는 것이라고 말했다.[6]

1959년, 킹은 인도에서 마하트마 간디(Mahatma Gandhi)의 출생지를 방문했다. 이 일로 킹은 미국의 투쟁과 문제들에 비폭력적으로 접근하게 되었다. 그는 "인도에 간 이후로 나는 비폭력 저항의 방법이야말로 정의와 인간의 존엄성을 위해 투쟁하는 억압당한 사람들이 사용할 수 있는 가장 강력한 무기라는 것을 더욱 깊이 깨닫게 되었다"고 말했다.[7] 킹은 또한 학생 때 읽었던 헨리 데이비드 소로(Henry David Thoreau)의 《시민의 반항》(*On Civil Disobedience*, 범우사 역간)에서도 영향을 받았다.[8] 이 글을 읽고 그는 자신이 악이라고 부르던 제도와 협력하지 않겠다는 생각을 갖게 됐다. 진보적 신학자인 라인홀드 니부어(Reinhold Niebuhr)와 폴 틸리히의 책을 읽은 후 그는 간디보다도 니부어와 틸리히가 자신의 비폭력주의에 더 많은 영향을 주었다고 말했다.[9]

인권 운동의 발상지

1886년에 존 A. 파커(John A. Parker) 목사가 조지아 주 애틀랜타의 가난한 흑인 동네에서 노예 출신인 사람들에게 둘러싸인 가운데 에벤에셀 침례교회를 설립할 때만 해도, 그 누구도 이곳이 (전 세계까지는 아니더라도) 미국의 인종 통합에 지대한 영향을 끼친 교회가 되리라고는 상상하지 못했다. 파커 자신도 아프리카계 미국인으로, 이전에는 노예였지만 남북전쟁 중에 노예 해방령으로 자유를 찾은 사람들을 돕고 있었다.

8년 후 에벤에셀 교회의 차기 목사로 앨프리드 대니얼 윌리엄스 (Alfred Daniel Williams)가 임명됐고, 그는 1913년까지 13명의 성도를 750명까지 키워 놓았다. 윌리엄스의 지휘 아래 교회는 두 번의 이사를 거쳤고, 마침내 오번 거리와 잭슨가의 모퉁이 지역에 자리를 잡아 1,250명이 앉을 수 있는 강당을 위해 2만 5천 달러를 모으기로 계획했다. 그렇게 해서 1914년 3월에 새 건물이 헌당됐다.

1931년에 윌리엄스가 세상을 떠나자 그의 딸 앨버타(Alberta)와 결혼한 마틴 루터 킹 시니어가 목사로서 사역을 시작했다. 앨버타는 그 당시 음악 감독으로 봉사를 시작했다. 부부는 이 교회에서 4명의 아이들을 키웠고, 그중에는 마틴 루터 킹도 있었다. 1947년 가을, 킹은 임명을 받고 에벤에셀에서 그의 첫 설교를 전했다.

1954년, 마틴 루터 킹은 앨라배마 주 몽고메리에 있는 덱스터 애비뉴 침례교회의 목사직을 수락했다. 에벤에셀의 많은 성도들이 앨라배마까지 찾아가 이 젊은 목사를 지지하고 있다는 걸 보여 주었다. 당시 킹은 "에벤에셀의 성도에게 이 말씀을 드리고 싶습니다. 제가 여러분에게 아주 큰 은혜를 입었고, 제 인생에 있어서 어떤 과업을 달성하더라도 그건 여러분이 있기 때문이라는 것입니다"라고

말했다.[10]

1959년, 킹은 에벤에셀의 부름을 받아 그의 아버지와 공동 목회를 하게 되었다. 그로 인해 남부 중심으로 위치를 옮기게 되었다.

미국 흑인 교회의 역사

조지아에 있는 초기의 침례교 전도사들은 회개와 개종을 촉구하며, 순수한 그리스도인이라는 보증의 표시로 예수 그리스도를 따르라는 도전의 메시지를 전했다. *New Georgia Encyclopedia*(조지아 새 백과사전)에 수록된 초기의 아프리카계 미국인 침례교 지도자들에 대한 묘사는 다음과 같다: "기꺼이 사회적 관습을 포용한다 … 침례교회는 점점 더 인습적이고 계층적인 교회가 되는 것 같다. 관람석 뒤에는 노예들을 모아 놓고는 종교적 메시지로는 사회적 존중을 가르치고 있다."[11]

재건 시대(1865~1877) 동안 다수의 흑인 침례교인들은 백인 교회를 떠나 한때 남몰래 하던 예배 모임을 당당하게 조직하기 시작했다. 남북전쟁 전만 해도 흑인들은 백인 교회 예배에 참석하는 것이 거부됐다. 교회에 들어간다고 해도 강제로 발코니에 앉아야 했는데, 흑인들을 노예 구역에 모으려는 목적이었다. 거기에서 흑인들은 토착 노래를 불렀고, 후에 이 노래는 '흑인 영가'라고 불리게 됐다. 이들은 예배의 자유를 즐겼지만 공개된 곳에서의 자유는 없었다. 남북전쟁 전에 있던 노예 문화는 전쟁이 끝난 후 남부에서 차별의 문화로 자리 잡았다. 흑인들에게 있어서 교회는 자유를 의미했다.

구조적으로 보자면 흑인 침례교회는 백인 침례교회의 반영이었다. 왜냐하면 설교가 예배의 가장 중요한 부분이었기 때문이다. 일반적으로 설교는 복음에 대한 개별적이고 내적인 개개인의 반응을 불러일으켰다. 그리고 이러한 교회들은 누군가 그리스도 안에서 회개하는 믿음을 가지고 헌신적으로 신앙생활을 할 때에만 일원으로 받아들였다. 사람들은 침례교회에서 태어나는 것이 아니라 하나님의 가족(요 3:1~8) 안에서 다시 태어나고, 침례를 통해 성도로 받아들여질 수 있었던 것이다.

1895년에는 흑인 침례교회가 모여서 미국침례교협회를 설립했다. 20년 후 교파에 관한 논쟁으로 이 모임은 본래의 미국침례교협회와 새로운 단체인 미국침례교로 갈리게 됐다. 이후 1961년에는 재임 기간과 인권에 관한 논쟁이 불거졌고 그 결과로 진보침례교가 만들어졌다. 이 세 개의 단체가 미국에서 가장 큰 흑인 침례교파들이다.

미국침례교협회	500만 명
미국침례교	350만 명
진보침례교	250만 명

흑인들의 예배 가운데 어떤 주제들을 경험하는 일이 생겨났다. 첫 번째는 자유였다. 흑인 예배자들은 자유롭다는 듯 행동할 뿐 아

니라 실제로도 자유를 느끼고 싶었다. 이것은 결코 노예로 살아 보지 않았던 백인들은 이해할 수도 느낄 수도 없는 실존주의적인 경험이었다. 그리고 흑인 교회에서 부르는 노래에는 아프리카에서 유래한 독특한 억양과 리듬이 있었다. 그것은 사람들의 감정과 소망을 자유롭게 표현하는 영혼으로부터의 노래였다.

또 다른 주제는 '생존'이었다. 자신들이 태어난 체제에서 살아남기 위한 노예의 경험 그리고 노예로서 감수해야 하는 박해의 경험에서 비롯된 것이었다. 이렇듯 흑인 교회들이 정치와 사회 정의 문제에 참여하는 것은 미국 흑인의 삶에 있어서 이것들이 생존의 문제였기 때문이었다.

교회와 주(州)를 분리해야 한다고 주장했던 백인 침례교인들과는 반대로 흑인 침례교인들은 정부와 손을 잡고 행동을 같이했다. 심지어 교회에서 시민권 수업을 열기도 했다. 그들은 자신들의 삶의 방식에서 찾아낸 고귀한 의미를 사회적 행동주의에 부여했고, 사회 정의를 암묵적인 가치로 인정했다. 이 모든 것이 마틴 루터 킹의 연설, "I've been to the mountaintop"(나는 산 정상에 가 보았습니다)에 드러나 있다.[12]

지역 교회와 예배의 통합

인종 혼합(interracial) 교회와 다민족(multiracial) 교회에는 커다란 차이가 있다. 어떤 교회가 다민족이라고 한다면 그것은 그저 예배에 참석하는 성도가 다양한 인종으로 구성됐다는 의미다. 예를 들어, 한 교회가 스페인계 20퍼센트, 아프리카계 미국인 30퍼센트, 앵글로색슨족 50퍼센트로 구성됐다고 얘기할 수 있다. 하지만 다양한 인종이 예배에 참석한다고 해서 인종 차별이 없는 교회나 인종 혼합 교회를 의미하는 건 아니다.

다민족 교회에서는 백인 목사가 설교를 하고 백인 예배 인도자가 예배를 이끌 수 있다. 예배는 아마도 구조상으로는 앵글로색슨족의 전통을 따를 것이다. 그러므로 이 교회에서는 아프리카계 미국인이나 스페인계 사람들의 경우 원래 갖고 있던 민족적 특성을 내려놓고 앵글로색슨족이 예배하는 방식을 따르게 된다.

얀시(Yancey)는 '다민족'을 정의하길 "적어도 하나의 예배 시간에 한 특정 인종이 예배 참석자의 80퍼센트를 넘지 않는 것"이라고 했다.[13] 그렇게 따지면 미국 전체 교회의 8퍼센트만이 다민족 교회에 포함된다.

인종 통합이 된 교회는 구슬 주머니와 같다. 주머니 안에는 갈색 구슬이 20퍼센트, 검은 구슬이 30퍼센트 그리고 하얀 구슬이 50퍼센트 차 있다고 하자. 구슬들이 한 주머니 안에 모여 있다고 해서 그게 통합되었다는 의미는 아니다. 그저 한 주머니 안에 함께 있다는 것만을 의미한다. 다민족 교회가 되기 위해서는 각 인종의 예배 경험이 반영돼야 한다. 강단에는 다양한 인종을 대표하는 사람들이 설 수 있어야 하고, 자신들의 사고방식, 가치, 방향성이 반영된 방식으로 예배를 인도할 수 있어야 한다.

다문화 예배(다민족 예배라고도 한다)는 각각의 문화에서 온 요소들이 모여 모두를 위한 예배 경험이 되는 것을 뜻한다. 예를 들어, 아프리카계 미국인이 예배를 드리러 올 때면 그들은 과거의 노예였던 경험을 가지고 와서 예배 가운데 노예에서 해방된 자유를 드러내길 갈망한다. 반면에 스페인계 사람들은 예배 가운데 기쁨과 승리감을 표현한다. 앵글로색슨족의 예배에서는 이성적 기독교의 요소들이 표현된다.

- 다민족: 하나 이상의 인종이 모여 교회의 구성원이 된다. 모든 성도는 동등하게 인정받는다.
- 다문화: 교회 지도자는 회중 안에서 각각의 인종을 대표하며 교회 내에서 예배, 교육, 교제에 있어 각 인종의 전형적인 면이 표현된다.
- 인종 통합: 인종이 모두 어우러지며, 모든 집단은 개개인을 정부, 교회, 교육 그리고 학교 문화로 받아들이는 데 동의한다.
- 인권: 1964년 법률에 의한 수정헌법 제13조와 14조에 따라 생명, 자유, 행복추구에 대한 권리는 미국에 있는 모든 시민에게 보장된다.

다민족 교회는 "뚜렷하게 구별되는 문화를 회중에게 전달하며 인종 간의 차이점을 강조한다. 각양각색의 스타일을 지닌 여러 인종의 성가대, 교대로 하는 설교, 다양한 인종의 직원 채용, 다수의 문화를 배우는 수업, 두 개의 언어로 드리는 예배 그리고 여러 인종의 회중이 함께 사용할 수 있는 시설 등"이 그 예다.[14]

인종 혼합 교회는 '야채수프'와 같다. 이것은 1980년대에 C. 피터 와그너(C. Peter Wagner)로부터 처음 들었던 용어였다. 수프 국물은 솥에 들어 있는 모든 재료의 조합이지만 각각의 재료는 그대로 남아 맛을 낸다. 그러니까 당근은 여전히 당근이고, 양파는 여전히 양파고, 고기도 여전히 고기의 맛과 질감을 갖고 있다. 그런데도 모아서 요리를 하면 모든 채소와 고기 안에서 각각의 맛이 난다. 그러므로 다양한 문화가 혼합된 예배에서는 예배를 드리는 사람들의 각 부분이 여전히 드러나게 되는 것이다. 예배를 드리는 사람들의 모든 문화가 타문화 집단을 존중하고, 모든 집단은 훌륭한 '수프'가 되기 위해 함께 섞이게 된다.

그리스도인이야말로 미국 문화 통합에 가장 앞장설 수 있는 사람들이다. 선교적이고 다문화적이며 횡문화적인 사고가 가능하기 때문이다. 이것은 그들이 현 상황의 이면까지 고려할 수 있다는 것을 의미한다. 문화 교류로 생긴 관계가 사람들을 어떻게 '그리스도 안에서 하나'로 묶을 수 있는지를 이해하는 사람들이다. 그래서 흑인 문화, 백인 문화, 동양 문화, 스페인계 문화가 동등하게 수용되고 표현된다. 사람들이 예수 그리스도 안에서 하나가 될 때 서로의 문화가 서로를 변화시키는 것이다.

과거에는 성도 대다수가 인종과 문화에 대해 이해하는 깊이가 달랐기 때문에 인종 통합에 대한 교회의 일처리는 미숙할 수밖에 없었다. 서로의 문화에 대한 생각이 달랐던 것이다. 하지만 오늘날의 교회들은(주로 대형 교회의 경우) 과거보다 훨씬 더 통합적인 모습을 보인다.

아프리카계 미국인들은 백인 교회에서 동질감을 갖기 어렵다. 왜냐하면 그들의 인종적 정체성은 백인 교회 안에서 강화되지 못하는데다가 종교적으로 몰두한다고 해도 인종적 정체성을 초월할 수 없기 때문이다. 그들의 검은 피부는 백인 교회에서 힘을 잃고, 흑인과 백인을 뛰어넘는 인종 초월적 경험도 하지 못한다. 그러므로 백인 교회에서 예배하는 아프리카계 미국인들은 롤 모델도 백인이 될 가능성이 있고, 백인처럼 예배를 드릴 확률이 높다. 결국 그들이 백인의 가치관을 받아들이게 된다는 것을 암시하는 것이다.

하지만 아프리카계 미국인들은 그들만의 교회에서 드리는 예배를 사랑한다. 잔존하는 노예의 기억을 가져와 제단 위에 올려놓고 자유롭게 움직이며 소리치고 설교한다. 본질적으로 그들은 자유를 원하는 것이다.

많은 사람들이 완전한 인종 통합을 기대하는 이때 우리는 의문을 가져야 한다: '완전한 인종 통합이 가능한가?' 천국에서는 가능하다! 하지만 이 땅에서는 어떠한가? 이는 우리에게 주어진 숙제다.

아프리카계 미국인들은 자신들의 문화가 아닌 타문화에 몸담으라고 등 떠밀리지만 그들에게는 다민족 예배를 요구할 권리가 있다. 인종 혼합이라는 말은 그저 백인 교회에 같이 앉아서 예배하는 걸 의미하는 게 아니다. 다민족이라는 말은 기도, 찬양, 설교를 통해 자신의 인종을 표현하는 예배를 의미한다.

백인이 다수인 교회에서 흑인 성도들은 '안식처'에 온 것처럼 받아들여지는가? 그곳에서 흑인들은 인정받고 보호받으며, 그들의 유산이 인정하는 방식으로 참여가 가능한가? 이것은 '모두가 서로를 알고, 모두가 서로에게 연결되고, 모두가 서로를 섬기는' 작은 교회에서는 힘든 일이다.[15]

우리는 기독교 회중이 자발적인 조직이라는 것을 염두에 둬야 한다. 예배자들은 내면의 사회적 자아에 호소하는 예배의 경험을 기꺼이 껴안는다. 여기에는 같은 조상을 가진 사람들과 연결시키는 관심사, 신념, 가치, 삶의 경험이 포함된다.

인종 통합과 교파

지역 교회가 인종을 통합해서 같은 예배의 경험을 나누는 것과 교파가 다양한 인종과 문화를 반영하는 교회를 수용하는 것은 별개의 문제다.

남침례교는 빠른 속도로 인종 통합을 이루고 있다. 남침례회에 소속된 비(非)백인 성도의 수는 1988년 이후 66퍼센트가 증가했다. 2011년 북미선교부센터가 실시한 조사에 따르면 50,768명의 남침례회 성도 중 비백인은 10,049명이었다. 1998년에는 6,044명이었으니 남침례교가 좀 더 다민족화되고 인종 통합적으로 변화하고 있다는 것을 보여 준다.[16] 미국에서의 인종 다양성이 세분화되는 것과 동시에 남침례회에서도 다양성이 존중받고 있는 것이다.

남침례회에서 가장 눈에 띄게 증가한 것은 아프리카계 미국인 성도였다. 1988년과 2011년 사이 이들은 82.7퍼센트나 불어났다.[17] 그 시기에 루이지애나 주 뉴올리언스에 있는 프랭클린 애비뉴 침례 교회의 프레드 루터(Fred Luter) 목사는 아프리카계 미국인으로서는 최초로 남침례회의 대표직을 맡게 됐다. 이것은 다양한 인종 통합 을 반영한 일이었다. 루터는 "우리 동네에서 저만이 유일한 남침례 교 흑인 목사였던 때가 있었습니다"라고 말하기도 했다.[18]

남침례회에 소속된 스페인계 성도의 증가도 대단했다. 1998년부 터 2011년까지 스페인계 성도의 수는 거의 63퍼센트나 증가했고, 남침례회에 가입된 동양인은 55퍼센트가 늘어났다.[19]

앵글로색슨 교회와 타인종 교회의 비율[20]

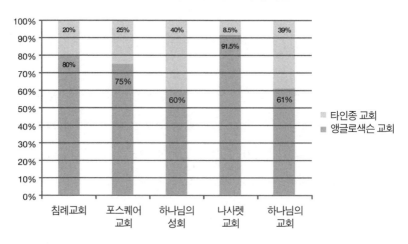

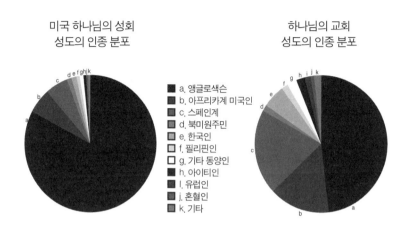

하나님의 교회와 미국 하나님의 성회 자료[21]

미국 하나님의 성회
성도의 인종 분포

하나님의 교회
성도의 인종 분포

- a. 앵글로색슨
- b. 아프리카계 미국인
- c. 스페인계
- d. 북미원주민
- e. 한국인
- f. 필리핀인
- g. 기타 동양인
- h. 아이티인
- I. 유럽인
- j. 혼혈인
- k. 기타

교회 내 인종 통합에 대한 데이터

1990년대에 교회 내 분열된 인종을 어루만지기 위한 인종 화합 운동이 시작되었고 이것은 미국 종교 기관을 자극해서 다양성을 우선시하게 만들었다. 또한 수천 명의 성도가 모이는 이른바 대형 교회가 인기를 끌며 미국 교회는 인종적으로 다양해지게 됐다. 라이스대학(Rice University)의 인종·신앙 전문가인 마이클 에머슨(Michael Emerson)에 따르면, 소수 인종이 성도의 20퍼센트를 차지하는 미국 교회 비율은 거의 10년간 7.5퍼센트 정도에 머물러 있다고 한다. 반면에 대형 교회의 경우 1998년에는 6퍼센트였던 소수 인종이 네 배로 불어나 2007년에는 25퍼센트에 달했다.[22]

영적 통합

미국에서 인종 통합이 잘된 교회를 꼽으라면 뉴욕에 있는 브루클린 테버너클을 빼놓을 수 없다. 〈피츠버그 포스트 가제트〉(Pittsburg Post-Gazette)의 루스 데일리(Ruth Dailey)는 "인종 통합은 주일 아침에만 하는 허울뿐인 몸짓이 아니다 … 브루클린 테버너클 교회는 복음의 측면에서 봤을 때 진정한 국제 연합이다. 뉴욕에 거주하는 수백만 의 다양한 사람들로부터 1만 명의 성도를 이끌어 냈다"고 말했다.[23] 상담 전문가인 데니스 패로(Dennis Farro) 목사는 이렇게 표현했다: "설명을 덧붙이자면 브루클린 테버너클은 뉴욕 브루클린에 위치한 다민족, 다인종 교회다. 성가대, 강력한 중보기도, 타인을 위한 봉사 활동이 활발한 곳으로 알려져 있다."[24]

1만 6천 명 이상의 성도가 있는 테버너클 교회는 뉴욕에 있는 다양한 소수 민족 집단에게 도움을 주고 있다. 성도들은 인종 통합을 달성했지만, 이것은 인종 차별에 대한 비난이나 가두 행진, 피켓 시위 등의 참여 없이 이뤄진 일이었다. 인종이 혼재되어 있는 대도시 지역이라면 사회 정의에 반하는 부정적인 프로그램이 있을 법하지만 이곳에서는 아니다. 좀 더 정확하게 말하자면 그리스도가 메시지의 중심이며 주님만이 세상의 구원자 되심을 선포하는 교회인 것이다. 예수 그리스도를 믿는 사람들이 성경의 '그리스도 안에서'라는 표현대로 새로운 영적 화합의 일부분이 되었고, 브루클린 테버너클이라는 이름으로 그리스도의 몸을 이루는 구성원이 되었다.

그리스도 안에 거하는 사람들은 자신들에 대해 새로운 관점을 갖게 되고 타인들과 세상에 대한 관점도 바뀌는 법이다. 주일 예배를 마치고 세상에 나가면 그리스도의 외교관이 되는 것이다. 이들의 목표는 세상에 있는 사회적 부당함을 바로잡는 것이 아니다. 인종적, 민족적 배경을 가진 사람뿐 아니라 모든 이에게 예수 그리스도를 소개하는 것이다. 이들은 그리스도가 자신들을 위해 무엇을 하셨는지, 모두를 위해서 무엇을 하실 수 있는지를 선포한다. 또한 영혼을 흔드는 예배를 통해 그리스도에 의한 변화를 선보인다. 브루클린 테버너클 성가대가 찬양을 할 때면 예배자들은 하나님을 찬양하는 것에 동참한다. 모두가 하나님을 경배하는 그 순간 주님이 그들의 예배를 받으시기 위해 오시고 모두가 천상의 경험을 하게 되는 것이다.

그리스도 안에서 우리 모두는 새로운 정체성을 발견한다. 차별받거나 다르다고 느끼기보다 그리스도 안에서 하나 됨을 느끼게 된다. 하늘의 가족이라는 울타리 안에서 모두가 얼마나 닮아 있는지를 깨닫는다. 그들은 자매고 형제며 하나님은 모두의 아버지인 것이다.

강점과 취약점

교회 안에서의 인종 통합에는 많은 강점과 더불어 논쟁거리도 존재한다. 강점을 먼저 살펴보자. 첫째, 인종이 통합된 교회에서는 아메리칸 드림을 볼 수 있다. 자유의 여신상에 새겨진 글귀와 같은

맥락이다: "자유를 호흡하길 갈망하는 고단하고 가난하고 웅크린 이들이여, 풍성한 해안가의 비참한 사람들이여, 내게로 오라. 갈 곳 없는, 폭풍에 시달리는 사람들이여, 나에게 오라. 내가 황금빛 문가에서 횃불을 들리라." [25] 미국 독립선언문은 모든 미국 시민이 '생명권, 자유권, 행복추구권'을 갖는 통합된 교회가 있어야 한다고 천명한다. 이 권리는 미국 독립선언문과 미국 수정헌법 조항 제5조와 14조에 의해 강화된다. 인종 통합에 반하는 태도와 행동이라면 어떠한 것이든 일반 시민들에 의해 비난을 받으며 미국 법에 저촉되는 것이다.

두 번째 강점은 좀 더 설득력 있는 이유로 말할 수 있다. 영적 화합은 성경적 명령이라는 점이다. 바울은 갈라디아인들에게 이렇게 말했다: "너희는 유대인이나 헬라인이나 종이나 자유인이나 남자나 여자나 다 그리스도 예수 안에서 하나이니라"(갈 3:28). 또한 골로새인들에게는 인종과 문화적 화합을 얘기하며 이렇게 권고했다: "거기에는 헬라인이나 유대인이나 할례파나 무할례파나 야만인이나 스구디아인이나 종이나 자유인이 차별이 있을 수 없나니 오직 그리스도는 만유시요 만유 안에 계시니라"(골 3:11).

셋째, 인종이 통합된 교회는 지상 명령을 수행할 수 있다. 예수님은 명령하셨다: "그러므로 너희는 가서 모든 민족을 제자로 삼아"(마 28:19). 이렇게 일반적이고 광범위한 명령이 의미하는 것은 예수님의 제자들이 모든 민족을 목표로 삼아야 했다는 뜻이다. 이렇게 포괄적인 전도 사역을 통해 문화와 인종을 막론하고 많은 사람들이 이끌리게 될 것이다. 그리고 곧 신자가 될 사람들에게 선포될 것이다. 하나님이 그들을 받아들이셨듯이 교회도 그들을 받아들일 것이라고 말이다. 이것은 개종이나 예배를 가로막는 장애물 없이 인종 통합의 교회를 건설할 수 있는 긍정적인 방법이다. 선한 사마리아인도 강도를 당한 유대인을 돌보지 않았던가?

넷째, 인종이 통합된 교회는 성도들을 더욱 굳건하게 해 준다. 사람들이 다른 문화 출신 사람들을 받아들이고 타인에 대해 알게 된다는 것은 자신에 대해서도 더 잘 알게 된다는 의미다. 이들은 믿음 안에서 더욱 굳건해지며 다른 인종의 사람들을 도우며 더욱 강해진다.

다섯째, 다민족/다문화 교회는 천국의 반영이다. 천국에 가는 날 그리스도인들은 하나의 공동체에서 인종이나 피부색, 국적에 상관없이 모두가 예수 그리스도를 경배할 것이다. 천국에서의 예배는 과연 어떤 모습이 될까?

> "그들이 새 노래를 불러 이르되
> 두루마리를 가지시고 그 인봉을 떼기에 합당하시도다
> 일찍이 죽임을 당하사
> 각 족속과 방언과 백성과 나라 가운데에서
> 사람들을 피로 사서 하나님께 드리고
> 그들로 우리 하나님 앞에서 나라와 제사장들을 삼으셨으니
> 그들이 땅에서 왕 노릇 하리로다"(계 5:9~10).

우리는 영원토록 다양한 인종의 사람들과 나란히 찬양을 부르게
될 것이기에 이 땅의 교회에서부터 그 경험에 익숙해지는 게 좋을
것이다.

여섯째, 다민족/다문화 교회는 이 세상의 불신자에게 전하는 간
증이다. 예수 그리스도가 우리가 개인적 혹은 공동으로 범한 인종
차별의 죄를 이기셨다는 것을 보여 주는 간증인 것이다. 서로 화합
하며 사는 다민족/다문화 교회는 예수 그리스도의 능력으로 사람
이 변화된다는 것을 세상에 보여 준다. 데이비드 앤더슨(David
Anderson)은 자신의 책 *Multicultural Ministry: Finding Your Church's
Unique Rhythm*(다문화 목회: 당신 교회만의 독특한 리듬을 찾으라)에서 이렇
게 말했다.

> 이 나라의 학교, 상점, 이웃, 오락 시설 등 주변만 둘러봐
> 도 다양한 인종이 조화롭게 섞여 있다는 것을 알 수 있다.
> 하지만 여기에 교회는 포함되지 않는다. 천국에는 모든 문
> 화, 언어, 민족이 있을 테지만 미국의 주일 아침에는 인종
> 적 분리주의라는 요새가 버티고 있다. 다민족 예배에 대해
> 그저 말로만 얘기하는 것을 멈추고 이제는 실행해야 할 때
> 다.[26]

일곱째, 다민족/다문화 교회는 타인을 사랑하는 공동체를 향한
강력한 사과의 메시지다(요 13:34~35, 요일 4:7~8 참조). 외부인들에게 교

회가 전하는 진정한 기독교의 메시지를 가장 잘 보여 주는 때가 있다. 바로 문화 장벽을 넘어서 서로를 사랑하는 모습, 서로가 서로를 있는 그대로 받아들이는 모습 그리고 자신들보다 남을 더 낫게 여기는 모습이 드러나는 때다(빌 2:3).

그렇다. 우리는 장벽을 넘어야 하고 다른 이들과 함께하는 예배를 경험해야 한다. 하지만 무엇보다 우리의 예배는 타문화로부터 배운 경험이 아닌 마음 깊은 곳에서부터 우러나와야 한다.

물론 인종 통합의 예배에는 취약점도 존재한다. 첫째, 예배의 본질이 요구하는 것은 하나님을 향해 온 마음으로 반응하는 것이다. 이것은 예배자들이 하나님이 받으시기에 합당한 것(worth-ship)을 올려 드릴 때 일어난다.[27] 한 예배자가 자신이 익숙하지 않은 다른 문화의 예배 형식에 적응해야 한다면, 그 사람은 온 마음으로 하나님에게 반응할 수 있을까? 내성적인 한국 사람들이 브라질 스타일의 생동감 넘치고 감정적인 예배 가운데서 여전히 진정한 자아로 남을 수 있을까? 어떤 예배자가 다른 문화권에서 비롯된 표현으로 예배한다면 그것이 참된 예배가 될 수 있을까?

미국의 주일 오전 11시 예배 시간이 주 중에서 가장 인종 차별이 많은 시간이라는 비판이 있다. 하지만 그런 예배 가운데서도 어떤 진실성이 있을 수 있다. 그러나 사람들 사이에 인종 통합이 나타났다면 주일날 지역 교회에서도 역시 인종의 화합이 드러나야 하는 것 아닌가? 월요일에 학교나 직장에서 보이는 인종 통합이 당연한 것처럼 말이다.

두 번째 논쟁거리는 통합 자체를 위한 통합을 하겠다고 사람들과 교회에게 억지로 부자연스러운 행동을 하게 만든다는 점이다. 상당히 내성적인 여성이 에너지 넘치는 예배에 참여한다고 해서 억지로 소리를 쳐야 하는가? 교회에서는 인권에 대한 기대감을 채워주거나 혹은 정치적으로 올바르다는 이유로 인종 통합을 할 수 있다. 하지만 이것이 과연 성경적으로도 옳은 것인가? 다른 문화권의 방식으로 예배를 드리라고 강요할 수 있는 것인가? 한 성도가 그저 협력하기 위해 다른 성도처럼 반응해야 하는 것인가? 다민족 교회가 된다는 것에는 인종 통합보다 더 큰 목적, 즉 하나님의 마음만큼 광대하고 지상 명령만큼 포괄적인 목적이 있어야 한다. 그리고 천국을 반영해야만 한다.

만약 흑인만 사는 동네가 있다고 치자. 진정한 신약 교회를 만들기 위해 나가서 백인을 찾아다녀야 하는가? 그렇지 않다! 백인들로만 가득 찬 교회 성도가 인종이 통합된 교회를 만들기 위해 흑인을 찾아다녀야 하는가? 그렇지 않다! 하지만 한 성도가 다른 인종의 누군가를 데려오는 걸 반대한다면 그것은 인종 차별이다. 죄라는 뜻이다!

그러므로 우리는 두 가지 질문을 해야 한다. 첫째, 왜 교회는 '예루살렘' 밖으로 나가 성도들을 통합시키지 않는 것인가? 통합을 통해 성도들은 다른 인종의 표현으로 기독교를 체험하고 성장할 수 있을 텐데 말이다. 둘째, 한 교회가 '예루살렘' 밖으로 나가 '외부인'을 데리고 온다면 이것은 진정한 다문화인가? 그리고 마지막 질문이 있다. 교회가 인종 통합을 위해 노력하는 가운데 위에서 열거된 강점이 아닌 취약점을 드러내는 때는 언제인가?

예배 가운데 함께하는 여러 목소리를 통해 우리는 서로를 하나님의 임재 안으로 들어 올리고 있지 않은가? 예배자들은 인종적 단어, 가치, 타문화의 금기 사항에는 개의치 않으며 예수 그리스도 안에서 하나가 될 뿐이다. '공기 중의 예배'라는 용어는 하나님이 그의 존재를 예배하는 자 안에 드러내러 오신다는 걸 의미한다. 예수님이 우리에게 "아버지께서는 자기에게 이렇게 예배하는 자들을 찾으시느니라"(요 4:23)고 말씀하지 않으셨던가? 우리가 제대로 예배를 드릴 때 하나님은 그 예배를 받으러 오신다. 하나님은 예배하는 자를 찾으시기 때문이다.

• •
• •

마무리

기독교가 새로운 사회에 동화될 때 모든 사람은 예수 그리스도 안에서 동등한 대우를 받아야 한다. 하지만 지금껏 그렇지 않았다. 바울의 표현으로 설명하자면, "내가 원하는 바(인종적 장벽을 무너뜨리는 것) 선은 행하지 아니하고 도리어 원하지 아니하는 바(차별의 시선으로 사람들을 보는 것) 악을 행"했다(롬 7:19, 괄호는 저자의 표현). 결과적으로 미국의 주일 오전 11시는 '일주일 중에서 가장 인종 차별이 많이 벌어지는 시간'이라는 꼬리표가 붙었다.

인종 차별이라는 악과 부당한 법에 대항하며 평화적인 방법으로 하나님의 사랑을 보여 준 사람들이 있었다. 바로 마틴 루터 킹과 에벤에셀 교회다. 인종 차별이라는 악을 폭력적으로 비난한 사람들도 있었는데, 아마 이것은 그들 마음에 있는 악이 반영되어 나온 것일 테다. 그런가 하면 예배의 긍정적인 힘을 드러내 보인 사람들도 있었다. 이 힘은 다양한 인종의 모든 사람들이 주님 안에서 그리고 동료들과의 하나 됨 안에서 새로운 정체성을 갖게 했다. 하나님은 이 두 가지 방법 모두를 사용하신다.

여의도 순복음교회
대한민국 서울

조용기 목사

4

교회 사역과 전도 사역을
감당하는 셀 모임

여의도 순복음교회

대한민국 서울

여의도 순복음교회는 대한민국 서울 곳곳에 평신도 사역으로 진행되는 셀 모임을 만들었고 역사상 가장 큰 교회가 되었다. 1958년 조용기 목사가 교회를 설립한 이후 성도는 급속히 늘어나 3천 명 이상으로 성장했다. 그러던 어느 주일날, 2,400석의 교회당에서 주일 예배를 세 번씩 드리던 시기에 조용기 목사는 세례를 주다가 심장에 무리가 와서 쓰러지고 말았다. 조용기 목사는 혼자만의 힘으로는 교회를 세울 수도, 목회를 할 수도 없음을 깨달았다.

회복기 동안 조용기 목사는 셀 모임에 대한 계획을 구상했다. 사람들에게 다가가고 양육하기 위해 도시 곳곳에 전략적으로 셀 모임을 배치하겠다는 계획이었다. 교회 안에서는 하나님의 말씀이 전파되고 사람들이 기도한다. 하나님을 예배하고 성령세례의 증거로 방언을 말하기도 한다. 이렇듯 각각의 셀 모임은 교회의 연장선상에 있었다. 1978년까지 조용기 목사는 10만 명의 사람들을 전도했고 교회는 성장을 계속했다. 조용기 목사가 은퇴했던 2008년 당시 교회 성도는 76만 명에까지 이르렀다. 또한 3만 2천 개의 셀 모임과 위성으로 예배드리는 50개의 교회가 각 지역에 퍼져 있었다.

셀(세포) 분열을 통해 신체가 성장하듯이, 셀 모임의 분할을 통해 지역 교회가 성장한 것이다.[1]

한국 기독교 역사상 가장 큰 교회는 1958년 조용기 목사가 서울에 설립한 여의도 순복음교회다. 원기왕성하고 재능 있는 목사가 이끄는 전통적 교회 사역을 통해 약 3천 명에 이르는 성도가 이 교회에 모였다. 조 목사는 심장마비가 왔을 당시 하나님이 주신 비전을 보았다. 도시 곳곳에 배치된 작은 셀 모임을 통해 수천 명이 평신도 사역을 하는 비전이었다. 셀 모임에 대한 조 목사의 철학은 우리 신체가 셀(세포) 분열을 통해 성장하는 것과 닮아 있었다. 교회도 똑같이 셀 분할로 성장하는 것이다.

역사상 가장 큰 교회는 미국에 있을 거라 생각하는 사람이 많을 것이다. 미국에서는 모든 것이 큼직하니까 말이다. 역사상 최대의 전쟁이었던 제1차 세계대전과 제2차 세계대전에서 승리를 이끌어 낸 원동력은 미국인들이었다. 역사상 가장 큰 핵폭발이 있었던 곳도 미국이었다. 역사상 가장 많은 예산을 가졌던 나라, 가장 부유했던 나라이기도 했다. 하지만 역사상 가장 큰 교회를 가진 나라는 미국이 아니었다. 오히려 전쟁으로 피폐해진 나라에서 가장 큰 교회가 세워졌다. 큰 교회를 세우시는 하나님의 영적인 힘이 바로 그곳에 있었다.

사실 한국은 1950년대만 해도 재정적으로 위태로운 나라였다. 북한 공산당이 남한을 침입해 2천 개가 넘는 교회를 파괴하고 500명이 넘는 목사를 살해했다. 전쟁으로 도시 곳곳이 무너졌다. 당시 한국인들은 나무로 집을 지었고 대부분의 시민은 농민이었는데, 서울에는 3층이 넘는 건물이 단 한 채도 남지 않았다.

하지만 하나님이 교회를 세우실 때는 이 땅의 보물로 지으시지 않는다. 학교에서 가장 똑똑하다는 이유로, 국회의원 출신으로 영향력이 있다는 이유로, 또 연예계에서 가장 유명한 사람이라는 이유로 지도자로 세우시지 않는다. 하나님은 그분의 지혜에 의지하는 겸손한 사람을 리더로 세우시고 하나님의 보물에 의지하는 가난한 사람들을 사용하신다. 이 땅에서 위대한 교회를 짓기 위해 몸으로 뛰는 서민들을 사용하신다.

하나님은 신학교를 마친 한국인 청년 조용기를 보시고 그를 성령으로 채워 주셨다. 조 목사는 날품 팔며 사는 평범한 사람들을 자신의 교회로 끌어오면서 하나님이 신비로운 기적을 행하실 것이라 믿었다. 조 목사를 따르는 사람들은 하나님의 능력이 그에게 임했듯이 다른 이들에게도 임할 수 있다는 걸 알았다. 그래서 그들은 성령의 채워 주심을 구하며 셀 모임 안에서 기도, 성경 공부, 예배, 전도 모임을 통해 다른 사람들을 이끌어 주었다. 10명에서 12명 정도의 사람들이 마루, 세탁소, 식당 뒤편에서 셀 모임을 가졌고, 하나님의 능력이 그들에게 가득 채워지기 시작했다. 셀 모임이 성장하면 다시 나누고, 분할된 모임은 다시 성장을 계속했다. 이 과정을 통해 셀 모임은 기하급수적으로 늘어나 거의 4만 개의 셀 모임이 서울 곳곳에 심어졌다.

몇 개의 셀은 교회로 성장했지만 조용기 목사의 교회 네트워크 안에 남은 셀 모임도 있었다. 이런 교회들은 평균적으로 5천 명에서

1만 명의 예배자들이 모여 예배를 드렸다. 교회는 서울을 넘어서 일본과 중국 그리고 미국에도 세워지기 시작했다. 지금까지 로스앤젤레스에만 50여 개의 교회가 설립됐다.

조용기 목사의 교회에는 정확히 셀 수 없을 정도로 많은 성도들이 모인다. 추산되기로는 조용기 목사의 담당 아래 백만 명의 신도가 모인다고 한다. 더 적은 수를 말하는 비관적인 시선도 존재한다. 조용기 목사로부터 받은 편지에 의하면, 본인이 2008년 72세의 나이로 은퇴할 당시 성도 수가 76만 명에 달했다고 한다.

설립과 성장

교회는 당시 서울의 빈곤 지역이었던 대조동에서 시작됐다. 현재 교회는 한강 근처, 값비싼 아파트로 가득한 여의도에 있고 그 옆에는 국회의사당이 위치해 있다. 교회의 본당은 눈에 띄게 멋진 건물로, 전 세계의 어느 도시든 시민회관으로 쓰고 싶어 할 건물이다. 믿기 힘들겠지만 이것은 국립문화센터도, 예술 건축물도 혹은 박물관도 아니다. 평범한 한국인들 수만 명이 모여 십시일반으로 세운 교회다. 더욱 놀라운 것은, 주일날 예닐곱 번 진행되는 예배 시간이 되면 이 거대한 건축물이 성도들로 꽉 찬다는 것이다. 생기가 넘치고 열성적인 한국인 성도들은 여의도 순복음교회를 자신들의 영적인 집이라고 부른다. 30년 전 나는 이곳을 세상에서 '가장 크고도 작은 교회'라고 부르곤 했다.[2]

"이 건물은 그저 껍데기일 뿐입니다." 1958년부터 양 떼를 보살펴 온 조용기 목사의 말이다. 그 당시에 사람들은 텐트만 치고 풀밭에 앉아 예배를 드렸다. "진짜 교회는 저 밖에 있습니다." 조 목사는 팔을 들어 인구수 2천만이 넘는 도시를 가리키며 말했다.

'저 밖에' 라는 말은, 아마도 6명에서 10명의 사람들이 매주 화요일 혹은 약속된 어느 날의 저녁 시간에 길가에 자리 잡은 소박한 집 안에 모이는 것을 의미하는 것 같다.

셀 모임의 리더는 고등학교만 졸업하고 사회생활은 단 한 번도 해 보지 않은 바쁜 가정주부일 수도 있다. 리더는 다정하고도 격의 없이 성경 공부를 진행한다. 새로운 사람이 소개되면 모두가 환영한다. 찬양은 활기차고 사람들은 개인적인 상황을 기꺼이 나눈다. 누군가는 기도 응답받은 것에 대해, 혹은 나쁜 습관에서 벗어난 기쁨에 대해 말할 수도 있다. 구체적인 기도 제목을 놓고 모든 사람이 함께 통성기도를 할 수도 있다. 리더가 정성껏 준비한 성경 공부가 끝나면, 모두 즐겁게 모여 다과를 즐기면서 마무리한다.

조용기 목사

한국전쟁이 공식적으로 막을 내린 1953년 당시 조용기 목사는 17세였다. 그는 의사가 되는 게 꿈이었다. 원래는 불교 신자로 자랐지만 17세에 기독교로 개종했다. 그가 개종하게 된 것은 매일 찾아와 예수 그리스도를 전했던 한 여학생(누나의 친구) 때문이었다. 어느 날 그 여학생이 옆에서 무릎을 꿇고 기도하며 울기 시작했다. 그때 그는 이렇게 말했다고 한다: "울지 마세요…. 기독교의 사랑이 뭔지 알겠습니다." 그녀는 자신의 성경책을 선물하며 생명의 말씀을 꼼꼼히 읽어 보라고 권했다. 그리고 나서 얼마 후 그의 삶이 변했다.

어느 날 오후, 갑자기 나는 가슴 속에서 뭔가가 역류하는 걸 느꼈다. 내 입이 뭔가로 가득 찼다. 숨이 막힐 것 같았다. 입을 벌리자 피가 쏟아져 나왔다. 피를 멈추려고 해 봤지만 코와 입을 통해 계속해서 흘러나왔다. 내 배와 가슴은 금세 피로 물들었다. 몸이 몹시 약해지더니 기절하고 말았다. 나는, 죽어 가고 있었다.[3]

의사는 그에게 가망이 없으며 3~4개월 정도가 남았다고 말했다. 병명은 폐결핵이었는데 이것은 한국 빈곤 계층을 괴롭히는 문제이기도 했다. 깊은 절망에 빠진 그는 불교에서 들어주지 않은 자신의 기도를 예수님에게 하기 시작했다. 고쳐 주시고 살게 해 주시기를 간구했다. 그리고 바로 오순절 성령세례를 경험하고 방언을 받게 되었다. 환상 속에서 예수님을 보았고 전임 사역으로 자신을 부르시고 계신다는 것을 깨닫게 됐다.

1956년에 그는 서울에 있는 순복음신학교에서 학위를 받았다. 후에 자신의 장모이자 동료가 되는 최자실 전도사를 만난 것도 이곳이었다. 졸업 후 조 목사는 미국으로의 유학을 계획했지만 최자실 전도사는 대조동에 교회를 세우기 위해선 그의 도움이 절실했다. 벽돌이나 목재를 구입할 재정도 없었다. 그들은 가지고 있는 현찰을 모두 모아 전쟁 후에 남겨진 미군 텐트를 하나 구입했다. 비가 오거나 바람이 불면 텐트를 다시 꿰매고 덧대야 했다. 사람들은 짚으로 만든 멍석에 앉아 예배를 드렸다.

천막 교회가 지어졌지만 태풍이 모든 것을 갈가리 찢어 놓았다. 그래서 사람들은 새로 지은 최자실 전도사의 집에서 예배를 드렸다. 성도가 늘어나자 다시 텐트를 사서 집 앞에 쳤다. 기적이 일어난다는 말이 퍼지기 시작했고, 사람들이 텐트로 몰려와 오순절 성령세례를 경험하며 거듭났다. 사람들은 치유를 위해 기도하기 시작했다.

조 목사는 예배 시간이 되면 회중을 모으기 위해서 가까운 언덕에 올라 이웃 사람들에게 소리를 치곤 했다. 원래의 목표는 30~40명 정도 되는 성도를 모으는 것이었다. 하지만 밤새 계속되는 기도 모임에서 하나님의 임재가 드러나자 사람들이 계속해서 텐트로 몰려들었다. 조 목사는 곧 이대로라면 교회가 안정되어 미국 유학을 떠날 수 있을 것이라고 생각했다. 하지만 그러지 못했다. 성도는 300명까지 불어났다.

1961년, 조 목사의 입대로 교회는 좌절을 겪었다. 하나님의 성회 교단에서 온 미국인 선교사 존 허스턴(John Hurston)이 자리를 대신했지만 그리 오래가지는 않았다.[4] 심각한 내장 질환으로 수술을 받은 조 목사가 7개월의 복무만을 마치고 의병 전역을 했기 때문이었다.

1962년, 27세가 된 조용기 목사는 역동적으로 사역하며 성공 가도를 달렸다. 믿을 수 없을 만큼 놀라운 열정이었다. 새벽 4시 반 새벽기도를 시작으로 자정이 지날 때까지 열심히 사역했다. 곧 성도는 3천 명으로 불어났다. "어렸고 우쭐해 있었던 나는 내 힘으로 모든 걸 하려고 했습니다." 그가 말했다. "설교, 심방, 환자를 위한 기도, 상담, 집필 활동, 라디오 사역 시작을 비롯해 관리 업무부터 주일학교 젊은이 예배까지 모든 짐을 혼자 맡고 있었습니다."[5]

하지만 어느 주일날 여섯 번째 설교를 하던 중(그리고 당일 오후에는 300명의 사람에게 세례를 준 후였다) 설교단에서 쓰러져 들것에 실려 옮겨졌다. "의사 선생님이 말씀하시길 제가 최악의 신경쇠약[6]을 앓고 있다고 하더군요. 만약 살고 싶다면 교회를 떠나야 한다고 하셨습니다."[7]

회복하는 긴 시간 동안 그는 어떤 방식으로 사역해야 성장하고 있는 교회를 포기하지 않을 수 있을까를 놓고 고민했다. 사도행전과 바울서신을 읽고 있던 그의 마음에 성령이 '가정 교회'라는 한 구절을 계속 밀어 넣으셨다. 새롭고도 대담한 계획이 만들어지기 시작했다. 각자의 동네에서 셀 모임을 담당할 신실한 '목자'에게 사역 활동을 넘기는 것이었다. 목자들에게는 성경 공부, 관리, 상담, 아픈 이들을 위한 기도, 심방이 맡겨졌다.

'하지만 이런 사람들을 어떻게 구할 것인가?'라는 의문이 들었다. 하지만 대답 역시 사도행전에서 나왔다. 빛나는 전도 사역을 했던 빌립도 집사가 해답이었다. 이것은 기존의 한국 문화와 (또한 그가 배워 온 신학적인 면과도) 충돌하는 것으로 보였지만 해 볼 만한 시도라고 생각했다. 죽어 가고 있었으니 잃을 게 없었다.

그는 집사들을 소집해서 이렇게 말했다: "저는 두 가지 중에 하나를 선택해야 합니다. 이 교회를 떠나거나, 우리 교회 조직을 세분화시켜서 평신도들이 각 구역을 담당하게 하거나 둘 중 하나입니다."[8] 조 목사의 사임을 요구하는 집사도 한 명 있었지만 다른 이들은 그러지 않았다. 혼자만의 힘으로 기독교 지도자의 자리에 올라선 그의 장모는 여성들에게 문을 열어 주었다. 그녀는 성도들이 사는 곳을 조사해 구역별로 지역을 나눴다. 그런 후 적합하고 신뢰할 만한 여성 60명을 모아 가정 교회 모임의 지도자로 세웠다.

"여러분들이 보시다시피 저는 아픈 사람입니다. 이제 여러분이 목사가 되는 겁니다." 조 목사가 그들에게 말했다. "그리스도가 저를 신뢰하시듯 여러분이 사람들을 전도하고 훈련시킬 것이라는 것을 믿습니다. 제가 주님과 동역자인 것처럼, 새로운 계획 안에서 여러분 역시 주님과 추수하는 동역자가 되었습니다. 주님이 저를 부르시고 목자로 삼으셨듯이, 이제 주님은 여러분을 목자로 삼아 이웃으로 보내고 계십니다."[9] 목사의 말이 끝나자 겸손한 이들의 눈에서 눈물이 흘렀다. 그들은 이렇게 말했다. "우리는 그저 평신도일 뿐인데, 이렇게까지 우리를 믿어 주시는 분은 없었습니다."

2성 장군, 국회의원, 서울 부시장도 다니는 이 교회에서 그들은 엘리트가 아니었다. 정확히 말하자면 주부였고, 학교 선생님이었고, 직장인이었고, 가게 주인이었고, 소기업 경영자거나 노동자들이었다. 그렇게 그들은 셀 리더가 되었고, 그들 중 3분의 2가 여성이었다. 금전적인 보상은 전혀 없었다.

주님 안에서 리더들이 성장하자 셀 모임도 영적으로 성장하고 수도 늘어났다. 그러자 교회 전체가 성장했다. 1964년 말, 85개의 셀 모임이 활발하게 진행되었다. 그 후 2년간 매해 천 명이 늘어나, 1967년에는 2천 명이 되었다. 조 목사가 아직 개발되지 않았던 여의도 땅 국회의사당 옆으로 교회를 옮겨야겠다고 계획했던 것은 바로 그때였다. 면밀한 건축 기준을 만족시키는 한국의 명소로 만들겠다는 계획이었다. 하지만 그곳은 주거 지역에서 너무 멀었다. "조 목사님, 이건 모래 언덕으로 이사를 가자는 겁니다." 만류가 이어졌다. "누가 거기까지 가겠습니까. 거기까지 가는 교통수단도 별로 없어요." 많은 사람들이(미주리 주 스프링필드에 있는 하나님의 성회 본부 사람들을 포함) 교회가 그 장소에 지어지면 망하게 될 거라고 생각했다.[10]

조 목사는 자신의 신약 비전에 맞춰 대답했다. "저는 교회를 세우고 이곳 사람들을 다 데리고 가자는 게 아닙니다. 하나님이 저에게 한 가지 말씀하셨습니다. 교회는 훈련소가 되어야 한다고 말입니다. 저는 이곳에 오는 사람들을 모두 훈련시킨 후 그들을 각 지역으로 보내 세포 속으로 스며들게 할 겁니다."[11] 몇 년 후, 1973년 빌리 그레이엄 목사가 여의도 광장에서 설교를 할 때 백만 명 이상의 사람들이 운집했다. 이것은 기독교 역사상 가장 많은 사람들이 모인 집회였다.

조용기 목사는 여의도에 1만 명이 앉을 수 있는 예배당을 짓기 시작했다. 약 30억 원에 달하는 예산의 공사였다. 하지만 1차 석유 파동이 일어나자 순복음교회 새 예배당을 포함해, 서울에서 진행되던 건축 계획들이 모두 중지됐다. 많은 성도들이 직장을 잃었고 교회 빚은 늘어났다. 교회 대출 이자를 갚기 위해 조 목사는 자신의 사례비를 내놓았고 경제 상황이 나아질 때까지 교회 직원들도 무보수로 일했다.

수백 명의 성도들이 정기적으로 교회 지하실에 모여 기적을 구하는 기도를 드렸다. 그들은 하나님이 그들의 기도에 응답하셔서 교회 건축이 완성될 것이라 믿었다. 어떤 성도들은 자신의 집을 팔고 이사를 하며 돈을 보탰다. 1년 치 봉급을 바치고 믿음으로 사는 성도들도 있었다. 그렇게 1973년 9월 24일 교회가 헌당되었다. 교회 본당 앞에는 커다란 청색 현수막이 걸렸다. "믿는 자에게는 능히 하지 못할 일이 없느니라"(막 9:23).

셀 모임의 원칙

내가 조용기 목사를 처음으로 만난 것은 1978년 6월 수요일 오후였다. 순복음교회 성장에 대한 인터뷰를 위해 나에게 주어진 시간은 한 시간이었다.

조 목사는 자신이 미국 교회의 성장 방법을 따르지 않았다는 걸 강조했다. 그는 "만약 제가 미국 침례교인들의 방법을 따랐다면 세상에서 가장 큰 교회를 짓지 못했을 겁니다"라고 설명했다.

이 말을 듣고 나는 즉시 미국 침례교가 세운 위대한 교회에 대해 얘기하며 그와 논쟁을 하고 싶었다. 하지만 그가 계속 말을 이었다: "침례교 사람들은 주일학교 교사와 주일학교 수업을 통해 교회를 세웠습니다." 조 목사는 침례교 교회의 헌신적인 평신도들이 성장의 원동력이었다는 것을 누구보다 잘 이해하고 있었다. 그는 계속했다: "침례교인들은 각 반을 위해 작은 교실들을 만들겠지요. 그러고는 일주일에 한 시간 동안만 이용합니다."

그러더니 조 목사는 깜짝 놀랄 만한 얘기를 했다: "만일 제가 침례교가 성장한 방법대로 우리 교회를 키우려면, 캘리포니아 주 로스앤젤레스에 있는 UCLA만큼 큰 교회가 있어야 합니다. 그 대학에는 10만 명의 학생이 있어요. 제 교회도 성도가 그만큼 되고요." 그리고 나에게 이와 같이 질문했다: "UCLA 교정이 얼마나 큽니까?"

나는 그곳에 가 본 터라 교정의 크기가 가로로 12블록, 세로로 15블록이라고 말해 주었다. 거기에는 3층 건물이 많고, 7, 8층이 되는 건물까지… 건물이 아주 많다고 말했다.

"맞아요…. 그렇습니다." 내가 대답을 하자 그는 미소를 지었다. "지금 우리 교회에는 십만 명의 성도가 있고, 그러니까 침례교 모델을 따르자면 나는 그 대학만큼 큰 교회를 지어야 한다는 겁니다." 그러더니 조 목사는 그렇게 크게 건축할 돈도 없고, 돈이 있다고 해도 서울시가 허락해 주지는 않을 거라고 설명했다. "저는 거실이나 세탁소, 아파트 건물에 있는 체육관 같은 곳을 이용해 교회를 세웠습니다…. 그리고 그런 곳은 돈이 들지 않지요."

조 목사는 서울 각 지역에서 매주 모이는 셀 모임이 15,358개라고 했다. "셀 모임에서 나오는 영적인 에너지가 우리 교회를 성장하게 합니다. 작은 모임 속에서 사람들은 함께 예배하고, 하나님의 말씀을 공부하고, 기도하고, 교제합니다. 그리고 밖에 나가 사람들을 전도해서 예수 그리스도에게로 데리고 옵니다."

조 목사는 내게 날카로운 질문을 하나 던졌다: "성경에서 말하는 교회를 상상하면 뭐가 떠오릅니까?" 나는 대답했다: "몸이요. 그리스도의 몸." "바로 그겁니다." 그가 말했다. "몸은 세포로 이뤄져 있습니다. 수천 수백만 개의 세포로 말입니다. 우리 교회는 하나의 몸이고, 수천 개의 셀로 이루어져 있습니다. 언젠가 수백만 개의 셀이 되면 더욱 좋겠군요."

조 목사는 사람의 몸에서 남성의 정자가 여성의 난자와 결합할 때 세포 하나가 시작된다고 설명했다. 남성이든 여성이든 모든 생명은 그 세포 하나에서 시작되는 것이다. 그는 같은 식으로 순복음 교회의 모든 생명력은 셀 모임을 만든 사람들 속에 있다고 설명했다. 그리고 말했다: "교회 성장의 비밀은 그 셀 안에 있습니다. 셀이 분열하면서 몸이 성장하니까요."

세계에서 가장 큰 교회의 비밀

"셀의 분열로 몸이 성장한다."

조 목사는 우리가 현미경으로 들여다보면 하나의 세포가 두 개의 세포로 분열한다고 설명했다. 두 세포를 다 들여다봐도 어떤 게 원래의 세포인지 알 수 없다고 한다. 그 둘은 완전히 동일하며 평생 동안 원래 세포에 있던 DNA가 다른 모든 세포에 옮겨진다. 그리고 이것처럼 순복음교회에 있는 생명이 셀 모임에서 만나는 모든 성도들에게 전해진다고 말했다. 그리스도의 힘과 능력이 드러나는 곳이 바로 셀 모임이라는 것이다.

조 목사는 웃음을 참으며 나에게 말했다: "타운즈 박사님, 제가 만약 현미경을 가지고 박사님의 첫 번째 세포를 들여다봤다면, 머리가 벗겨진 백인 남성을 봤을 것입니다." 우리는 함께 웃었고 조 목사가 장난스럽게 말했다: "만약 박사님께서 저를 현미경에 놓고 첫 번째 세포를 들여다보셨다면, 머리숱 많은 멋진 황인종 남성을 보셨을 겁니다." 우리는 또다시 함께 웃었다. 그의 머리숱과 나의 빈약한 머리숱에 웃음 지으며 우리는 금세 친구가 되었다.

셀 모임의 역사

헬라어로 교회를 뜻하는 에클레시아(ekklesia)의 원래 뜻은 '밖으로 부르다'이다. 이 단어는 ek(밖으로)와 kaleo(부르다)가 합쳐진 말이다. 에클레시아는 '세상에서 부름 받은' 그리고 그리스도의 사역을 위해 '함께 부름 받은' 그리스도인 모임을 의미한다.

초대교회에서 그리스도인들은 "집에서 떡을 떼며"(행 2:46) 모였는데 이것은 친교, 성경 공부, 기도 등을 위해 작게 무리 지어 모였다는 걸 말한다. 그와 동시에 그리스도인들은 "솔로몬의 행각이라 불리는 행각에 모이거늘"(행 3:11)이라고 한 걸 봐서, 모임의 규모가 큰 경우 솔로몬 성전에서 모였던 것으로 보인다. 교회가 집에서 모이는 작은 모임과 성전에서 모이는 큰 모임으로 구성됨을 의미하는 것이다.

나중에는 그리스도인들이 "날마다 성전에 있든지 집에 있든지"(행 5:42) 만났고 이것 또한 큰 모임은 성전에서, 작은 모임은 집에서 있었다. 복수의 사람을 의미하는 "큰 무리"(행 5:14)로 교회를 표현한 것만 봐도 알 수 있는데, 작은 모임이나 다수의 사람들보다 더 많은 사람을 의미한다. 또 다른 말씀에서는 교회가 "수많은 사람들"(행 5:16)로 그려졌다. 이 단어는 단수로, 예루살렘에서의 하나의 무리(하나의 몸)가 다수의 무리들(셀)로 이루어졌다는 것을 보여 준다.

3세기 즈음에 교회는 기독교 활동을 위해 건물 안에서 모이기 시작했다. 이때쯤 수도원 모임은 건물 밖으로 나가기 시작했다. 수도원 모임의 경우 경험이 다르고 시간의 길이도 다르기 때문에 근본적으로 교회와 구분되며, 오늘날 '소그룹 모임'이라고 부르는 것에 해당되지 않는다.

암흑시대 중에는 소그룹 모임이 있었다는 증거가 많지 않다. 그리스도인 문맹률이 높았고, 성경에 접근하기가 어려웠으며, 성직자가 잘못 가르칠까 두려워서 그리고/혹은 파벌주의 때문에 작은 모임들을 저지했기 때문이다. 종교 개혁 당시 마틴 루터와 장 칼뱅

(John Calvin)이 가정에서의 성경 공부를 강력하게 권장했지만, 이것은 그저 가족 모임일 뿐 가족 외의 다른 사람들이 참여하는 것은 아니었던 것으로 보인다. 칼뱅은 이렇게 말했다: "모든 경건한 가족은 교회가 되어야 한다."[12]

17세기에는 형제단, 분리파, 경건파가 국교회 기관(루터교도, 영국성공회교도, 칼뱅파 등)을 떠나 가정 교회에서 모임을 시작했다. 이에 자극을 받은 존 웨슬리(John Wesley)가 감리교회 예배와 더불어 소그룹 모임을 지지하게 된 것으로 보인다.

1780년대에는 영국에서 주일학교 운동이 시작되었다. 신문사 경영자인 로버트 레이크스(Robert Raikes)가 메러디스 부인(Mrs. Meredith)을 고용해 집에서 아이들을 가르치게 한 것이 시초였다. 교단이나 교회에서는 아직 이 운동이 시작되기 전이었다. 하지만 얼마 지나지 않아 교회는 교육과 복음 전도를 위해 주일학교 운동을 전수받았다.[13] 남침례회의 성장은 1900년부터 가속화되기 시작했고 이것은 아마도 주일학교에서 아이들을 가르치는 평신도 선생님들의 영향력에서 기인한 듯하다.[14]

강점과 취약점

소그룹 모임에는 눈에 띄는 강점과 더불어 숨겨진 취약점도 존재한다.[15] 소그룹 모임을 갖는 사람들은 다음 사항들을 이해해야 할 것이다.

첫째, 소그룹 모임은 지역 교회로 접근하게 하는 출입구와 같다. 왜냐하면 사람들은 소그룹 모임이라는 친근하고 따뜻한 환경에 소속감을 느끼기 때문이다. 유유상종이란 말처럼 소그룹 모임은 대개 회원들과 비슷한 성향을 가진 사람들을 끌어당긴다. 따라서 소그룹 모임에 있는 매력 요소는 사람들이 교회에 다가오지 못하게 만드는 장벽들을 없애 준다. 이 장벽에는 부정적으로 인식된 교회 건물, 기독교적인 예배 형식 등이 포함된다.

둘째, 소그룹 모임은 교회의 전도율 증가로 이어진다. 사람들이 소그룹 모임에 동질감을 느끼기 때문에 그 모임 안에서 만나는 성도 개개인과도 동질감을 느끼게 된다. 장벽은 사라지고, 사람들에게 필요한 것인 무엇인지 아는 팀원들이 그들의 문제를 해결해 준다. 소그룹 모임은 대개 교회 건물이 아니라 밖에서 갖기 때문에 사람들에게 직접 다가가 그들이 예수 그리스도를 믿을 수 있게 도와준다.

셋째, 소그룹 모임은 새로운 성도가 교회에 동화되도록 도와준다. 사람들은 모임의 일원이 되는 것으로 교회로 들어서는 첫걸음을 뗀다. 그들은 장벽이 사라졌다는 걸 인지하는 순간 마음을 열어 교회에 발을 들이고, 성경 공부 반이나 세례 등의 활동에 참여할 수 있게 된다.

소그룹 모임을 통해 리더 또한 수적으로 증가한다. 모임의 규모에 대한 연구에 따르면 (한 사람 이상의) 여러 사람이 소그룹 모임에서 성경 공부나 기도 모임을 이끌 때 그들은 장래에 리더가 되는 준비 과정을 거치는 것과 같다고 한다. 모임이 분할되거나 새로 생기면 그간 도움을 주었던 사람들이 새로운 리더가 되는 것이다.

네 번째 강점은 기독교적인 사고방식, 가치관 그리고 핵심 가치에 대해 의사소통을 한다는 것이다. 성도가 많이 모이는 환경에서 사람들은 가르침, 권유 그리고 해설을 통해 성경을 배우게 된다. 그러나 이러한 방식으로 성경적 지식이나 교리는 습득할 수 있을지 몰라도 기독교적인 삶에 있어서의 '내적인' 가치관은 종종 놓치는 경우가 생길 수 있다. 하지만 소그룹 모임에서는 사람들이 기도하고 간증하며 이러한 가치들을 자신의 것으로 소화한다. 그리고 모임에 속한 삶으로의 첫발을 내디딘 행동과 자세를 귀하게 여긴다. 따라서 소그룹 모임에서는 믿음에 대해 이성적이거나 관념적인 개념이 아닌, 기독교의 '영적인' 개념에 대해서 소통한다.

하지만 소그룹 모임에는 취약점도 존재한다. 먼저는 개인적 상호작용이 활발한 반면 소그룹 모임의 구조가 느슨하기 때문에 때때로 개인적 사안이나 사적인 용건으로 주제가 엇나가기도 한다. 주일학교는 교사와 교육 과정을 따르지만, 소그룹 모임은 필요에 의해 진행되고 관계로 뭉치기 때문이다. 따라서 누군가 자신의 요구를 계속 주장하면 그룹 전체의 논점이 흐려질 가능성이 있다. 서로가 서로에게 질문하고, 대답하고, 지지해 주는 등 다른 사람들을 섬기는 행위가 과소평가되기도 한다.

둘째로, 소그룹 모임에서는 성경 파벌주의로 빠질 가능성이 있다. 사람들이 그리스도인의 삶이나 교리에서 전혀 중요하지 않은 부차적인 사안에 열중한다는 의미다. 소그룹 모임에 있어 관계와 요구 충족이라는 강점은 동시에 단점으로 작용한다. 모임에서의 목적을 잃고 신앙의 핵심 사안을 축소시킬 수 있는 것이다.

세 번째 취약점은 잘못된 지도자가 있을 수 있다는 점이다. 조용기 목사는 나에게 말하길, 교회의 지도자는 100여 년 전에 독일을 통치했던 냉혹한 독재자 비스마르크(Bismarck) 수상 같아야 한다고 했다. 비스마르크는 '벨벳 장갑을 낀 철권'이라는 비유를 사용하곤 했다. 조용기 목사는 이 비유를 통해 지도자는 소그룹 모임을 강력하게 통제하면서도 언제나 부드러운 연민을 갖고 있어야 한다는 뜻을 전했다.

네 번째 취약점은 셀 모임의 초점이나 방향성이 부족할 수 있다는 점이다. 셀 모임이 자력으로 돌아가다 보면 비전과 목적을 상실할 가능성이 있다. 모든 사람에게 책임을 나눠 주면, 결국은 그 누구도 책임지지 않기 때문이다. 지도자 없는 소그룹 모임에서 사람들은 다양하게 논쟁을 벌이다가 가장 반발이 적은 결론을 택하는 경향이 있다. 따라서 요구 사항이나 문제점에 관해 토론할 때는 리더의 방향성과 개인의 참여 사이에서 세심하게 균형을 맞춰야 한다.

논란을 불러일으킨 독특한 신앙[16]

조용기 목사가 지닌 몇몇 독특한 사상은 전통적 기독교의 범주 안에 있는 사람들의 우려를 일으키기에 충분했다. 조 목사는 구원을 받으면 치유와 번영뿐만 아니라 영혼의 잘됨도 함께 온다고 믿었다. 그의 이러한 시각은 요한삼서 1장 2절에 근거를 둔다: "사랑하는 자여 네 영혼이 잘됨 같이 네가 범사에 잘되고 강건하기를 내가 간구하노라." 조 목사는 여기에 '삼중 축복'이라는 이름을 붙였다.

1. 영혼의 구원: "그리스도를 구원자로 영접하면 마음이 되살아나고, 이 마음이 영혼의 주인이 되어 육체 안에서 머물다 간다. 영혼의 재탄생을 경험한 사람은 다시 태어난 의식 속에서 하나님의 뜻을 갈망하며 영적 세계를 소망하는 경험을 하게 된다. 기도와 예배, 주님을 찬양함으로 하나님과 소통하기 시작한다. 그리고 주님의 임재를 온몸으로 느끼게 된다."[17]

2. 육체의 건강: "질병과 죽음이라는 육체의 저주는 아담의 원죄 이후 세대에 걸쳐 대물림됐다 … 이제 우리는 그리스도의 구원을 우리 삶의 근거로 삼아야 하고, 치유의 손길과 육체적 건강을 구해야 한다. 그리스도인은 영생의 씨앗을 받게 된다"(고전 15:42~45 참조).[18]

3. 번영: "물질적인 부유함을 죄악시하는 잘못된 생각에 대해 다시 고려해 봐야 한다. 우리는 무의식에 뿌리박힌 가난, 비난, 절망이라는 개념을 몰아내야 한다. 하나님은 우리의 의식에 따라서 행하신다. 만약 우리의 생각이 번영으로 가득하다면 … 하나님은 우리에게 물질적인 축복을 내리신다."[19]

2014년 2월 24일 〈크리스처니티 투데이〉에는 조용기 목사에 대한 부정적인 기사가 하나 실렸다.

세상에서 가장 큰 오순절파 교회의 설립 목사가 교회 예산 130억 원을 횡령한 죄로 3년형을 선고받았다.

78세의 조용기 목사는 여의도 순복음교회 설립자다. 하나님의 성회 소속인 이 교회는 성도가 백만 명이 넘는다. 작년 본지는 원로 목사가 아들과 함께 주식 비리로 고발을 당했다는 사실을 알게 됐다.

지난주 목요일, 목사는 횡령 혐의에서 유죄 판결을 받았다. 교회에 지시를 내려 자신의 아들 조희준으로부터 주식을 세 배나 비싸게 사들이게 했다는 이유였다.

서울중앙지방법원은 목요일에 판결을 내리며 조 목사에게 벌금 50억 원을 부과했다. 조 목사는 집행유예 5년을 선고받았다.[20]

조 목사를 위해 잠시 변론한다면, 교회의 많은 사람들이 조 목사가 고발의 원인이 된 아들을 위해 헌신했다고 인정하는 분위기다. 판사는 조 목사가 한국과 자신의 가족, 교회에 기여한 바가 있다는 것을 언급하며 집행유예를 선고했다. 교회 사람들은 그의 가족과 조 목사가 보여 준 헌신과 종교적 진실성을 인정하며 이 일을 겪은 목사를 지지했다. 이 사건도 세상에서 가장 큰 교회를 설립한 조 목사의 위대함을 지울 수는 없었다.

‧‧

마무리

여의도 순복음교회는 2007년 당시 백만 명의 성도가 있다고 기록됐는데 이것은 지금까지 기록된 성도 수 중에서 가장 많은 숫자다. 현재 매 주일마다 일곱 번의 예배가 드려지고 조 목사는 그중 두 번의 설교를 맡고 있다.

2011년 6월 26일, 나는 조용기 목사를 위해 첫 예배에서 설교를 했고, 다음 예배가 시작되기 전까지 잠시 대화를 나눴다. 거기에는 여의도 순복음교회의 새로운 목사인 이영훈 목사도 있었다. 이 목사는 2008년 조 목사의 퇴임 때 50개의 지역 순복음교회가 '연결을 끊고' 모교회에서 독립했다고 말했다. 이 중 몇몇 교회들은 조용기 목사의 설교를 듣기 위해 텔레비전으로 연결해서 예배를 진행했었다(위성 예배 혹은 멀티사이트라 불리기도 한다). 모교회와 비디오로 연결되어 있지 않은 지역 교회의 성도 수도 본 교회에 포함된다.

이 목사의 말에 따르면 여의도 모교회의 성도 수는 35만 명이라고 한다. 각 지역 교회에 연결된 셀 모임도 역시 독립해서 이제 2만 개의 셀 모임만 남았다고 했다. 그런데도 여의도 순복음교회는 여전히 역사상 가장 큰 기독교 교회 중의 하나로 남아 있다.

제일 침례교회
텍사스 주 댈러스

W. A. 크리스웰

5

주일학교 위에 세운 교회

제일 침례교회

텍사스 주 댈러스

1900년대 초 백인 위주의 보수교파인 남침례회는 미국 남부에 작게 자리를 잡았다. 전도에 방점을 둔 강한 설교를 특징으로 성장해서 50년도 채 안 되어 세계에서 가장 큰 개신교 교파가 되었다. 주일학교 교사들의 공격적인 지원 사격이 없었다면 단지 설교만 가지고 그러한 수적 성장을 이룩할 수는 없었을 것이다. 정확히 말하자면 남침례회는 나이별로 분반한 주일학교를 도입해서 세력을 확장했다. 그 바탕이 되는 정의는 이렇다: "지역 교회가 사람들에게 다가가 가르치고 영혼을 구하며 훈련을 담당할 수 있는 것은 주일학교 부서 덕분이다."[1]

텍사스 주 댈러스에 위치한 제일 침례교회가 남침례회 주일학교의 폭발적인 성장 원인은 아닐지 모른다. 하지만 적어도 우리는 여기에서 주일학교 성장의 완벽한 예시를 볼 수 있다. 이 교회에서 주일학교 프로그램을 조직한 것은 W. A. 크리스웰이었다. 그는 1944년부터 1990년까지 목회를 담당했고, 1950년이 되자 제일 침례교회는 그의 지휘 아래 전 세계에서 가장 큰 주일학교를 가진 가장 큰 침례교회가 되었다. 주일학교의 힘으로 영향력을 갖게 된 교회의 본보기가 된 것이었다.

댈러스 제일 침례교회에는 20세기의 탁월한 설교자가 두 명 있었다. 한 사람은 1897년부터 1949년까지 목회를 담당했던 조지 트루엣(George Truett) 이다. 그의 힘 있는 설교를 기반으로 교회 성도는 7,800명까지 불어났다. 그리고 W. A. 크리스웰이 있었다. 그는 1944년부터 2002년까지 목회를 담당했는데(원로목사로 추대된 기간 포함-편집자) 복음 중심의 주일학교라는 엄청난 기반 시설을 설립해서 성도 수를 2만 8천 명까지 끌어올렸다. 주일학교에 출석하는 성도는 본관에만 평균 5천 명, 주일학교 선교 시설에는 2천 명에 달했다.

크리스웰의 재임 기간 동안 댈러스 제일 침례교회는 세상에서 가장 큰 남부 침례교회이자 미국에서 가장 큰 주일학교를 가진 교회로 알려졌다. 크리스웰은 댈러스 시내에 많은 건물을 지으며 다섯 블록을 차지하는 교회로 확장시켰다. 건물이 늘어나면서 교회는 더욱 세력을 확장했다. 3층짜리 건물에서 8층 건물까지 건설되었다.

교회는 농구장과 트랙, 체력 단련실, 볼링장, 롤러스케이트장이 들어선 8층짜리 체육관을 건립하며 장안의 화제가 됐다. 그리고 유치원부터 12학년까지 아우르는 기독교 학교와 라디오 방송국[2], 노숙자를 위한 선교 시설인 댈러스 라이프(Dallas Life)를 설립하기에 이르렀다. 교회는 댈러스 인근에 터를 잡고 주일학교 선교 시설(37군데의 빈민가 선교 시설), 미혼모 쉼터, 도시 전체에 송출되는 텔레비전 선교 방송을 시작했다.[3] 오늘날 천 명이 넘는 주일학교 직원들이 하나님의 말씀으로 사람들을 전도하고, 가르치고, 영혼을 구하고, 성숙한 그리스도인이 되도록 돕는 것만 봐도 이곳의 위대함을 짐작할 수 있다.[4]

W. A. 크리스웰은 초기에 주일학교를 도입한 사람이었다. 그는 전문적으로 훈련받은 기독교 교육자들을 영입해 학생 나이별로 배치했고, 댈러스 도시 전체를 아우르는 공격적인 방문 프로그램을 만들었다. 모든 사람들을 만날 때까지 한 집도 빼놓지 않고 찾아가는 게 목표였다.

아서 플레이크(Arthur Flake)의 영향

아서 플레이크는 침례교 주일학교 협회[현재 이 조직은 라이프웨이 크리스천 리소스(LifeWay Christian Resources)라고 불린다]에서 초기에 주일학교 부서를 맡은 담당자였다. 많은 사람들이 남침례회가 큰 성장을 이룰 수 있었던 것은 주일학교 전략을 펼친 플레이크의 공이었다고 인정한다.

플레이크는 원래 의류를 취급하는 출장 판매원이었다. 하지만 미시시피 주 위노나에 정착한 후 1894년에 백화점 경영에 뛰어들었다. 1895년에는 위노나 침례교회에서 주일학교 관리자가 되었고 거기서 주일학교 선생님들을 양성하는 교육 협회를 조직했다. 이것은 미시시피에서 처음 있는 일이었다. 그의 교회는 주일학교 활동을 통해 협회에서 가장 큰 교회로 성장했다. 그는 협회의 주일학교 담당자가 되었고 미시시피 주에서 가장 급속하게 협회를 성장시켰다.

1909년, 그는 침례교 주일학교 위원회에 채용되었다. 각 지역의 주일학교를 다니며 교사들이 성장할 수 있게 동기를 부여하고 가치를 높이는 데 도움을 주었다. 그리고 1919년에 '플레이크 공식'이라 불리는 성장을 위한 5단계 공식을 처음 선보였다.

(1) **가능성을 확신하라.** 플레이크는 주일학교 지도자는 주일학교의 성장 가능성과 영향을 확신해야 한다고 가르쳤다. 오늘날 우리가 말하는 '비전'이 이것이다. 그는 지도자들이 공동체와 교회의 규모에 기반을 둔 주일학교의 잠재력을 알아야 한다고 생각했다. 어떤 공동체가 가능성이 있는지, 이들을 어떻게 찾을 수 있는지 그리고 어떻게 등록시키는지 아는 것을 포함한다.

(2) **조직을 확장하라.** 플레이크가 의미하는 것은 분반하고, 반을 추가하고, 새로운 반을 만드는 것이었다. 그는 새로운 반이 편성될 때마다 주일학교 출석률이 높아질 것이라 생각했다.

(3) **직원을 영입하고 교육하라.** 플레이크는 학생 10명당 교사/직원이 한 명은 있어야 한다고 주장했다. 예를 들어, 주일학교에 200명이 출석한다면 20명의 주일학교 교사/반이 필요하다는 의미다.

(4) **공간과 비품을 제공하라.** 플레이크는 주일학교 수업을 위해서는 교회 내에 사용 가능한 공간이 있어야 한다고 말했다. 주일학교 반을 신설하기 위해서는 목사나 직원들도 집무실을 비워 줄 수 있어야 한다는 것이었다. 플레이크 자신도 이동이 용이한 장소(예, 트레일

리)를 이용했고 주일학교를 위해 탁아 시설을 포기하기도 했다.

(5) 사람에게 다가가라. 플레이크는 지역 교회에서 주일학교 부흥회를 개최했다. 그는 사람들의 영혼을 구한다는 명목으로 틀에 박힌 부흥회 설교를 하지 않았다. 대신, 과학적 분석과 성장 기법의 적용을 통해 부흥회를 열었고 주일학교를 성장시켰다.

첫째, 플레이크는 교실을 확보하기 위해 주일학교 시설을 검토했다. 열 개의 장소가 확보되면 그것은 열 개의 반이 추가로 편성되어 100명이 더 늘어나는 걸 의미했다.

다음으로, 플레이크는 그리스도인들이 교회에서 봉사에 헌신해야 한다고(특별히 그는 열 개의 반을 신설하기 위해 교사 열 명을 구하고 있었다) 설교했다. 그리고 교회 성도들에게 주일학교 교사가 되어 달라고 촉구했다. 주일학교 출석률을 살펴보며 반을 분할해 새로운 반을 추가할 필요성을 느꼈기 때문이었다. 플레이크는 성도들이 주일학교에서 봉사하며 그들의 삶을 내주기를 원했다. 그는 마음을 정한 사람들은 앞으로 나와 대중 앞에서 공표해 달라고 공개적으로 요청했다.

그런 다음 플레이크는 새로운 교사들이 주일학교에 등록하지 않은 가족이나 성도들의 명단을 찾아서 등록시키도록 지시하곤 했다. 주일이 되면 플레이크는 새로운 교사들을 밖으로 데리고 나가 집집마다 다니며 주일학교에 등록하게 했다.

플레이크의 공식은 1900년대 대부분의 교파에서 볼 수 있는 전통적인 주일학교 방식에 상반되는 것이었다. 이때만 해도 대부분의 주일학교는 100명이 넘지 않았고 반은 많아야 열 개 정도였다. 당시 일반적인 주일학교는 유아부를 시작으로 유치부, 유년부, 남초등부, 여초등부, 중등부, 고등부, 청년부, 장년부, 노년부에 이르기까지 나이별 학급으로 구성되었다. 플레이크의 유산은 수천 교회와 다른 교파들까지 영향을 미쳤다. 그들은 나이별 학급 외에도 새로운 반을 추가하기 시작했다[헨리에타 미어스(Henrietta Mears)의 자료 참조].

아마도 아서 플레이크는 남침례교회의 성장에 있어 그 어떤 교파보다도 큰 영향력을 준 사람일 것이다. 이것은 그가 분반, 평신도 참여, 선교, 성경 공부에 역점을 두었기 때문이다. 이러한 요소들 덕에 남침례회의 주일학교 운동이 세상에 알려지게 되었다. 이로써 남침례교회는 1900년대를 통틀어 가장 빠르게 성장한 개신교 교파가 되었고, 결국은 세상에서 가장 큰 개신교 교파가 되었다.[5]

남침례회 주일학교의 성장

연도	교회 수	회원 수	수익(전체 수입)
1900	19,464	1,610,753	$249,369.73[6]
1925	26,843	3,175,409	$31,945,687.00[7]
1950	27,285	6,761,265	$178,337,307.00[8]
1975	34,734	12,515,842	$624,251,867.00[9]
2000	41,099	15,851,756	$319,733,582.00[10]

성장을 위한 토대

내가 제일 침례교회에 출석하기 시작한 것은 1954년 가을이었다. 나는 당시 댈러스 신학대학교 학생이었고 신학 공부에 매진하고 있었다. 1년간 크리스웰 박사의 신학 강의를 듣기도 했다. 남부 장로교회의 서배너 장로회(조지아 주)에서 목회 자격을 얻은 나는 학생 목사로 서배너에 있는 웨스트민스터 장로교회(Westminster Presbyterian Church)에서 사역을 시작했다. 하지만 나는 크리스웰 박사의 설교에 몰두하면서 침례교에 대해 확신을 갖게 됐다. 그는 임기 중에 나를 아들처럼 대해 주셨다. 나는 제일 침례교회의 기도 모임에서 그를 대신해 설교를 몇 번 했고, 주일(1971년 종려주일)에도 한 번 말씀을 전했다.[11]

1960년 10월, 크리스웰 목사는 전국 주일학교 총회에서 기조연설을 했고, 나는 그와 함께 저녁 식사를 할 수 있었다. 나는 어떤 토대를 통해 세상에서 가장 큰 침례교회를 만들 수 있었는지 물었고 그는 이렇게 답변했다.

> 교회가 성장하기 위해서 위대한 설교가 있어야 하는 것은 맞습니다. 하지만 우리 교회가 성장한 것은 내 설교가 좋아서 그런 게 아닙니다. 부흥회 모임이나 전도 프로그램 때문에 교회가 더 성장하는 것은 맞지만 그 이유도 아닙니다. 귀한 교회가 되기 위해서는 좋은 집사님들과 목사님들이 필요하지만, 그것도 이유가 아닙니다. 제일 침례교회

가 좋은 교회가 된 것은 주일학교 때문이며 주일학교 교사
로 헌신한 많은 사람들 덕분입니다. 그분들은 댈러스 곳곳
을 다니며 잃은 양에게 복음을 전하고 주일 오전에는 성경
을 가르쳤습니다. '모든 사람들을 만날 때까지 한 집도 빼
놓지 않고 방문한다' 는 것을 잊지 마시기 바랍니다.[12]

크리스웰은 자신이 A. V. 워시번(A. V. Washburn)의 절친이었다고
말했다. 워시번은 테네시 주 내슈빌에 있는 주일학교 협회의 대표
였다. 크리스웰이 주일학교에 대한 열정을 갖게 된 것은 신학교 수
업 때문만은 아니었다. 다름 아닌 워시번의 공이 컸다. 크리스웰의
설명에 의하면 워시번은 사우스웨스턴 침례신학대학(Southwestern
Baptist Theological Seminary)의 학생이었다. 그리스어와 히브리어를 공부
하기 싫다는 이유로 기존의 목사들이 듣는 수업을 제쳐 놓고 종교
교육학을 공부했다고 한다. 친구들은 그가 그리스어와 히브리어,
설교학 수업을 듣지 않기 때문에 좋은 교회의 목사가 되지 못할 거
라며 놀렸다고 한다.[13]

졸업 후, 워시번은 텍사스 시골에 있는 작은 남침례교회의 목사
가 되었다. 그 후 크리스웰은 워시번이 시무하는 교회의 출석 성도
가 천 명이 넘어갔다는 소식을 접했다. 또한 텍사스 주 휴스턴에서
열리는 남부침례교회 총회에서 워시번이 대표 설교를 맡게 됐다는
소식도 듣게 됐다. 크리스웰은 웃으면서 "이런, A. V. 워시번이 설
교를 하다니! 총회에서 도대체 무슨 설교를 하겠다는 것인가?" 라고

말했다고 했다.[14]

워시번은 다음과 같은 말로 설교의 문을 열었다. 누구든지 주일학교 성장의 법칙만 따른다면 자신처럼 50명 정도였던 성도를 천 명에 이르도록 할 수 있다는 것이었다. 그날 워시번은 다섯 가지 주일학교 법칙에 대해 설명했다. 크리스웰이 회고했다: "목사님들 얼굴에서 조롱기가 싹 사라지더군요. 다들 종이를 찾아서 성장을 위한 비밀 공식을 적기 시작했습니다."[15] 워시번이 말했던 연설의 요점은 다음과 같다.

1. 주일학교에는 학생 10명당 반이 하나씩 있어야 한다.
2. 주일학교에는 학생 10명당 선생님이 한 사람씩 있어야 한다.
3. 학급을 나누고 새로운 반이 추가되면 등록률과 출석률이 증가한다.
4. 유아부터 성인에 이르기까지 나이별로 반을 나눠야 하며, 남녀 반이 따로 있어야 한다.
5. 등록률과 출석률은 전도 방문에 비례해서 증가한다. 한 사람이 주일학교에 나오게 되기까지는 여덟 번의 방문이 필요하다.[16]

나는 전도 방문을 향한 크리스웰의 헌신 때문에 큰 대가를 치른 경험이 있다. 매 주일 내가 참석했던 예배에서 크리스웰은 월요일 밤 전도 행사를 광고하며 이렇게 말했다: "예수님 없이는 우리 모두 길 잃은 사람이라고 믿는다면 오십시오…. 예수님이 우리를 죄로부터 구하셨다고 믿는 사람이라면 누구나 오시길 바랍니다…. 하나님을, 이 교회를, 이 목사를 사랑하는 사람이라면 누구나… 일어서십시오!" [17]

누가 이런 요청을 거절할 수 있겠는가? 나는 일어섰고, 한 안내 위원이 내 손에 신청서를 쥐어 주었다. 나는 월요일 저녁 전도 방문에 이름을 올렸다. 그리고 크리스웰은 사람들이 약속을 지키게 하려고 이렇게 공표하곤 했다: "만약 여러분이 오지 않으시면 누군가가 여러분 댁으로 찾아가야 합니다. 그러면 영혼을 구하는 활동을 하지 못하게 됩니다." [18]

나는 교사도 아니었으면서 주일학교 반을 위해 전도를 계속 나갔기에 그런 일이 일어났는지는 알 수가 없다. 사실, 나는 바로 다음 날 그리스어와 히브리어 수업이 있었기 때문에 내심 툴툴거렸다. 전도는 밤 9시가 되어서야 끝났고 공부를 하느라 새벽 1시까지는 깨어 있어야 했기 때문이었다. 다른 사람들도 나와 비슷한 희생을 했다. 하나님은 이런 헌신을 사용하셔서 제일 침례교회를 위대한 교회로 만드셨다.

1954년, 나는 유아부(생후 6개월에서 9개월까지)를 성장하게 한 원동력이 무엇인지 관찰하기 위해 그 부서에 들어갔다. 부모들이 자녀를 유아부 선생님께 맡기고 있었다. 선생님은 부모에게 자녀 등록을 위한 헌금 봉투를 건네주었다. 부모들은 헌금 봉투 기재 란에 아이에 대한 정보를 쓰고는 봉투에 헌금을 채워 넣었다. 이 방식을 비난하는 사람들이 있을지도 모른다. 아이들은 주일학교에 돈을 내는 것에 대해 몰라도 된다고 말이다. 하지만 크리스웰은 이렇게 반응했다: "우리는 모든 등록자들에게 하나님에게 드리는 헌금에 대해 가르칩니다. 모두에게요. 우리는 모두가 하나님에게 바쳐야 한다고 가르칩니다. 아이가 자신이 무엇을 하는지 알기 전부터 가르치면 성인이 되어서도 하나님에게 드리는 것을 당연하게 여기게 되니까요."

누군가 아이들은 손이 너무 작아서 봉투를 쥘 수도 없다고 항의하면 크리스웰은 웃으며 이렇게 말했다: "그럼 기저귀 안에 꽂아 넣으세요." [19]

W. A. 크리스웰

크리스웰은 오클라호마 주 엘도라도에서 태어났다. 그는 태어날 때부터 'W. A.' 라는 이니셜을 이름으로 썼는데 이것은 그 지방 사람들의 풍습이었다. 후에 크리스웰은 여권을 신청할 때 이름이 필요하자 아버지의 이름인 'Wally Amos'를 써 넣었다. 그러나 그의 이름은 늘 'W. A. 크리스웰' 로 통했다.

크리스웰은 열 살 때 갔던 부흥회에서 기독교를 받아들였다. 2년 후 그는 복음 사역에 헌신하겠다고 공공연하게 밝히고 다녔다. 17세에 설교할 자격을 얻었고 베일러대학(Baylor University)에 재학하는 동안 텍사스에 있는 교회 두 군데에서 시간제로 사역 업무를 맡았다. 졸업 후에는 켄터키 주 루이빌에 있는 남침례 신학대학교(Southern Baptist Theological Seminary)로 갔고 거기서 목회 학위를 획득했다. 1944년, 오클라호마 주 머스코지에 있는 제일 침례교회에서 목회를 하고 있는 그에게 댈러스 제일 침례교회에서 목회 권유가 들어온다. 그는 그곳에서 1990년까지 담임목사로 사역했고 그 이후 원로목사로 지내다가 2002년에 세상을 떠났다.

남침례회의 역사

1845년, 북쪽 사람들이 소속 교회들을 저지하자 남침례회는 미국침례회에서 떨어져 나왔다. 북쪽 유권자들이 노예 소유주는 선교사가 되거나 교파 위원회에서 공직을 맡을 자격이 없다고 주장했기 때문이었다. 이에 남부 교회들은 따로 떨어져 나와 독립을 했다. 그들은 조지아 주 오거스타에 있는 커티스 침례교회(Curtis Baptist Church)에서 모임을 가졌다. 당시 회원은 351,951명이었지만 남북전쟁 직후 흑인 13만 명이 떠났다. 지금은 미국 50개 주에 걸쳐 약 1,600만 명의 남침례교인이 소속되어 있다. 미국에서 가장 큰 비가톨릭 교파인 것이다.

남침례회는 전통적으로 복음 전도에 중점을 두고 있으며 주일학교 방문 전도에 헌신한 사람들에 의해 추진력을 얻고 있다. 이 협회의 보수적인 신학적 입장은 근래에 더욱 심해졌는데, 그것은 보수적 근본주의자들이 교파 위원회를 장악하던 자유주의자들에 반대해 들고 일어났기 때문이었다. 1963년에 남침례회는 '비교리적' 신앙 지침서로 'Baptist Faith and Message' (침례교인의 신앙과 메시지)를 채택했다. 이 선언서는 남침례교 위원회나 기관에 누군가를 임용하거나 채용할 경우 적임자를 가리기 위해 사용됐다. 해당 교파의 신학대학교 여섯 군데 이사직은 보수파로 채워졌고, 어떤 신학자나 교수라도 진보파라면 침례교인의 신앙과 메시지에 서명할 수 없다고 발표됐다.

신학교 사역과 기관 사역을 통해 남침례회는 신앙의 핵심에 관련한 신념을 새롭게 다졌다. 모든 회원들은 신념이 있었다. 길을 잃은 사람들의 구원자는 오직 예수 그리스도이며 예수를 통해 다시 태어난 사람들은 지역 교회에 들어가기 위해 침례를 받아야 한다는 것이었다. 몇몇 주류 교파들은 어린이에게 기계적으로 (물을 뿌려) 세례를 주고는 교인에 포함시키지만, 남침례교는 자신이 다시 태어났음을 고백하는 사람들만을 교인으로 인정한다. 그렇기 때문에 다른 교파들의 어린이 교인 수와 비교했을 때 남침례교의 통계가 더욱 의미 있는 것이다.

강점과 취약점

남침례회 주일학교 시스템의 가장 분명한 강점은 평신도가 자유롭게 사역할 수 있다는 것이다. 남침례교회는 평신도를 사역에 끌어들여 하나님이 사용하시는 도구로 만들었다. 존 웨슬리가 공동생활형제회(Brethren of the Common Life)에서 소그룹 모임에 평신도가 참여하는 것을 배워 초기 감리교회를 성장시키는 데 사용했다면, 남침례교는 평신도 사역 시스템을 완성하고 조직화했으며 주일학교라는 목표에 적용시켜 세상에서 가장 큰 개신교파가 되게 했다.

남침례회 주일학교의 두 번째 강점은 나이별로 분반하며 전 연령대를 아우른다는 점이다. 무덤에서 요람까지 성경을 가르치고 연령에 맞는 학습 방법을 만들어 내는 것을 목표로 하는 것이다. 모든 사람의 실제 나이를 기반으로 그 나이 대가 필요로 하는 것에 초점을 맞춰 반을 나눈다. 어쩌면 연령 구분에 있어서 필요한 것들이 다 반영되지 않았다 해도, 적어도 남침례회의 교육 활동은 객관적인 기준으로 표준화되었다.

남침례회 주일학교의 세 번째 강점은 사역의 경계가 사라졌다는 점이다. '분반하고 새로운 반을 편성하는' 원칙 때문에 언제든 주일학교 반이 새로 만들어질 수 있다. 공동체를 돕고 복음을 전하는 모임에 새로운 사람들을 보낼 수가 있는 것이다. 남침례회의 주일학교가 성장함에 따라 교회도 성장을 같이했다. 교회가 성장하자 교파가 커져 갔다.

네 번째 강점은 주일학교 시스템에 있는 모든 학생들에게 제자도가 적용된다는 점이다. 학생들은 어린 나이부터 매주 헌금 봉투에 헌금을 담아 바치는 것을 교육받는다. 이 봉투를 통해 자신의 충실함을 가늠할 수 있으며, 모든 학생은 표준화된 기준을 갖고 그것으로 영적인 성장을 헤아릴 수 있게 된다.

다섯 번째 강점은 준비, 실제 수업, 교육 목표, 결과까지 포함하는 교사들의 객관적 기준이 존재한다는 점이다. 모든 교회 조직은 테네시 주 내슈빌에 위치한 라이프웨이에 의해 지원을 받는다. 그곳에는 높은 수준의 주일학교 교재를 제작하는 주일학교 출판부가 있다. 주일학교는 주 단위로 준비가 이뤄지는 것뿐만 아니라 교회력을 기준으로 한 다양한 행사들도 기획된다. 특별한 날(크리스마스, 부활절, 추수감사절)을 포함해 각 교회가 전도 사역, 교육, 찬양, 예배, 봉사 활동을 수행할 수 있도록 균형 잡힌 프로그램들을 기획하는 것이다. 이러한 프로그램들은 주일학교에 통합되어 지역 교회의 모든 학생들이 참여할 수 있다.

그러나 남침례회 주일학교 조직에도 몇 가지 취약점이 있다. 첫째, 평신도는 전도와 교육 봉사에 있어서 최전선에서 활약하려는 의욕이 있지만, 제대로 된 훈련이나 교육을 받지 못하거나 전도와 교육 활동에 있어서 예상만큼의 과업을 달성하지 못할 가능성이 있다. 그런 경우 지나친 율법주의나 반율법주의, 교리와 지역 교회의 기대치에 관련한 실수 같은 오류가 지역 교회에 스며들 수 있다.

또 다른 점은 주일학교 교사가 용인되지 않는 수업을 할 가능성이 있다는 점이다. 능력이 부족한 교사가 일단 장벽을 만들고 나면 그 반에 있는 모두가 기피되거나 무시당하고 교회 등록이 불가능하게 될 수 있는 것이다(교회를 모두 떠날 수도 있다). 주일학교 교사에게 결점이 있다면, 그 결점은 반 전체 그리고/혹은 교회 전체에 영향을 줄 수 있다.

세 번째 취약점은 바로 시설이다.[20] 새로 추가되는 주일학교 반에는 새로운 공간이 제공되어야 하기에, 사용할 수 있는 교육 공간이 부족할 경우 전도 활동과 봉사 활동은 방해를 받게 된다. 재정, 자원, 공간의 부족으로 성장이 저해되는 것이다. 세상에서 가장 큰 교회를 세운 조용기 목사는 이렇게 말했다: "제가 만약 주일학교 반을 소그룹 모임마다 만들어야 했다면 저는 결코 세상에서 가장 큰 교회를 세울 수 없었을 겁니다."[21]

네 번째 취약점은 남침례교의 구조에서 찾을 수 있다. 수업에는 성경을 일관적이고 체계적이며 완벽하게 전하기 위해 교육 과정이 존재한다. 그런데 교육 과정대로 수업을 소화한다는 이유로 간과되거나 방치되는 학생들이 생겨날 수 있다. 예를 들어, 말라기로 하는 십일조 수업의 경우 공립학교에서 그리스도인이라는 이유로 소외감을 느끼는 아이들의 요구를 채워 주지 못하는 것이다.

••
••

마무리

품격 있는 설교자인 조지 트루엣은 1897년부터 1944년까지 목회를 맡았고 크리스웰 박사는 그의 후임이 되었다. 트루엣은 성도 수를 늘리긴 했지만 그가 만든 주일학교는 그저 평범할 뿐이었다. 주일학교에 참석한 사람들은 그의 설교를 들으러 왔던 아이들의 부모들이었다. 크리스웰은 정반대의 전략을 세웠다. 주일학교에 대한 그의 헌신은 교회를 세상에서 제일 큰 침례교회로 만드는 엔진과도 같았다.

크리스웰은 해마다 댈러스 시내에 있는 건물을 사들이기 시작했고 그곳을 온통 주일학교 교실로 개조했다. 매년 새로운 반이 만들어졌다. 크리스웰은 주일학교 교사들을 독려해 결석자와 불신자들을 방문하게 했다. 그로 인해 출석률은 점점 늘어났다. 주일학교를 통해 헌금이 모아졌다. 미국에서 가장 많은 헌금을 모으는 교회가 댈러스 제일 침례교회일 거라 생각될 만큼이었다.

크리스웰이 따른 것은 아서 플레이크, A. V. 워시번 그리고 주일학교를 통해 교회를 성장시킨 수많은 남침례회 목사들의 주일학교 전략이었다. 크리스웰은 주일학교를 통해 교회를 세우는 트렌드를 대표하는 사람이 되었다. 그것은 그가 이 사역의 근원이거나 첫 번째라서가 아니다. 자신의 교회를 주일학교의 완벽한 모범으로 만들기 위해 전략을 세우고 에너지를 쏟아 부었기 때문이었다.

스코필드 기념 교회
텍사스 주 댈러스

C. I. 스코필드

6

전통적 설교를 대신한
성경 강해로의 변화

스코필드 기념 교회

텍사스 주 댈러스

1877년 당시 제일 회중교회(First Congregational Church)라는 이름의
교회가 텍사스 주 댈러스에 설립되었다. 1882년에는 목사 한 명이
청빙되어 왔는데 C. I. 스코필드였다. 그는 설교를 하면서 성경 강해
교육법을 만들었고 이것은 전 세계 목사들의 설교 방식에 영향을
끼쳤다. 1900년대에는 기독교 서적 베스트셀러였던 《스코필드 주
석 성경》을 통해 온 세상에 그의 명성과 영향력이 다시 알려졌다.
그는 점차 자신의 설교법을 발전시키면서 미국과 영국의 여름 성경
학회에서 시도했던 교수법을 반영했다. 댈러스 신학대학교에서 단
지 두 블록 떨어진 곳에 위치한 이 교회는 수천 명의 댈러스 신학대
졸업생들에게 영향을 주었고, 세계 방방곡곡으로 퍼진 이들은 주일
아침 설교단에서 성경 강해 설교를 하기 시작했다.

지|난 200년간 대중의 교육열이 서구 문명을 휩쓸었다. 교육은 기술과 과학 면에서 크게 진보했다. 그와 동시에 기독교 교회는 성경적 지식을 전하려는 열망을 가지고 성장했다. 1870년에 일어난 주일학교 운동에서도 이러한 열망이 엿보였다. 이것은 결국 설교에까지 영향을 미쳤고 교회에서 전해지던 전통적 방식의 설교는 변화를 거쳤다. 경건하고 동기를 부여하는 예배의 설교에서 성경을 가르치는 방식의 설교로 바뀐 것이다. 오늘날 성경 강해식의 설교는 히브리어, 그리스어의 해석과 더불어 성경 배경 분석, 성경 주해 그리고 성경 본문의 이해를 바탕으로 한 적용을 포함한다.

텍사스 주 댈러스의 교회 공동체 밖에서는 유명세를 타지 않았지만, 스코필드 기념 교회는 지난 100년간 가장 영향력 있는 교회 중 하나가 되었다. 이 교회의 5대 목사인 C. I. 스코필드는 자신이 미국과 영국의 성경학회에서 즐겨하던 교수법을 설교단으로 가져왔다. 그는 전국의 주일 예배에 자신이 개발한 교수법을 제안하기 시작했다. 스코필드가 세대주의의 복잡한 내용과 성경에 나온 전천년설을 어떻게 해석하는지 보기 위해 미국의 피서객들은 성경학회에 떼 지어 모여들었다. 1882년부터 1883년까지의 부임 기간 초기에 교회는 14명의 성도가 약 800명으로 불어났다. 이후 그는 이곳을 떠나 매사추세츠 노스필드 동부에 위치한 D. L. 무디(D. L. Moody)의 교회인 삼위일체 회중교회(Trinitarian Congregational Church)의 목사가 되었다.[1]

스코필드 기념 교회는 성장했고, 전도 운동, 봉사 프로그램, 홍보 활동도 없이 세력을 넓혔다. 부흥의 조짐이라든지 성령이 역사하신다는 특별한 움직임도 없었다. 아주사 거리나 세상의 다른 곳에서 일어나는 깊은 예배로의 경험이나 짜릿한 승리감도 없었다. 스코필드 기념 교회는 '할렐루야' 또는 '아멘'과 같은 외침 없이 그저 성경을 가르쳤을 뿐이었다. 하나님의 말씀은 사람들의 삶을 은밀하게 바꾸었다. 성도들은 자신의 친구와 이웃에게 경험을 나누고 그들을 데리고 예배에 참석했다. 그렇게 교회는 성장하게 되었다.

스코필드는 《스코필드 주석 성경》의 내용을 통해 세대주의와 전천년설에 대한 자신의 메시지를 기독교 세상에 퍼뜨렸다. 스코필드 성경 통신 학습에는 등록자가 넘쳐나 대단한 성공을 거뒀다. 그러나 이런 획기적인 동향은 세대주의나 전천년설 같은 내용만으로 만들어진 게 아니었다. 평범했던 주일 설교를 가르치는 교수법으로 바꾼 혁신적인 방법론이 한 몫 거둔 것이다. 이러한 추세는 '성경 교회들'(Bible Churches)을 넘어서 장로교, 오순절교, 감리교, 복음주의 자유교, 침례교와 그 밖의 다른 교파에도 영향을 주었다. 이것이 얼마나 많은 교회에 영향을 주었는지, 얼마나 널리 퍼졌는지는 수치상으로 집계되지 않았고 아무도 알지 못한다. 하지만 미국의 수많은 교회들은 설교단에서 무언가 변하고 있다는 것을 인식했다.[2]

성경 공부의 역사적 배경

1800년대 후반 영국에서 시작된 성경학회 운동이 미국으로 전파됐다. '2차 대각성' 운동의 결과로 많은 그리스도인들은 성경을 더 알고자 갈망했다. 이러한 갈망은 주류 교파에서 하는 전통적 설교로는 채워지지 않았고, 점점 커져 가는 감리교 교회에서도 해소되지 않았다. 1875년, 영국 아일랜드 해의 휴양지에는 케직(Keswick) 사경회 같은 학회들이 생겨났다. 성경에 목마른 신자들은 휴가를 반납한 채 저명한 성경학자들의 말씀에 귀를 기울였다. 원래 케직 사경회는 삶에서의 깊은 승리를 가르치며 알려졌지만 후에는 세대주의, 전천년설, 예언에 중점을 두었다.

1878년, 성경 사경회는 대서양을 건너 뉴욕 주 북부의 나이아가라 성경 사경회로 이어졌다. 그 후 1886년에는 매사추세츠 주에 위치한 드와이트 L. 무디의 농장에서 노스필드 성경 사경회가 열렸다. 1900년에는 인디애나 주에서 위노나레이크 성경 사경회가 시작됐다. 이렇게 성경 사경회가 많이 생긴 것은 스코필드 덕이었다.

사경회의 영향은 각 지역으로 흘러 들어갔다. 거의 모든 대도시 지역에 '성경 강해 센터'들이 등장했고 주일 오후나 저녁이 되면 저명한 성경학자들이 와서 하나님의 말씀을 가르쳤다. 일반적인 그리스도인들은 주일 오전에는 예배에 참여한 후 오후에는 성경 센터에 와서 성경 강해로 영감을 얻었다.[3] 도시를 종횡무진 다니며 성경을 가르쳤던 사람으로는 C. I. 스코필드, R. A. 토레이(R. A. Torrey), A. C. 게블린(A. C. Gaebelein), 윌리엄 페팅일(William Pettingill), 제임스 M. 그레이(James M. Gray) 그리고 A. T. 피어슨(A. T. Pierson)이 있었다. 시간이 흐르자 '성경 강해 센터'의 지도자들은 지역 교회에 들어가 선교 조직을 세웠고, 그곳에서 자신이 하던 성경 공부법을 제공했다.

그리스도인 다수가 주일 오전 설교의 변화를 기다리고 있었다는 것은 이러한 사경회만 봐도 알 수 있었다. 이들이 진정으로 원하던 것은 성경을 가지고 설교하는 가운데 성경 구절 안에서 하나님이 어떤 말씀을 하셨는지 설명해 주는 것이었다. 미국의 교회 출석자들이 점점 교육적인 소양을 갖게 되면서, 그들은 성경이라는 마음의 양식을 일일이 가르쳐 주는 것(예, 3요소 설교)보다 더 많은 것을 원했기 때문이다. 사람들은 길 잃은 영혼을 구원하는 전도 지향적 설교보다 더 많은 것을 갈구했다. 스코필드는 성경에 입각한, 그럼에도 신학적으로 통합된 접근 방식으로 성경을 가르쳤기에 사람들은 성경적 정보를 이해하는 동시에 각자 자신에게 맞게 해석할 수 있었다.

사이러스 잉거솔 스코필드(Cyrus Ingersoll Scofield)

사이러스 잉거솔 스코필드는 1843년에 태어났다. 그의 어머니는 출산 도중에 사망해서 의붓어머니가 그를 길렀다. 자료에 의하면 1860년에는 테네시 주 레바논에 거주하던 누나 로라(Laura)와 매형이 그를 길렀다고 한다. 그는 처음에 남부군에 입대했으나 후에 탈영해서 켄터키 주 볼링그린에 있는 북부군 쪽으로 도망쳤다. 그리고 거기서 미합중국에 대한 충성을 맹세하고 북부군을 위해 싸웠다.

마침내 스코필드는 미주리 주 세인트루이스에 도달했고, 매형이

하는 법률 사무소에서 견습 생활을 하다가 1869년 캔자스로 이주했다. 그는 두 번이나 캔자스 하원으로 당선되었고, 상원의원 선거 캠프에서 일을 했다. 이 선거를 승리로 이끈 후, 스코필드는 율리시스 그랜트(Ulysses Grant) 대통령에 의해 캔자스 지방검사로 임명됐다.

스코필드의 과거 속에는 어두운 그림자가 도사리고 있었다. 절도 혐의를 받은 전력이 있다는 것이었다. 항간에는 기소되어 재판을 받았다는 말이 있지만 그에 대한 정확한 기록은 남아 있지 않다. 그런 후 세인트루이스로 다시 돌아와서 음주와 절도에 빠진 생활을 하게 됐고 다시는 변호사 업무에 복귀하지 않았다. 그는 1879년에 예수 그리스도를 받아들였지만 주기적으로 알코올중독에 빠지곤 했다. 하지만 매번 회개하며 예수 그리스도에게 되돌아왔다.

스코필드의 삶이 변하기 시작한 것은 세인트루이스에 있는 월넛 스트리트 장로교회(Walnut Street Presbyterian Church)의 제임스 브룩스(James Brooks) 목사가 그를 신앙적으로 이끌어 준 이후였다. 그는 놀라울 정도로 종교 활동에 적극적으로 임하기 시작했다. 브룩스는 초기에 세대주의를 강해하던 선생이었고 그의 심오한 신학적 가르침은 스코필드에게 영향을 주었다.

1879년부터 1880년까지 드와이트 L. 무디가 세인트루이스에서 복음에 관한 설교를 하자, 스코필드는 플리머스 회중교회(Plymouth Congregational Church)로 옮겼고 후에 그곳에서 목사 안수를 받았다. 그런 후 그는 세인트루이스에 있는 하이파크 회중교회(High Park Congregational Church)에서 잠시 목회를 담당했다. 1882년에는 텍사스 주 댈러스에 있는 소규모의 몇몇 회중교회에 가서 설교를 해 주기도 했다. 14명이었던 성도는 빠르게 성장해서 몇 년 지나지 않아 평균 400명 정도의 사람들이 그의 설교를 들으러 왔다.

스코필드의 영향력은 댈러스를 넘어 남서부 지역에까지 급속히 퍼졌다. 1887년 이후, 그는 노스필드에서 열린 나이아가라 성경 사경회에 자주 모습을 드러내기 시작했다. 사람들은 그의 가르침을 받기 위해 아우성을 치며 자리싸움을 했다. 1888년, 그는 *Rightly Dividing the Word of Truth*(진리의 말씀을 올바로 나누어)라는 책을 출간했고 엄청난 인기를 얻었다. 이것은 천계법, 휴거, 전천년설의 접근법으로 성경을 어떻게 해석할지 설명하는 책이었다. 스코필드는 또한 댈러스에 위치한 사우스웨스턴 성서대학교를 설립했고 그곳의 대표를 역임했다.

1890년, 스코필드는 중미선교회를 설립했다. 그는 나이아가라 성경 사경회에서 J. 허드슨 테일러(J. Hudson Taylor)를 만났는데 테일러가 지상 명령에 순종해서 중국에 복음을 전한 것처럼 누군가 중미에도 복음을 전해야 한다고 느꼈다. 또한 1890년, 그는 스코필드 성경 통신 학습이라는 이름의 성경 독학 프로그램을 만들었다. 교재의 상당 부분이 훗날 그가 편집한 성경에 추가되었다.

1895년, 그는 댈러스를 떠나 매사추세츠 주 노스필드에 위치한 삼위일체 회중교회의 목사가 되었다. 그의 친구였던 D. L. 무디가 노스필드 남학교와 여학교를 세웠는데, 성경을 가르치는 목사가 필요했기 때문이었다. 스코필드는 1890년부터 1903년까지 노스필드 성경 훈련학교에서 교장으로 지냈다.

1902년, 그는 《스코필드 주석 성경》을 위해 주해를 기록하기 시작했지만, 맡은 직무가 많아 시간을 내기 힘들었다. 그래서 그는 텍사스 주 댈러스에서 하던 목사직으로 되돌아왔다. 1903년부터 1909년까지 목사 업무를 봐주는 보조원을 두고 본인은 주일 설교에만 집중했다. 1909년에 영국의 옥스퍼드대학(Oxford University) 출판부를 통해 성경이 출간됐다. 옥스퍼드대학이 가진 학문적 명망 덕에 스코필드 성경은 그리스도인들 사이에서는 물론이고 학계에서도 인정받았다. 옥스퍼드대학은 세계 최고의 대학으로 통했고, 그 학문적 명성이 《스코필드 주석 성경》에 엄청난 신뢰성을 부여한 것이었다.

1908년, 교회는 회중교회 교파에서 떨어져 나왔다. 그들의 진보적 성향 때문이었다. 그 후 스코필드는 텍사스 주 패리스에서 미국 장로교 장로회의 회원이 됐다. 1909년, 스코필드는 훗날 자신의 이름을 이어받을 댈러스 교회에서 물러났다. 1910년부터 그가 사망했던 1921년까지 그에게 원로목사 자격이 주어졌다. 1923년에 목사직을 맡은 루이스 스페리 체이퍼(Lewis Sperry Chafer)가 교회 이름을 스코필드 기념 교회로 바꿨다. 1924년에 체이퍼 박사는 댈러스 신학대학을 설립했다.

이 시기 동안 스코필드는 다수의 소책자를 썼고 미국 이곳저곳의 사경회를 다니며 성경을 가르쳤다. 그는 미국 주일학교 연합에서 발간하는 주간지 〈선데이 스쿨 타임스〉(Sunday School Times)에도 다양한 주제로 글을 썼다. 당시 미국에서 가장 많이 발행된 출판물이었다. 이것은 미국에 천계법과 전천년설을 더욱 널리 퍼뜨린 발판이 되었다. 〈선데이 스쿨 타임스〉는 매주 국제 통합 주일학교 교습지를 발행했고 대다수의 주일학교 선생님들이 이 잡지를 통해 정보를 얻었다. 결과적으로 목회자들뿐 아니라 평신도 교사들도 스코필드에 의해 영향을 받은 것이었다.

스코필드는 미국에 있는 몇몇 주요 성서학교를 설립하고 성장시키고 방향을 잡는 데 큰 영향을 주었다. 앞에서 언급된 바와 같이 그는 댈러스에 있는 사우스웨스턴 성서대학교의 학장이었고 매사추세츠에 있는 노스필드 성경 훈련학교를 주재했다. 또한 그는 뉴욕 성서학교(New York City School of the Bible)와 필라델피아 성서학교 [Philadelphia School of the Bible, 후에 학교 이름을 필라델피아 성서대학교(Philadelphia College of the Bible) 그리고 다시 필라델피아 신학교(Philadelphia Biblical University)로 바꿨다가 지금은 케언스대학(Cairns University)으로 칭하고 있다]를 설립했다.

스코필드의 신학

스코필드의 개종은 장로교회에서 이뤄졌지만 중년에는 회중교회에서 사역을 했고 후에 다시 장로교회에서 목회 사역을 했다. 스코필드는 장로교의 개신교파나 칼뱅파적 관점 때문에 알려진 것이 아니었다. 사람들은 그를 기억할 때 장로교 교인으로서가 아니라 보편적인 교회, 즉 그리스도의 몸에 헌신하는 사람으로 기억했다.

또한 스코필드는 하나님의 택하심이나 예정설로 알려진 것이 아니었다. 그가 알려진 것은 우리가 그리스도의 피로 구원을 얻으며 그리스도 안에 믿음을 심음으로써 다시 태어날 수 있다는 교리에 헌신적으로 매달렸기 때문이었다.

또한 스코필드는 종말론, 혹은 시대의 마지막에 일어날 사건에 대한 가르침 때문에도 이름을 알렸다. 스코필드에게 있어서 구약 왕국과 신약 교회 사이에 있는 차이점은 세대주의를 통해 더욱 극명하게 드러났다. 그는 하나님이 사람들을 특유의 방법으로 대하셨던 것처럼 성경을 일곱 가지 영역으로 나눴다. 그리고 그는 이 일곱 가지 섭리라는 뼈대 안에서 성경이 해석되어야 한다고 가르쳤다. 후에 할 린지(Hal Lindsey)[4]나 팀 라헤이(Tim LaHaye)[5] 같은 명망 있는 성경학자들도 그가 했던 성경 해석을 인정했다.

2013년에서 2014년의 한 학년 동안 댈러스 신학대학교에는 거의 2천 명쯤 되는 학생이 등록된 상태였다. 스코필드가 댈러스 신학대학교에도 영향을 준 것이었다. 수년 동안 이 신학교는 스코필드 기념 교회에서 고작 두 블록 떨어진 곳에 위치했었다. 1901년, 노스필드 훈련학교의 사경회에서 음악을 담당했던 스코필드는 이 신학교의 설립자인 루이스 스페리 체이퍼를 처음 만났다. 훗날 체이퍼는 이렇게 회고했다: "그때까지 제가 알던 성경학자들은 진짜가 아니었습니다. 제 인생이 변화되는 경험이었습니다."[6] 스코필드가 세상을 떠나자, 체이퍼는 그에 대해 다음과 같이 썼다.

20년 동안 저는 그와 진정한 유대감을 나누며 가까이 지냈고 그의 조언을 통해 헤아릴 수 없이 많은 것들을 얻었습니다. 조언을 아끼지 않는 관계 속에서 댈러스 신학교라는 결실을 얻을 수 있었습니다. 이것은 스코필드의 꿈을 실현하는 것이었습니다.[7]

스코필드 기념 교회가 영향력 있는 10대 교회에 포함된 이유

물론 스코필드 이전에도 많은 성직자들이 강단에서 효과적으로 성경을 가르쳤다. 종교 개혁 동안에는 마틴 루터(1483~1546)가 하나님의 은혜와 믿음을 지닌 의인에 대해 설교했다. 존 칼뱅(1509~1564)은 학자이자 신학자로 하나님의 주권과 선택된 신앙인들이 영생을 얻는 것에 대해 글을 썼다. 이 둘은 모두 설교의 내용으로 유명해진 것이지 설교를 전달하는 방식 때문에 알려진 것은 아니었다. 하지만 스코필드는 설교의 내용(세대주의와 전천년설) 때문에 알려진 것과 동시에, 설교를 전달하는 방식 또한 특징을 이루어 '성경 중심의' 교회에 많은 영향을 주었다.

스코필드의 신학을 추종하던 사람이 많았는데, 그로 인해서 목회자의 길을 걷게 된 사람들은 더 많았다. 그가 설교를 전하는 방식은 새로운 추세가 되어 당대의 많은 목사들을 바꿔 놓았다. 종교 개혁 이전, 신도들에게 하나님의 말씀을 전한 공동생활형제회가 있었다. 그곳에서 존 넬슨 다비(John Nelson Darby, 1800~1882)가 영향을 받았고, 그가 다시 플리머스형제단(Plymouth Brethren)이라고 불리던 모임에 영향을 주었다. 그는 세대주의에 대해 처음 설교를 시작한 목사로 여겨진다. 스코필드는 미주리 주 세인트루이스에 위치한 월넛 스트리트 장로교회에 출석했는데 그 교회의 제임스 H. 브룩스는 일찍이 세대주의적 전천년설을 설파하던 목사였다.[8]

스코필드가 주석 성경을 편찬하겠다고 생각한 것은 1902년이었고, 옥스퍼드대학 출판부가 《스코필드 주석 성경》을 발행한 것은 1909년 그리고 수정판을 낸 것은 1917년이었다. 30년이 채 안 되어 2백만 권 이상이 판매됐고 이로 인해 세대적 관점을 믿는 목사와 학생들이 생겨났다. 이들은 설교와 성인 성경학교에서 자신들의 관점을 가르쳤다. 이로써 근본주의 운동의 신학적 토대가 마련되었다.

댈러스 신학대학교는 강단에서 하나님의 말씀을 가르치고 설교하길 원하는 새로운 세대의 성경학자들을 훈련시켰다. 2013년, 댈러스 신학대학교는 이 학교를 졸업한 68명의 성서대학, 기독대학, 신학대학 총장들에게 스코필드의 세대주의와 전천년설을 더욱 널리 알려야 한다고 주장했다. 이곳에는 이들 외에도 여타 교육 기관의 지도자를 역임하는 졸업생들도 많았다.

성경 강해로 알려진 다른 교회를 꼽아 보자면 캘리포니아 주의 선밸리에 위치한 은혜 공동체 교회(Grace Community Church)가 있다. 이곳의 목사인 존 맥아더(John MacArthur)는 라디오와 텔레비전에서 성경을 가르치는 유명 목사였고 책, 소책자, 기사들로 많은 목사들에게 영향을 끼쳐 성경 강해식 설교법을 발전시켰다. 이렇게 영향을 받은 목사들로는 일리노이 주 시카고에 위치한 무디 기념 교회(Moody Memorial Church)의 해리 아이언사이드(Harry Ironside, 1876~1951), 캘리포니아 주 로스앤젤레스에 위치한 열린문 교회(Church of the Open Door)의 J. 버논 맥기(J. Vernon McGee, 1904~1988), 캘리포니아 주 풀러턴에 위치한 제일 복음 자유교회(First Evangelical Free Church)의 '척' 스윈돌(Chuck Swindoll, 1934~) 등이 있다. 스윈돌은 1994년부터 2001년까지 댈러스 신학대학교의 총장을 역임한 사람으로 현재는 텍사스 주 프리스코에 있는 스톤브라이어 교회(Stonebriar Community Church)에서 목회를 하고 있다.

갈보리 채플 운동의 창시자인 척 스미스(1927~2013) 또한 이 경향에 영향을 받았다. 그가 시행한 운동은 성경 강해로 하는 설교의 한 예로 볼 수 있다. 왜냐하면 스미스는 창세기부터 요한계시록까지 수년에 걸쳐서 한 절 한 절 짚고 넘어가는 강해를 했기 때문이다. 하지만 스미스는 원래 은사적 표현으로 유명했던 사람이었지, 자신이 지지한 세대주의나 전천년설로 알려진 사람은 아니었다.

스코필드 기념 교회가 이 책에 포함된 것은 규모나 인기, 근접 도시에 준 영향 때문이 아니다. 바로 그곳의 목사 때문이다. 세대주의와 전천년설을 알기 쉽게 가르치고, 자신의 발견을 주석 성경에 담아 세상의 교리적 사고방식에 영향을 주고, 전천년설을 전하는 목사들의 설교 방식을 변화시킨 목사가 있었기 때문이다.

최근에 스코필드 기념 교회는 댈러스 북동쪽에 있는 장대한 예배당에서 135주년을 기념했다. 할런 J. 로퍼(Harlan J. Roper) 목사가 체이퍼 박사의 뒤를 이어 44년간 목회를 담당했다. 로퍼 박사는 신앙과 비전을 가진 사람으로 그의 진두지휘 아래 도시 전체에 십여 개의 사역 단체가 설립됐다. 1970년에 교회는 캘리포니아에 있던 R. 닐 애시크래프트(R. Neil Ashcraft)를 협동 목사로 초빙했고 1972년 그는 담임목사가 되어 25년간 교회를 섬겼다. 애시크래프트 박사의 부임 기간 동안 교회는 양적으로 큰 성장을 이루었고, 이미 큰 규모로 행해지던 선교 프로그램이 문자 그대로 전 세계로 퍼져 나갔으며, 지역 선교 프로그램은 댈러스 시내를 아울렀다.

애시크래프트의 선교 사역은 매튜 R. 세인트 존(Matthew R. St. John)에 이어 현재 이 교회의 목사로 재직 중인 제프리 반고듬(Jeffrey VanGothem)에게로 이어졌다. 스코필드 기념 교회의 신학과 설교법은 댈러스 신학대학을 통해 계속해서 실현되고 있다.

강점과 취약점

동기를 부여하는 설교와는 대조적으로 성경 강해식 설교는 그리스도인들에게 성경의 내용과 신학적 교리를 이해할 수 있게 완벽한 방식으로 제공한다는 강점이 있다. 학교가 교과 과정을 기반으로 하듯 강해는 설교를 통해 전달되는 교육에 기반을 둔다. 옳은 일을 장려하는 설교를 하기보다는 성도들이 성경을 기반으로 해서 옳은 일을 하도록 토대를 마련하는 것이며, 그리스도를 위해 살아야 한다고 촉구하기보다는 그 목표를 설교의 강해 내용에 넣는 것이다.

우리는 잠언 4장 7절에서 강해식 설교에 대한 메시지를 볼 수 있다: "지혜가 제일이니 지혜를 얻으라 네가 얻은 모든 것을 가지고 명철을 얻을지니라." 쉽게 표현하자면 이렇다: "올바른 생각이 올바른 삶으로 이어진다."

두 번째 강점은, 강해식 설교에는 성경적인 예시가 반영된다는 점이다. 느헤미야 8장 1~13절을 보면 이에 대한 완벽한 예를 찾을 수 있다. 먼저 청중이 하나님에게 경배했고 지도자들은 강단에 섰다: "하나님의 율법책을 낭독하고 그 뜻을 해석하여 백성에게 그 낭독하는 것을 다 깨닫게 하니"(느 8:8). 똑같은 예시를 성령강림절에 했던 베드로의 설교에서도 볼 수 있다. 베드로는 성경의 한 구절에서 읽지 않았고 구약의 여러 절을 인용하며 설명했다: "이는 곧 선지자 요엘을 통하여 말씀하신 것이니 일렀으되"(행 2:16).

세 번째는 성경 강해식 설교를 통해 기독교 교회가 사이비 종교나 기타 세계 종교로부터 구별된다는 점이다. 강해식 설교는 오로지 성경의 해설에만 초점을 맞춘다. 성도들은 자신들이 무엇을 믿는지와 왜 그것이 믿을 만한지에 대한 근거를 갖게 되며, 하나님의 말씀에 근거한 증거들을 제공받는다. 사이비 종교와 세계 종교는 성경에 근거하지 않으며, 만약 그들이 성경으로 공략한다고 해도 그것은 자신들의 타당성을 '입증하려는 글'이지 성경 구절의 의미를 확실하게 설명하는 것이 아니다. 결과적으로 성경 강해식 설교를 통해 배운 그리스도인들은 다음과 같아야 한다: "너희 마음에 그리스도를 주로 삼아 거룩하게 하고 너희 속에 있는 소망에 관한 이유를 묻는 자에게는 대답할 것을 항상 준비하되 온유와 두려움으로 하고"(벧전 3:15).

성경 강해의 네 번째 강점은 죄인들의 합리적인 개종을 보장한다는 점이다. 성경 강해식 설교를 듣고 감정에 취해 개종하는 사람은 많지 않을 것이다. 그보다는 성경 말씀에 근거해 구원을 얻을 가능성이 높다. 그리스도인이 취하는 행동의 근거는 하나님의 말씀에 있으며, 여기에는 구원 안에서 예수 그리스도를 향해 반응하는 것을 포함한다. 반대의 결과는 감정에 하는 호소다. 많은 사람들이 죄책감, 수치심, 천국에 대한 열망과 지옥에 대한 두려움, 혹은 다른 이유로 겉으로만 신앙을 고백하게 되는 것이다. 이렇게 감정적으로 개종한 사람들은 실제로 구원받지도 못하고 떨어져 나가거나 예수를 외면하고 말았다.

개종은 구원을 얻으려는 자의 전체적 인성으로부터 나오는 모든 반응을 포함한다는 것을 기억해야 한다. 그들의 지성, 감정, 의지를 모두 포함하는 것이다. 사람들은 모두가 길을 잃었으며 그리스도가 우리의 죗값을 치르셨다는 사실을 (지적으로) 알아야 한다. 그러면 사람들은 하나님을 향한 사랑에 (감정적으로) 감동을 받아 대신 죽으신 그리스도에게 감사를 느끼며 온 마음으로 주님을 영접하게 되는 것이다. 이 마지막 결단은 의지의 행위이며 회개가 포함되었을 수 있지만, 확실한 것은 그리스도에게로 완전히 돌아섬을 의미한다는 것이다. 지성적인 성경 강해는 사람들이 예수 그리스도를 위해 쓸모없는 결단을 하는 것을 막아 준다. 그리고 동시에 튼튼한 성경적 토대를 가지고 진정으로 예수에게 향하는 경험을 갖게 한다.

하지만 성경 강해식 설교에는 취약점도 존재한다. 강해식 설교에서 가르치는 것은 구원에 대한 성경적 해석이다. 그래서 하나님의 말씀을 듣긴 하지만 감정적인 자극이 없이 그저 머리로만 이해하고는 완전한 구원으로는 이르지 못할 가능성이 있다는 점이다. 이런 경우 사람들은 오직 "하나님의 선한 말씀 … 을 맛보고"(히 6:5) 마는 것이다. 이런 단점을 바로잡기 위해 바울은 이렇게 말했다: "너희는 믿음 안에 있는가 너희 자신을 시험하고 너희 자신을 확증하라"(고후 13:5).

그저 기독교에 대해 아는 것으로 경건한 그리스도인, 적극적이고 유능한 종이 되지는 않는다는 점이 두 번째 취약점이다. 반응의 감소 법칙대로 기독교에 대해 아는 것은 많지만 주님을 더 적게 섬기는 나이 든 그리스도인들이 좋은 예다.

세 번째 취약점은 주로 헌신적이고 의욕 있는 그리스도인들만이 강해식 설교에 매력을 느낀다는 점이다. 그들은 성경의 견고한 가르침을 구하며 그 메시지를 자신들의 삶에 적용한다. 하지만 막 구원을 받아 여전히 육신의 본성에 지배를 받는 사람이라면 어떤가? 아직 영적으로 성숙하지 않은 신앙인에게 있어 강해식 설교는 장벽이 될 수 있다. 그들은 설교가 지루하며 의미도 없고 자신들이 원하는 것을 채워 주지 않는다고 불평할지도 모른다. 왜냐하면 강해식 설교는 기독교의 범주를 넘어서지 않고, 성도들 모두에게 똑같이 향하는 말씀 사역을 한다는 것은 힘든 일이기 때문이다.

성경을 가르치는 교회는 균형을 유지하는 데 신중을 기해야 한다는 점이 또 다른 취약점이다. 오로지 지식에만 중점을 두면 많이 안다는 것에 의기양양해할 위험이 있다. 그런 교회들은 비판적이고, 논쟁을 좋아하며, 율법주의적이고, 사람에 대한 연민과 사랑이 부족해지기 쉽다.

이것은 복음 전도와 관련된 약점으로 이어지고 만다. 성경 강해에 초점을 맞추는 교회들은 대개 복음 전도에 있어서는 빈약한 프로그램을 갖고 있다는 점이다. 이들의 설교에는 잃어버린 영혼에 관한 내용도 없고, 그리스도를 영접하자는 권유도 없으며, 영혼 구원을 위한 전도 프로그램이 조직되지도 않는다. 설교의 메시지로 교회를 판단하는 외부인들은 강해식 설교를 하는 교회는 전도에 관심이 없다고 여기게 된다. 그러나 대신 변명을 하자면, 이들의 전략은 성도들에게 신앙의 강한 토대를 마련해 줌으로써 성도들이 하나님의 말씀대로 살고, 주변인에게 개인적으로 그리스도를 전하도록 동기를 부여하는 데 있다.

마무리

스코필드 기념 교회는 댈러스라는 도시에 눈부신 흔적을 만들지는 않았다. 하지만 교회가 준 영향은 도시에 사는 사람들의 삶을 바꿔 놓았다. 아마 그것은 절제된 성경 강해식 설교 때문일 것이다.

목사들은 성도들을 성경 속으로 이끄는 데 초점을 두었고 그래서 그들의 삶을 바꿀 수 있었다.

스코필드의 사역은 성경 중심 교회의 시작과 확산에 있어 한 부분을 담당했다. 스코필드 교회로부터 시작된 댈러스 신학대학은 성경 중심의 교회 운동을 확장시키는 토대이자 비결이 되었다. 성경 중심의 교회 운동은 댈러스 신학대의 선교사들을 통해 미국을 넘어 전 세계에 영향을 끼쳤다. 그들은 선교지의 언어로 성경을 번역하는 데 삶을 바쳤고 그 성경으로 대중들에게 말씀을 가르쳤다. 댈러스 신학대 졸업생들이 설립하거나 일하고 있는 성서대학이나 기독교 학교, 신학대학들로 인해 강해식 설교는 점점 더 강조됐다. 캘리포니아 주 로스앤젤레스에 있는 탤벗 신학대(Talbot Theological Seminary)와 오리건 주 포틀랜드에 있는 멀트노머대학교(Multnomah University), 미시간 주 디트로이트에 있는 디트로이트 성서대학(Detroit Bible College) 그리고 버지니아 주 린치버그에 있는 리버티대학교가 여기에 속한다. 성경 강해식 설교는 또한 많은 교파에도 가 닿았다. 몇몇 장로교회와 남침례교회 그리고 복음 자유 교회가 좋은 예다.

영향력 있는 교회가 되기 위해서 규모가 크거나 유명할 필요는 없다. 하지만 스코필드가 만든 《스코필드 주석 성경》과 댈러스 신학대학교를 졸업한 성경 대학의 설교가들이 끼친 영향은 대단했다. 스코필드 기념 교회는 지금까지도 계속되고 있는 성경 강해식 설교를 시작함으로써 지난 100년 동안 가장 영향력 있는 교회에 속하게 되었다.

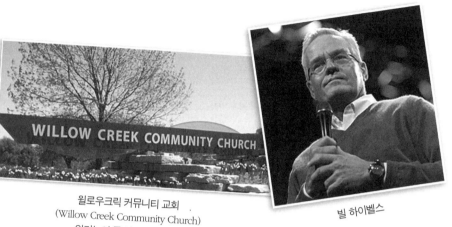

윌로우크릭 커뮤니티 교회
(Willow Creek Community Church)
일리노이 주 사우스 배링턴

빌 하이벨스

7

불신자를 위해 고안된
구도자 중심 교회

윌로우크릭 커뮤니티 교회

일리노이 주 사우스 배링턴

일리노이 주 사우스 배링턴에 위치한 윌로우크릭 커뮤니티 교회는 비그리스도인들이 편하게 와서 하나님을 발견하고 구원을 찾을 수 있게 고안된 교회다. '구도자 전도'[1]라는 용어와 방식을 처음으로 채용한 교회이기도 하다. 빌 하이벨스가 교회를 세운 1975년 당시 주일마다 윌로우크릭 극장을 임대해 예배를 드렸다. 그는 전통적인 교회의 낡은 의식, 의미 없이 진행되는 예배 형식, 곤두박질하는 출석률을 보며 좌절했고 그래서 '열린 예배'를 만들었다. 동시대적 음악, 드라마 그리고 삶에서 당면한 요구를 채워 주는 설교를 바탕으로 하는 흥미진진한 예배였다. 그들은 있는 그대로의 모습으로 하나님을 구하고 구원을 간구했다. 교회는 마케팅을 바탕으로 사역했다. 설문 조사를 통해 사람들이 무엇을 원하는지 살펴보고 그 요구에 부응하기 위한 방안을 마련했다. 비그리스도인과 그리스도를 믿는 것 사이에 존재하는 모든 장벽을 제거한 것이다.

시카고 시내에서 48킬로미터 떨어진 곳에 위치한 이 교회는 예배당이라기보다는 시민회관의 외관을 가진 건물에 풍경 좋은 공원 같은 교회 마당을 갖고 있다. 그래서 교회 신자가 아닌 사람들에게도 편안하고 위협적이지 않은 환경을 제공한다. 사람들은 신도석이 아닌 극장용 개별 좌석에 앉는다. 예배 가운, 성가대, 오르간 반주도 없이 현대적인 환경에서 하나님의 말씀을 만나는 것이다.

35년이 넘는 지난 시간 동안 윌로우크릭의 빌 하이벨스, 장로, 지도자들은 사도행전 2장의 초대교회로 돌아가겠다는 원래의 비전을 한 순간도 잃지 않았다. 종교가 없는 사람들을 온전히 예수 그리스도를 따르는 사람으로 변화시키겠다는 사명이 교회가 가진 단 하나의 열정이었다. 오늘날, 주말마다 2만 명 이상의 사람들이 윌로우크릭의 여섯 개 교회에 모여 예배를 드린다. 하나님이 윌로우크릭에서 하시는 일을 보고 자극을 받기 위해 그리고 자신들의 사역지에 필요한 것이 무엇인지를 찾기 위해 전 세계의 교회에서 방문객이 몰려온다. 무엇보다도 윌로우크릭은 그리스도를 따르는 사람들의 교회다. 하나님을 우선시하는 사람들의 장소며, 사도행전 2장의 교회가 되겠다는 비전을 위해 함께 노력하는 장소다.

캘리포니아 주 레이크포리스트에 있는 새들백 교회의 릭 워렌(Rick Warren)은 훗날 빌 하이벨스의 구도자 중심 전략을 적용, 비그리스도인을 위주로 하지만 그들의 취향에 좌지우지되지 않는 구도자 중심 교회를 만들었다. 워렌은 **구도자 중심**이지만 전통적 침례교의 느낌을 가미해 오전 예배에 적용했다.

제2차 세계대전 이후, 미국 교회의 성도가 감소했고 수입이 줄었으며 목회 사역에 들어서는 성직자의 수도 줄어들었다. 하지만 주일학교에 대한 '아득한 추억' 과 공립학교에서 받은 기독교 영향을 간직한 교외 거주자들이 있었다. 빌 하이벨스는 교회를 세우고 주일 오전 예배를 재구성함으로써 구원을 바라는 사람들에게 편안하게 느껴지는 매력적인 장소를 만들겠다는 결심을 했다. 예배에는 각자의 필요에 알맞은 구원의 메시지가 담겨질 것이었다.

월로우크릭 커뮤니티 교회를 시무하는 목사는 단 한 사람, 바로 빌 하이벨스다. 2012년 이 교회의 평균 참석자는 거의 2만 4천 명에 달했고, 목사들을 대상으로 한 전국 여론 조사에서 미국의 가장 영향력 있는 교회 중 하나로 이름을 올렸다.[2] 교회는 시카고 교외에 다섯 개의 지교회가 더 있다. 교회라는 장소는 항상 그리스도인들이 함께 모여 예배하고, 교육하고, 교제하는 전도의 장이었지만, 빌 하이벨스는 믿지 않는 사람들을 위한 교회를 만들기로 계획을 세웠다. 이것은 급진적인 생각이었다. 하지만 수많은 교회들이 그의 사례를 따른 것을 보면 영향력이 컸음이 분명하다.

시카고 시내에서 약 48킬로미터 떨어진 일리노이 주 사우스 배링턴에 위치한 월로우크릭 커뮤니티 교회 시설은 3천만 달러에 달하며 12에이커의 부지를 사용하고 있다. 건물은 교회라기보다 시민 회관처럼 보이고, 부지는 교회 마당이라기보다 풍경 좋은 공원처럼 보인다. 이것은 우연이 아니다. 윌로우크릭의 모든 것은 (주위 환경부터 예배 시간, 음악 선택과 설교에 이르기까지) 믿지 않는 사람들이 편안하고 부담을 느끼지 않도록 설계되었다. 토요일 밤과 주일 오전에 드리는 주말 예배는 드라마, 멀티미디어 상영으로 채워지며, 거기에는 동시대적인 기독교 음악을 전해 주는 최고의 찬양 밴드와 싱어들이 포진해 있다. 교회의 창립자이자 목사인 빌 하이벨스는 믿지 않는 사람들을 위해 설계된 주말 예배를 '구도자 예배' 라고 묘사했다.

하이벨스는 예배 시간에 주기도문을 외우지 않는데, 그 이유는 "사람들이 아직 예수 그리스도와 개인적으로 관계를 형성하지 않았기 때문에 '하늘에 계신 우리 아버지' 를 솔직한 마음으로 기도할 수 없기 때문" 이라고 말했다. 그는 또한 시대에 뒤떨어졌다고 느끼기 때문에 찬송가도 부르지 않는다. 하이벨스는 이렇게 말한다: "사람들이 그리스도인이 아니기 때문에 '오, 내가 주님을 얼마나 사랑하는지' 라고 솔직하게 노래할 수 없는 겁니다."

윌로우크릭의 주일 오전 예배에 참여하는 것은 일반적인 미국 장로교회에 발을 들이는 것과는 매우 다르다. 성도들은 신도석이 아닌 극장용 개별 좌석에 앉는다. 오르간 음악이나 가운을 입은 성가대도 없고, 교회는 예배당이 아닌 현대식 강당처럼 설계되었다. 빌 하이벨스는 대부분의 성도들처럼 캐주얼 정장을 입는다. 윌로우크릭에 오는 누구도 '나들이 옷' 을 입고 올 필요가 없다.

하이벨스의 설교를 듣고 있으면 마치 시카고 그룹의 간부가 영업 회의를 진행하는 것처럼 들린다. 하지만 그가 설교하는 동안 중점을 두는 것은 성경의 완전무결함과 기독교의 본질적 요소다. 그는 목사라기보다 마케팅 전문가처럼 보인다. 성경 말씀을 나누지만 목사처럼 보이지 않는다. 손가락을 들어 보이거나 주먹으로 내리치지도, "주께서 이르시기를!"이라며 고함을 치지도 않는다. 그럼에도 그는 성경을 통해 마음에 호소하는 설교를 한다.

하이벨스는 성경은 온전히 가치가 있지만 기독교는 그렇지 않을 때가 있다고 생각했다. 그는 매체를 잘 아는 사람들이 교회로 들어올 때는 뭔가 다른 것을 원할 것이라 생각했고, 그래서 21세기의 구원자로서 적절한 예수님 상을 제시했다.

불신자 해리

윌로우크릭 커뮤니티 교회를 이해하기 위해서는 그 전략이 만들어진 이유를 먼저 이해해야 한다. 하이벨스는 마케팅 서적을 참고해 대상자를 정하고 윌로우크릭이 가장 잘 접근할 수 있는 프로필을 가상으로 만들었다. 그리고 '불신자 해리'라는 이름을 붙였다. 이 상징적인 인물은 25세에서 45세 사이의 전문직 기혼 남성이며, 업무에 바쁘고 기존 교회에 환멸을 느끼는 사람으로 정해졌다.

어떤 불신자 해리는 세월 따라 점점 희미해지는 교회에 대한 아득한 추억이 있을지도 모른다. 그래서 하이벨스는 문화를 뛰어넘어서 손을 뻗었다. 미국 선교사들이 아프리카 오지에 있는 종족과 아이티의 빈민가에 사는 한 가족에게 손을 내밀듯이 말이다. 결과적으로 윌로우크릭은 시간과 문화를 초월하는 복음의 메시지를 희석하거나 바꾸지 않은 채 일반 대중을 위한 문화 요소에 적응시켰다.

하이벨스가 '불신자 해리'를 만든 것은 남성우월주의에서 나온 게 아니다. '불신자 메리' 또한 만들었기 때문이다. 불신자 메리는 21세기의 여성으로, 직장 생활을 하며 가족을 돌보는 동시에 자신의 욕구와 희망을 위해 시간을 쓸 수 있는 여성을 의미했다.

하이벨스는 자신의 교회가 모든 이에게 닿을 수 없다는 것을 인식하기 때문에 모든 사람을 전도하려고 욕심 부리지 않는다. 몇 년 전 그는 나에게, 자신은 건설업에 종사하는 덤프트럭 운전사가 아니라 중산층에서 상류층에 속하는 사무직 종사자에게 초점을 맞춘다고 말했다. 그의 목표가 남성인 것은, 남성의 마음을 얻을 수 있다면 여성의 마음도 얻을 수 있다고 생각했기 때문이다.[3]

그는 왜 '불신자 메리'로 시작하지 않았을까? 하이벨스는 기존 교회가 여성에 초점을 맞춰서 남성들의 마음을 얻지 못했다고 지적한다. 그는 덧붙였다: "남성을 전도한다면 그의 부인이나 자녀들도 전도할 수 있는 가능성이 큽니다."[4] 리더십 전문가인 존 맥스웰(John Maxwell)도 하이벨스의 전략에 동의하며 언급했다: "만약 어떤 목사가 모두를 전도할 수 있다고 생각한다면, 그는 아무도 전도하지 못할 겁니다."[5]

하이벨스는 계속해서 말하길, 남성을 전도하는 것은 단지 교회의 중심 목표가 아니라 목사의 목표이기도 하다고 언급했다. 많은 목사들이 자연스런 친밀감 없이 전도만 하려고 애쓰기 때문에 효과를 보지 못한다는 것이다. 그는 하나님이 각각의 목사들에게 특유의 은사와 열정을 주셔서 그것을 가지고 특정 부류의 사람들에게 다가갈 수 있게 하셨다고 믿는다. 빈민 지역의 빈곤 가정에 다가가는 목사가 있는가 하면 시골 중서부에 사는 사람들, 혹은 대학교 학생을 위주로 사역하는 목회자가 있듯이 말이다. 하이벨스는 목사 자신이 휴가를 같이 보내거나 오후에 취미 활동을 함께하고 싶어할 만한 사람으로 대상을 설정해야 한다고 말했다.

변화로의 적응

하이벨스가 적극적으로 불신자 해리를 전도하겠다고 결심하자 문제가 하나 생겼다. 믿지 않는 자에게 온통 초점을 맞추는 동시에 어떻게 교회 성도들을 계도할 수 있겠느냐는 문제였다. 그는 그것이 불가능하다는 결론을 내렸다. 그 두 대상은 원하는 것도, 관심의 초점도 다르기 때문이다. 그래서 그는 주말의 구도자 예배를 '기독 신앙 1단계'와 '기독 신앙 2단계'로 나누고 불신자에게 맞춘 동시대 기독교 음악, 드라마, 영상, 메시지에 초점을 맞췄다. 그와 동시에, 신자들을 위해서는 수요일과 목요일 예배를 기획했다. '기독 신앙 3단계'와 '기독 신앙 4단계'라는 이름의 예배다. 예배는 강해식 설교, 예배, 기도로 진행됐다. 성찬식이 있을 경우에는 주 중에 거행됐다.

장벽의 제거

하이벨스가 이러한 구도자 예배를 설계함으로 불신자들이 어색함을 느끼는 일이 적어졌다. 성경이 우리의 죄와 잘못을 지적하기 때문에 우리의 마음을 불편하게 만들 수 있는 건 사실이다. 하지만 이것이 방법의 불쾌함을 정당화해 주지는 않는다. 하이벨스의 방식은 본질을 문화에 적용하는 것이었다. 그는 시카고 등지에 있는 성인을 대상으로 문화에 관련된 것이라면 무엇이든 이용했다. 결과적으로 윌로우크릭은 불신자들도 안심하고 올 수 있는 곳이 되었다.

나는 무신론자였다가 윌로우크릭에서 기독교로 개종한 사람을 인터뷰한 적이 있다. 그는 윌로우크릭이 십자가나 종교적인 상징물이 없는 편안하고 부담 없는 장소였기 때문에 오게 됐다고 고백했다. 그는 말했다: "나는 내 수준에 맞는 속도로 기독교에 대해 살펴볼 수 있었습니다." 이 사람은 2년 넘게 출석하다가 그리스도를 영접했다. 하이벨스가 윌로우크릭을 '안전한 장소'라고 부르는 것에는 '위험한 설교를 들으러 오는 안전한 장소'라는 뜻이 담겨 있다.[6]

하이벨스는 구도자 예배가 복음 전도의 기초라고 믿는다. 교회 성도들은 격식을 갖춘 평일 저녁의 초대 행사나 정기적인 전도 운동 또는 교회력에 근거해서 하는 특별한 전도의 날 같은 것보다 불신자와 관계를 형성하는 법이나 주일 예배를 도구로 사용하는 법을 배운다. 그들은 친구를 데려오기 전과 데려온 후에도 구원의 방안을 나눠야 한다. 하이벨스는 말한다: "교회로 와서 구원받으라고 초대하던 때보다 친구를 통해 주차장에서 그리스도를 영접하는 경우

가 더 많습니다."[7]

하이벨스는 대다수의 교회들이 불신자 해리에게 비현실적인 요구를 한다고 생각한다. 이런 교회들은 20년에서 40년 동안 세속적으로 살면서 사고방식이 완전히 굳어진 사람들을 한 시간의 설교로 바꾸길 기대한다. 윌로우크릭은 사람들이 그리스도를 받아들이기까지는 오랜 시간이 걸린다는 사실을 인정한다. 윌로우크릭에 있는 대다수의 불신자 해리는 6개월에서 8개월 동안 예배에 출석한 후 그리스도를 영접한다.[8]

빌 하이벨스

1970년대 초 빌 하이벨스는 일리노이 주 디어필드에 있는 트리니티대학[Trinity College, 현재 이름은 트리니티 국제대학(Trinity International University)]의 학생이었다. 당시 길버트 빌레지키안(Gilbert Bilezikian) 교수는 사도행전 2장을 모델로 한 교회를 구상해 오라는 과제를 내 주었다. 하이벨스가 비전을 갖게 된 것은 그때였다. 그는 성공한 사업가인 아버지의 뒤를 따라 사업을 하겠다는 야망을 포기했다.

하이벨스는 일리노이 주 파크 리지에 있는 사우스파크 교회(South Park Church)에서 청소년 담당 목사가 되었다. 그는 자신이 맡은 청소년 집단을 '자녀의 도시'라 명하고 하나님의 말씀에 근거한 음악, 드라마, 멀티미디어를 사용하겠다고 결심했다. 당시에 유행하는 말과 개념을 사용하기도 했다. 이 모임은 3년 만에 25명에서

1,200명이 넘게 불어났다.

　1974년 5월의 어느 날, 300명 이상의 젊은이들이 예수 그리스도에게 마음을 바쳤다. 하이벨스가 새로운 교회를 시작하겠다고 꿈꾸기 시작한 때가 바로 그때였다. 하이벨스는 마케팅 개념을 사용해일리노이 주 사우스 배링턴 지역 사회에서 설문 조사를 실시했다. 집집마다 문을 두드리며 사람들에게 교회에 가지 않는 이유를 물은 것이다. 그는 아래와 같이 답변과 비판을 분류해서 이것으로 새로운 형태의 교회를 구상했다.

1. 교회는 항상 돈을 요구한다.
2. 교회는 사람들에게 일어나라, 크게 말하라, 이름과 주소를 알려 달라고 요구한다.
3. 목사들은 사람들에게 설교하려 든다.
4. 교회는 지루하다.
5. 교회에 가려면 차려입어야 한다.[9]

　하이벨스는 이러한 문제를 해결하고 장벽을 없앤 교회를 세우겠다고 결심했다. 첫째, 하이벨스는 헌금함을 돌리는 대신 로비에 상자나 함을 두어 원하는 사람들만 헌금을 하도록 했다. 둘째, 대부분의 불신자들은 교회 음악이 시대에 뒤떨어졌다고 생각했기 때문에 교회 가운을 입은 기존의 성가대 대신 동시대적인 음악을 하는 밴드나 찬양 팀을 세우고 시대에 맞는 음악을 사용하기로 결심했다.

셋째, 기존에 하던 '지루한' 설교 대신 '사람들이 바에서 자유롭게 하는 질문이나 인기 있는 오후 시간대 텔레비전 토크쇼에서 다루는 질문에 답변' 하겠다고 마음먹었다. 그래서 그는 설교 시간이 되면 하나님의 말씀에 근거해 이러한 질문들에 답변해 주었다.

1975년 10월 12일, 팔라틴 윌로우크릭 극장에서 첫 예배가 시작되었고 125명이 참석했다. 십 대 성도들은 임대료와 다른 비용을 충당하기 위해 집집마다 돌며 토마토 1,200바구니를 팔았다. 2년이 채 지나지 않아 교회에는 2천 명 이상의 성도가 생겼다. 1981년에는 일리노이 주 사우스 배링턴의 현재 위치를 확보했다. 그 후 20년이 지나자 1만 5천 명 이상이 여섯 개의 주말 예배에 참석하게 되었다.

2004년에는 7천 명을 수용할 수 있는 새로운 예배 공간을 지었다. 미국에서 가장 최첨단의 극장식 예배당을 가지고 있는 이 교회에는 현재 매주 평균 2만 4천 명 이상의 예배자들이 참석하고 있다.

새들백 샘 전도하기

캘리포니아 주 레이크포리스트에 있는 새들백 교회(Saddleback Church)의 릭 워렌 목사가 '불신자들을 위한 교회' 를 다룬 이번 장의 주인공이었어야 한다고 생각하는 사람들이 많을 것이다. 워렌은 4대째 이어서 사역하는 침례교 목사로, 그의 증조부는 1800년대 영국 런던의 저명한 목사 찰스 스펄전(Charles Spurgeon)으로 인해 변화된 사람이었다. 1980년 1월, 워렌은 아내 케이(Kay)와 태어난 지 네

달 된 딸 에이미(Amy)를 데리고 로스앤젤레스 인근으로 이주했다. 대여한 트럭에 모든 짐을 욱여넣고 남부 캘리포니아의 교통 정체와 맞닥뜨렸다.

릭 워렌은 뭘 해야 하는지 모르는 채 오렌지카운티에 있는 부동산으로 직행해서 돈 데일(Don Dale)과 만났다. 그는 "교회를 개척하려고 왔습니다"라고 말했다. 그리고 덧붙였다: "저는 주거 공간이 필요한데 돈은 없습니다!" 데일은 몇 시간 만에 아파트를 하나 찾아주었다. 첫 달에는 월세가 무료인 아파트였다. 그리고 그 주 금요일, 데일과 워렌은 새들백 교회의 전신이 되는 성경 공부 모임을 가졌다.

릭 워렌이 교회를 시작한 곳에서 불과 40킬로미터 떨어진 곳에는 열심히 복음을 전하는 위대한 교회들이 있었다. 로버트 슐러(Robert Schuller)가 시무하는 수정 교회(Crystal Cathedral), 척 스미스의 갈보리 교회, 풀러턴에 위치한 찰스 스윈돌(Charles Swindoll)의 복음 자유 교회 등이 그것이었다. 하이벨스와 마찬가지로 워렌도 집집마다 문을 두드리며 사람들이 왜 교회에 오지 않는지를 물었다.[10] 그리고 답변은 다음과 같았다.

- 설교가 지루하고 삶과 관련이 없다.
- 교회는 방문자에게 불친절하다.
- 교회는 사람보다 돈에 더 관심이 많다.
- 교회는 양질의 육아 프로그램을 제공하지 않는다.

곧바로 워렌은 4중 전략을 세워 오렌지카운티에 사는 주민들의 반대에 대처했다. 첫째, 그는 우수한 보육 프로그램을 시행해서 젊은 가정의 마음을 끌어당겼다. 둘째, 그는 사람들의 삶에 유용하면서도 재미있고 그들의 고민을 해결해 주는 설교를 했다. 성경적인 답변을 토대로 한 설교였다. 셋째, 그는 분위기가 좋은 교회를 만들었고 사람들에게 "75명의 사람과 악수하세요"라고 말했다. 넷째, 처음 오는 사람들에게 재정적 기부를 강요하지 않고 예배 테이프를 무료로 받고 싶은 사람들만 신청서를 작성할 것이라는 걸 외부에 알렸다.[11]

빌 하이벨스에게 '불신자 해리'가 있다면, 릭 워렌에게는 '새들백 샘'이라는 대상 인물이 있었다. 워렌이 설정한 새들백 샘은 하나님을 믿지만 교회에 잘 나오지 않는 인물이었다. 돈은 잘 벌지만 원하는 모든 것을 살 수 있을 만큼은 아닌, 멋진 사람이지만 스트레스에 지쳐 삶의 해답을 찾고 싶어 하는 인물이었다. 워렌의 교회는 남부침례회와 연계되어 있긴 했지만 그는 '침례'라는 단어를 사용하지 않았다. 그 단어가 남부 문화 색을 띤 교회를 떠올리게 한다는 생각 때문이었다.[12]

예배 시간이 되면 고동치는 드럼 비트와 록 음악이 들려왔다. 하지만 가사는 확실히 기독교적이었다. 사람들은 노래하고 몸을 흔들고 손뼉을 치고 마음껏 즐겼다. 남부 캘리포니아 사람답게 그들은 스포츠 셔츠와 리복 청바지를 입고 교회에 왔다. 반바지 차림이 대세가 된 때도 있었다. 처음에 워렌은 종종 넥타이 없이 코트를 입었다. 그러다 대담하게 하와이안 셔츠를 밖으로 꺼내 입은 모습으로 유명세를 탔다.

워렌의 초기 전략은 직원과 사람들에게 돈을 투자하는 것이었지 건물에 투자하는 게 아니었다. 그 결과 그는 가능한 공공시설을 찾아 죄다 세를 내고 빌렸다. 첫 13년 동안 교회가 사용한 건물은 57개에 달했다. 침례는 수영장이나 월풀 욕조에서 행해졌고 워렌은 '예수님을 위한 자쿠지'(Jacuzzis for Jesus)라는 새로운 문구를 만들어 냈다. 새들백 구성원의 70퍼센트 이상이 예수님을 영접하고 침례를 받아 교인이 되었다. 초기에 새들백이 성장한 것은 주로 개종에 의한 것이지 교회를 옮기기 위해 찾아온 기존의 그리스도인 때문이 아니었다.[13)

초기에 워렌은 남부침례교회 한 곳을 찾아갔다가 낙담한 채 돌아왔다. 규모가 크고 매우 비싼 주일학교 시설을 가진 교회였다. 그는 일주일에 한 시간 사용하겠다고 건물에 돈을 쏟아 붓고 싶진 않았다. 그는 다수의 교실을 사용해 사람들을 전도했고, 그리스도 안에서 성장하게 했고, 그런 다음 마침내 예배에 참석하게 했다. 그는 야구장을 비유로 들어서 말하곤 했는데, 먼저 1루(일원이 되는 것에 전념)로 가고, 그 다음 2루(영적 성숙에 전념)로 가고, 그 다음 3루(사역에 전념)로 가서, 마침내 홈베이스(사명에 전념)로 돌아오는 것이었다.[14)

헌신의 다섯 원형

초기에 워렌은 헌신의 다섯 원형을 사용해서 교회 방문자가 끝내 예배에 참여하도록 이끄는 전략을 선보였다.[15]

두 개의 핵심층: 핵심 교인과 헌신자. 워렌은 당시 핵심 교인이라고 추측되는 사람들이 어림잡아 천 명 정도였다고 추정했다. 눈에 띄는 평신도 사역자들이 포함된 곳은 두 번째 원으로, 교회 내 약 69개의 사역은 이들의 참여로 이루어졌다. 이것을 조직화하기 위해 2명의 인사 담당을 선발, 69개의 사역지에 사람들을 배치하게 했다. 핵심 사역에 몸을 담은 사람들은 (야구장에 있는) 네 개의 '루' 수업을 거치며 기술을 연마하고 영적인 성숙함을 얻었다. 그들은 사역 서약에 사인하고 다른 이들을 섬기는 일에 참여했다.[16]

세 번째 원: 성도. 교회의 일원이 되겠다고 헌신한 사람들로 공식적인 성인 성도들을 말한다. 이들은 네 시간 반에 걸친 수업을 듣고 사역 서약에 사인을 했다. 이 수업에서는 교회의 전략과 구조를 습득한다. 교회에 성인 성도가 약 3천 명에 달했을 때 워렌은 말했다: "우리는 어린이와 타 지역 사람들은 셈에 넣지 않습니다." 활동이 저조해진 사람들은 명단에서 빠졌다. "매년 수백 명의 사람들이 명단에서 제외됩니다." 교회가 설립되고 첫 10년간은 약 4천 명의 사람들이 등록했다. 워렌은 "그저 이름만 많은 명단보다, 소수라도 정말 의미 있는 성도가 있다는 사실이 더 중요합니다"라고 말했다.[17]

새들백 교인의 성장을 돕는 C.L.A.S.S. 프로그램

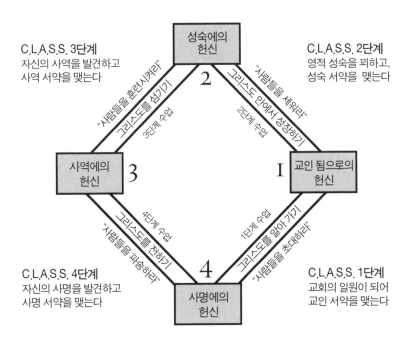

C.L.A.S.S. 3단계
자신의 사역을 발견하고
사역 서약을 맺는다

C.L.A.S.S. 2단계
영적 성숙을 꾀하고,
성숙 서약을 맺는다

C.L.A.S.S. 4단계
자신의 사명을 발견하고
사명 서약을 맺는다

C.L.A.S.S. 1단계
교회의 일원이 되어
교인 서약을 맺는다

성숙에의 헌신 / 2
사역에의 헌신 / 3
교인 됨으로의 헌신 / I
사명에의 헌신 / 4

"사람들을 훈련시켜라" · 그리스도를 섬기기 · 3단계 수업
"사람들을 세워라" · 그리스도 안에서 성장하기 · 2단계 수업
그리스도를 전하기 · 4단계 수업 · "사람들을 파송하라"
1단계 수업 · 그리스도를 알아 가기 · "사람들을 초대하라"

C.L.A.S.S.의 개요

1단계 수업: 사람들을 그리스도에게 이끌고 새들백의 일원이 되게 한다
2단계 수업: 사람들이 영적으로 성숙하게 한다
3단계 수업: 사람들이 사역에 필요한 기술을 갖추게 한다
4단계 수업: 사람들을 세상으로 보내 그리스도를 전하게 한다

사역의 적용

새들백

헌신의 다섯 원형

지역 주민

회중

성도

헌신자

핵심 교인

영적 성숙을 위한 헌신

교회의 일원이 되기 위한 헌신

교회 참석에 헌신

비헌신자

네 번째 원: 회중. 워렌은 주일 아침 예배에 나타나는 사람들을 네 번째 원에 속한다고 묘사했다. 그들은 '고정적으로 출석하는 사람들'이었다. 매 주일 출석하는 사람들은 주에 따라 약 5천 명에서 7천 명에 달했다. 뜨내기 참석자를 헌신적인 성도가 되도록 이끄는 것이 전략이었다. 회중에는 믿음이 없는 사람이 아직 많았다. 워렌은 말한다: "회중은 교회 사람이 아닙니다. 하지만 그들을 교회의 몸으로 만들 수 있습니다. 만약 큰 교회를 원하신다면, 우선적으로 회중을 많이 끌어 모으셔야 합니다."[18]

다섯 번째 원: 지역 주민. 워렌은 자신들이 정말 다가가고 싶은 큰 집단은 바로 지역 주민이라고 말했다. 지역 주민에 관련해서는 두 가지 요소가 있었다: "첫째, 지역 주민이라고 하면 우리가 전도하길 원하는, 중립적이고 교회에 출석하지 않는 사람들을 말합니다. 우리의 목표 대상은 '새들백 샘과 사만다'입니다. 좀 더 구체적으로 말하자면, 우리는 1년에 적어도 네 번 교회에 가 본 사람을 지역 주민이라고 간주합니다. 부활절, 크리스마스, 어버이날 그리고 다른 이유로 하루 더요."

1992년에 적어도 네 번 교회에 출석한 사람들은 약 1만 8천 명이었다. "각각의 원 안에 있는 사람들은 서로를 하나님에게 더 가까이 다가가게 도와주었습니다. 우리는 그들의 영적인 필요를 충족시켜 줄 구체적인 전략이 필요했죠." 워렌은 일반적인 교회들이 닥치는 대로 모든 사람을 목표로 삼고 있다고 느꼈다. 그는 사람들이 제각각 자기 수준에 맞게 헌신할 수 있도록 수준별 헌신의 단계를 만들어야 한다고 느꼈다. 그는 말한다: "우리의 전략은 이웃 주민들과 사업 동료를 회중 안으로 들어오게 하는 데 있습니다. 그리고 이 말은 그들이 매주 출석하도록 이끌어야 한다는 걸 의미하죠. 우리는 사람들의 필요에 맞게 실용적인 설교를 하고, 음악도 동시대적인 것으로 준비합니다." 모든 예배는 관람객이었던 사람들을 참여자로 만들도록 설계되었다.

그 다음 전략은 관중이 성도가 되게 하는 데 있었다. 교회는 이 사람들이 그리스도와 교회에 헌신하도록 이끌어야 했다. "그냥 출석만 하는 사람과 교회의 일원이 된 사람 사이에 차이점이 있다면 그것은 헌신입니다." 워렌이 말했다: "남자와 여자가 그냥 같이 사는 것과 실제로 결혼을 한 것 같은 차이입니다. 우리가 새들백에서 하는 모든 일은 헌신의 원 안에 있는 사람들을 움직여 모두가 핵심층으로 갈 수 있도록 하는 겁니다. 그러면 그들은 교회에서는 사역을 하게 되고 세상에서는 사명을 다하게 됩니다." [19]

수년간 새들백의 수단과 방법은 변화를 거쳤다. 워렌은 전도용 우편물을 보내기 위해 신청서 카드로 하던 초기의 '광고'에 대해 입을 뗐다. 지금은 이러한 광고가 효력을 점점 더 상실하고 있다고 한다. 미국 사회에는 광고가 넘쳐나고 사람들에게는 수천 개의 문자들이 쏟아지지만 그래 봤자 아무도 주목하지 않는다고 말이다. 워렌은 자신도 광고 우편물로 교회를 시작했지만 지금은 아무도 우편물을 읽지 않는다고 했다. 그래서 그는 요즘 소셜 미디어를 이용해 사람들과 접촉하고 있다.

네 가지 혁신

워렌에 따르면 교회가 사용한 첫 번째 혁신은 CLASS(Christian Life And Service Seminars, 기독교적 삶과 봉사 세미나) 제자 양육 프로그램이었다고 한다. 그는 사람들이 현재 있는 곳에서 있어야 할 자리로 이동하게 하는 데 능했다. 사람들은 단계를 밟으며 진행 방향을 찾았고 그 과정 속에서 자신들의 영적 성숙을 평가할 수 있었다. 그는 '사람들이 루를 이동하게 하는 것'이 자신의 목표라고 말했다.[20]

두 번째 혁신은 영적 성숙 캠페인을 벌인 것이었다. 이것은 삶의 모든 면을 통해 사람들이 영적으로(내적으로) 성숙하게 도와주었다.

세 번째 혁신은 워렌이 주 중에 있는 기도회를 중지하고 남부 캘리포니아 도처에 있는 사람들을 소그룹으로 묶은 것이었다. 그가 말하길 현재 남부 캘리포니아의 169개 도시에는 6천 개가 넘는 소그룹이 있고 매주 약 3만 2천 명의 사람들이 모인다고 했다. 그는 주말에 자신의 설교를 들으러 오는 사람보다 소그룹 성경 공부 모임에 오는 사람이 더 많다는 사실이 자랑스럽다고 말했다.

네 번째 혁신은 PEACE 계획이었다[P: Plant churches that promote reconciliation(화합을 증진하는 교회를 세운다), E: Equip servant leaders(섬기는 리더를 세운다), A: Assist the poor(가난한 자를 돕는다), C: Care for the sick(아픈 자를 돌본다), E: Educate the next generation(다음 세대를 교육한다)].

워렌은 자신의 교회를 천국처럼 보이게 하겠다는 포부가 있었다. 처음에는 교외에 거주하는 젊은 백인에 초점을 맞추고 교회를 시작했지만 PEACE 계획이 모든 것을 바꾸었다고 말했다: "우리 교회에서는 67개의 언어가 사용됩니다. 인류의, 인류를 위한 교회가 된 것입니다."[21)

네 가지 혁신은 무엇을 달성했는가? 워렌은 분위기에 이끌린 교회가 아닌, 목적이 이끄는 교회를 만들기를 원했다. 워렌은 이러한 프로그램이 자립할 수 있는 것은 그곳에서 사역하는 약 1만 8천 명의 봉사자들 덕분이라고 생각한다.[22)

강점과 취약점

구도자 중심 교회의 가장 눈에 띄는 강점은 길을 잃은 사람들이 복음과 대면하게 되고 예수 그리스도를 믿을 수 있는 기회를 얻는 다는 것이다. 많은 교회들이 성경 공부, 종교 의식 혹은 예배나 여타 다른 훌륭한 기독교적 목표에 초점을 맞추는 반면, 구도자 중심의 교회는 믿지 않는 자들과 전도에 중점을 둔다. "만일 복음을 전하지 아니하면 내게 화가 있을 것이로다"(고전 9:16).

두 번째 강점은 불신자들이 교회에서 구원을 얻지 못하게 막는 장벽들을 제거한다는 데 있다. 구도자 중심의 교회는 주일 오전 예배를 불신자들의 시각으로 보았다. 홍보를 하든, 설문을 하든, 대상을 정하든, 그 과정에서 문제가 발견되면 바로 제거했다. 그래서 불신자들이 복음에 반응하는 것이 조금 더 쉬워졌다.

이들은 교회 성장 운동의 아버지인 도널드 맥가브란(Donald McGavran)과 맥락을 같이하는 듯하다. 그는 수차례 다음과 같이 말했

다: "사람들은 자신의 인종, 언어, 문화적 장벽을 넘지 않은 채 그리스도인이 되고 싶어 합니다." 구도자 중심 교회는 케케묵은 관행(교회 성가대, 오르간 음악, 기도 암기), 교회 건물에 있는 종교적 상징물, 심지어 많은 교회에서 요구되는 듯한 '주일 예배 때 차려입는 것' 같은 상징적인 장벽을 제거한다.[23]

세 번째 강점은 구도자 중심 교회가 **동화된 기독교**라는 점이다. 기독교는 유대인 배경에서 드러났다: "먼저는 유대인에게요 그리고 헬라인에게로다"(롬 1:16). 하지만 복음은 비유대인들의 지중해, 즉 로마 문화에 성공적으로 융화되었고, 그래서 그리스도인들은 당시의 옷을 입었고, 음식을 먹었으며, 그들의 문화 속에서 살게 됐다. 복음은 문화를 초월하고 시간을 초월한다. 그러므로 복음의 진리는 모든 세대와 모든 문화를 끌어당기는 것이다. 구도자 중심의 교회는 예수 그리스도의 메시지를 현대 21세기 사역자와 그리스도인의 삶에 녹여 냈다. 1950년대에 적응할 수 있는 그리스도인을 만들어 내는 것이 아니다. 과거 그리스도인들의 삶 속 기억의 잔재가 만들어 낸 형식을 따르는 것도 아니다. 구도자 중심의 교회는 21세기에 동화된 기독교를 지향한다.

네 번째 강점은 이 사역이 지닌 성공의 의미다. 구도자 중심 교회는 구원받지 못한 사람이나 불신자들을 찾는 교회고, 이들을 전도한다는 것은 지상 명령을 수행한다는 것과 같은 의미다. 수적 성공, 위력과 생명력을 유추할 수 있는 것이다. 종종 구도자 중심 교회가 숫자에 연연한다는 비난이 있다. 그러나 수적인 성공의 추구라고 해도, 이들이 신약의 목표를 수행하는 것이라면 과연 비판을 받아야만 하는가?

불신자들을 위한 구도자 형식의 교회, 혹은 구도자 중심의 교회에는 장점과 단점이 공존한다. 제일 많이 받는 비난 중 하나는 그들이 '번드르르한' 혹은 '할리우드' 식의 방법으로 사람들을 끌어 모은다는 점이다. 이 비난은 어느 정도 맞는 말이지만, 반박 또한 존재한다. 옹호자들은, 모든 교회는 개인의 구원을 가장 중요하게 생각하며 그러므로 사람들을 예수 그리스도에게로 안내하기 위해 다양한 방법들을 이용하는 것이라고 반박했다. 그 결과로 사람들을 천국으로 이끌 수 있기 때문에, 세상의 것과 비슷한 프로그램들을 사용한 그들의 시도가 타당하다고 해명했다.

두 번째 비난은 구도자 중심 교회가 숫자에만 관심을 쏟는다는 점이다. 사람들을 교회로 많이 끌어 모으기 위해서 세속 문화에서 비롯된 구경거리를 정성들여 만든다고 말이다. 예를 들어, 교회는 록 음악, 드라마, 심지어 종종 문제가 될 만한 줄거리의 드라마를 이용해서 숫자를 늘리거나 유지하려고 애쓴다. 옹호자들은 모든 사람이 숫자의 일원이며 이들의 숫자는 중요하다고 반론한다. 그들은 성경에서도 신자들의 수를 셌다고 지적했다(행 1:16, 2:41, 4:4, 5:14, 6:1, 7 참조) 그들은 또한 하나님도 숫자에 관심이 있으셨다고 언급했다. 목자가 99마리의 양을 들판에 두고 길 잃은 한 마리의 양을 구하기 위해서 간 것은 모든 숫자가 중요했기 때문이었다. 성경에도 민수기(Numbers)가 있다는 것을 그리고 새로 거듭난 모든 사람들은 하나님의 교회에서 하나의 숫자가 된다는 사실을 기억하자.

구도자 중심 교회에 대한 세 번째 비난은 설교의 '부정적인' 면을 피하려고 한다는 데 있다. 다르게 표현하자면 구도자 중심 교회는 대개 죄에 대해 얘기하지 않는다는 것인데, 이것은 구도자 중심 교회들이 형식적으로 하는 회개의 메시지가 불신자들을 전도하는 데 장벽으로 작용한다고 생각하기 때문이다. 기독교의 긍정적인 결과에만 초점을 맞추고 복음의 모든 메시지를 전하지 않기 때문에, 구도자 중심 교회는 복음을 약화시키고 나약한 그리스도인을 배출할 가능성이 있다.

네 번째 비난은 교회가 자신의 가치를 포기하고 문화에 굴복했다는 점에 쏟아졌다. 베뢰아인의 사명(Berean Call)이라는 웹 사이트에는 다음과 같은 글이 있다.

> 그들은 우리의 문화에서 유명한 것을 모방한다. 인기 순위 40위에 있는 곡이나 법석을 떠는 음악, 연극적인 연출, 자극적인 멀티미디어 상영 그리고 30분 혹은 더 짧게 하는 긍정적인 설교. 설교의 경우 대개 시사와 관련되어 있고 듣기 좋은 말들이며 자아실현에 중점을 둔다. 이런데 어떻게 주님이 사람들의 필요를 충족시키시며 그들의 문제를 풀게 도와주실 수 있는가.[24]

구도자 운동의 취약한 부분에 대해 논하는 사람들은 그들의 신앙이 의심스럽고 설교에는 오류가 포함될 수 있다고 지적한다. 작가 돈 쾨니히(Don Koenig)의 관찰을 살펴보자.

실제로 이 활동은 다음과 같은 사람들을 위한 기관이 되어 버렸다. 인간이 기본적으로 선하다고 믿는 사람, 모든 길은 하나님에게로 이어진다고 믿는 사람, 예언적 미래를 문자 그대로 받아들이지 않는 신학을 가진 사람, 성경 말씀을 모르는 사람, 문맥과 상관없이 성경에서 말씀을 하나 뽑아서는 말하고 싶은 대로 말하는 사람들 말이다.[25]

구도자 중심 교회에 대한 마지막 논쟁은 기독교를 '지나치게 단순화한다'는 데 있다. 구도자 중심 교회가 이전 시대에 부르던 신학적이고 깊이 있는 찬송가를 부르지 않고 운율을 맞춘 대중음악과 현대적인 경배와 찬양 음악만으로 산다고 비난한다. 또한 설교에 대해서는, 구도자 중심 교회가 성경적 교리나 제자도의 요건에 대한 설명 없이, 하나님이 말씀하신 것에 대한 설명을 기초로 하지 않고 필요성만을 중시하며 현대 미국인들의 사고방식을 겨냥했다고 비난한다.[26]

마무리

교회가 구원받지 못한 사람들을 위한 곳이라는 생각은 당연하다. 제2차 세계대전 이후 미국의 불신자들을 전도한 긍정적인 요소들에 대해 생각해 보자. 첫째, 공립학교에서 기도와 성경 읽기를 한다는 것은 미국이 가진 풍부한 기독교적 유산이었다. 사람들은 성공한 정치가나 사업가들이 긍정적인 그리스도인의 삶을 통해 가치와 사고방식을 드러내기를 기대했다. 법은 기독교적인 원리에 입각해 제정되었고 미국 독립선언서는 하나님을 창조주로 명시하고 있다.

그러다가 미국 환경에 서서히 세속주의가 침투하기 시작했다. 많은 이들이 교회를 떠났고, 어떤 이들은 교회에 대한 희미한 추억을 갖고 있다가 다시 돌아오기도 했다. 또 다른 이들은 교회에서의 경험을 추억하며 '좋았던 옛 시절'을 열망했다. 기독교에는 이점이 있다는 것을 아는 사람들이 여전히 존재한다는 것이었다. 그러니 교회에 다니지 않는 이러한 개인들을 위해 교회를 세우겠다는 생각은 지극히 당연하다. 교통과 통신의 엄청난 발전으로 불신자들은 자신들을 위한 교회가 있다는 것을 알게 됐고, 현대의 도로와 자동차는 그들이 먼 길을 운전해 와서 주차장에 차를 대고 거대한 강당 같은 교회에 다니는 것을 가능하게 해 주었다. 또한 라디오와 텔레비전으로 교회에 대한 정보를 얻을 수 있었다.

구도자 중심 교회는 현대의 도시 외곽 지역이나 거대 도시에서 느끼는 익명성과 소외성의 압박을 이해함으로 불신자들이 원하는 편안한 장소를 제공했다. 하지만 제일 중요한 것은, 장벽을 제거하고 메시지에 귀를 기울였다는 점이다. 현대의 '불신자 해리'를 전도하려는 신약 신앙의 열정으로부터 구도자 중심 교회가 시작되었다.

풀러 신학대학교의 교회성장학 교수 C. 피터 와그너는 이런 말을 했다: "빌 하이벨스는 **구도자 중심**의 사람이고 릭 워렌은 **구도자에게 우호적인 사람이다.**"[27] 하이벨스는 주로 불신자에게 초점을 맞추는 반면 워렌은 불신자를 전도하게 도와줄 건물에 초점을 맞춘다는 것을 의미한다. 그러므로 구도자 중심 교회의 최초이자 가장 순수한 형태는 빌 하이벨스에 의해 시작되고 성장했다고 정리할 수 있다. 이것이 바로 이번 장에서 그에게 초점을 맞춘 이유다.

빌 하이벨스 이전에도 불신자들을 위해 만들어진 교회가 있을 것이다. 그리고 윌로우크릭 커뮤니티 교회 이전에도 '불신자 해리' 같은 사람을 효과적으로 전도했던 교회들이 있을 것이다. 하지만 교회가 시카고 교외에 위치해 있다는 점 그리고 빌 하이벨스를 초점으로 한 〈시카고 트리뷴〉(Chicago Tribune)[28]과 〈타임〉(TIME)[29]지의 기사는 윌로우크릭을 구도자 중심 교회의 전형으로 만들어 주었다.

갈보리 교회
캘리포니아 주 코스타 메사

척 스미스

8

베이비 붐 세대가 문을 연
새로운 교회 문화

갈보리 교회

캘리포니아 주 코스타 메사

지저스 피플(Jesus People), 혹은 '예수쟁이'라고 불리는 사람들 사이에서 일어났던 거대한 부흥의 발판은 갈보리 교회였다. 포스퀘어 교파의 목사였던 척 스미스는 '히피'들을 예수 그리스도에게로 이끌고 태평양에서 세례를 주며 캘리포니아 남부에서의 사역을 시작했다.

제2차 세계대전 이후 미국 중산층이 영위한 공허하고 의미 없는 생활 방식에 저항하고 예수 그리스도를 따르기 시작한 젊은이들은 예수가 없는 껍데기 기독교를 제시하는 부유한 교회들의 속 빈 '형식주의'에 저항했다. 예수쟁이들은 종교의 무능함은 혐오했지만 그 종교의 밑바탕인 예수 그리스도는 사랑했다. 이들은 오르간 음악, 성가대와 유럽인들이 만든 찬송가를 배제하고 기타와 드럼으로 예수님을 찬양했다. 젊은 사람들은 '주일에 입는 제일 멋진 옷'이 아닌 평상복을 입고 왔다. 그들은 기존에 있었던 교회 프로그램(전도 활동이나 심방, 위원회나 여타 다른 기반 시설 등)이나 조직을 수용하지 않았다. 그들은 그저 예수 그리스도를 만나고 싶어 할 뿐이었다.

성경 공부는 집에서 이루어졌다. 기존의 주일학교가 정해진 교육 과정 안에서 교사에 의해 진행된다면, 이들의 소그룹 공부는 관계를 기반으로 모여서 같이 문제를 해결해 나가는 방식이었다. 이들의 신앙은 단순했다. 그들의 생활 방식처럼 말이다.

갈보리 교회는 미국 교회가 하나님을 예배하고 경배하는 방식을 바꿔 놓았다. 그리스도인들의 복장이나 교제하는 법, 이들이 부르는 예배 곡, 하나님에게 손을 드는 방식까지도 바뀌었다. 갈보리 교회의 '지저스 피플'은 예수님을 구원자로 영접했지만 자신들만의 문화는 포기하지 않았다. 이들 교회에는 평상복, 록 음악, 격식 없는 설교, 단순한 삶의 방식이 존재했다. 이들은 히피들이 짓는 죄는 거부했지만 대항문화의 여러 측면을 기독교적인 삶에 적용했다. 그래서 자신들의 삶의 방식을 기독교 교회 문화에 적용하지 않고 정반대로 했다. 기독교를 자신들만의 문화에 적용시킨 것이다. 이것으로부터 기독교 내에 새로운 문화(하나님을 경배하는 새로운 문화)가 일어났다. 새로운 가치와 삶의 방식이 모든 그리스도인들에게 스며들기 시작한 것이다. 갈보리 교회에 의해 시작된 새로운 교회 문화는 이렇게 수많은 교회로 퍼져 나갔다.

제2차 세계대전 이후 '황금기'라고 불리는 번성의 시기가 20년간 지속됐다. 이 기간 동안 제2차 세계대전에 참전한 군인들의 모든 꿈이 미국인들에 의해 이루어졌다. 1960년에는 젊은 대통령 존 F. 케네디(John F. Kennedy)와 우아한 영부인 재클린(Jacqueline)이 백악관에 입성했다. 카멜롯의 시대였고, 케네디 부부는 영국의 왕과 왕비처럼 미국을 통치했다.

하지만 카멜롯의 전성기에 사회는 급속하게 망가졌다. 환멸을 느낀 십 대들은 미국 중서부에 있는 집을 떠나 캘리포니아로 향했다. 미국 대법원에서 성경이 치워졌다. 공립학교에서는 기도가 금지되었고, 낙태가 합법화됐다. 사람들은 결혼식을 올리지 않고 동거를 시작했고 동성애가 받아들여졌다. 대학가에서는 인본주의, 자유주의, 향락주의가 만연했다.

많은 청소년들을 꿈꾸게 했던 존 F. 케네디가 암살당하자 미국은 혼란에 빠졌다. 몇 년 후 그의 동생인 바비 케네디(Bobby Kennedy)도 총격을 받아 숨졌다. 이어서 마틴 루터 킹도 암살을 당했다. 젊은이들의 꿈이 꺾이자 그들은 '기득권층'에 대항해 시위를 벌였다. 베트남 반전 운동이 거대하게 일어났고 마틴 루터 킹의 암살 이후에도 엄청난 시위가 뒤따랐다. 젊은이들은 미국이 베트남 전쟁에서 손을 떼기를 바랐다. 아프리카계 미국인들은 "이제는 자유"를 외쳤다. 이러한 시위로부터 대항문화가 시작됐고 이것은 히피 운동으로 이어졌다.

젊은이들은 원치 않는 전쟁으로 자신들을 징집하는 베트남 전쟁에 반대했다. 많은 젊은이들이 캘리포니아 해변으로 대피했다. 캐나다로 도망간 사람들도 있었다. 이들 사이에서 시작된 새로운 문화는 부모 세대에는 낯선, 비관습적 가치 체계를 고수하고 있었다. 히피족은 난잡함과 불법 약물에 빠져들었고, 자유롭게 살고 싶어 했다. 그들은 반물질적, 반교육적, 반사회적, 반기업적 그리고 물론 반기독교적이 되었다.

젊은이들은 고대 종교나 동양 종교에서 해답을 찾으려 노력했다. 심지어는 변형된 신비주의를 찾아다녔다. 동양의 신비주의가 만연했고, 이것은 비틀스(Beatles)에 의해 세상에 퍼졌다. 뉴스 기자인 폴 베이커(Paul Baker)는 이 세대에 대해 다음과 같이 논했다.

정신적 가치에 대해 논하자면, 젊은 사람들이 지금만큼 환멸을 느낀 적이 없다. '우리는 하나님을 믿는다'(In God We Trust)는 모토는 이제 그들에게 신념이 아니라 조롱거리로 느껴지는 것 같다. 젊은이들은 어딘가에 더 나은 방법이 있을 거라고 확신하고 있었다.[1]

1969년, 뉴욕 주 북부에서 열렸던 우드스톡 페스티벌(Woodstock Musical Festival)로 세상의 이목이 히피 운동에 쏠렸다. 4일간 벌어진 축제에는 32개의 음악 공연이 있었다. 스위트워터(Sweetwater), 알로 거스리(Arlo Guthrie), 조안 바에즈(Joan Baez), 산타나(Santana), 그레이트 풀 데드(The Grateful Dead), 크리던스 클리어워터 리바이벌(Creedence Clearwater Revival), 재니스 조플린(Janice Joplin), 더 후(The Who), 제퍼슨 에어플레인(Jefferson Airplane), 조 카커(Joe Cocker), 블러드 스웨트 앤드 티어스(Blood, Sweat and Tears), 크로스비(Crosby), 스틸스(Stills), 내시 앤드 영(Nash and Young) 그리고 지미 핸드릭스(Jimi Hendrix) 같은 유명한 팀들이었다. 우리가 우드스톡에 대해 알고 있던 것은 무엇인가? 참가자들은 미국을 변화시키겠다는 결심이 가득했고, 이전에 미국을 지배하던 가치가 아닌 자신들만의 가치 체계에 몰두해 있었다. 그리스도인 지도자들은 젊은이들의 반란에 대해 어떻게 대처해야 할지를 몰랐다. 긍정적 사고방식으로 유명한 노먼 빈센트 필(Norman Vincent Peale)은 이렇게 말했다.

> 수년간 우리는 청년들 사이에서 영적인 공백이 자라나고
> 있음을 목도했다. 모든 징후가 있었다. 물질주의와 풍족한
> 사회에 대한 불만, 기존의 예배에 대한 지긋지긋함, 처음
> 에는 록 음악, 그러다가 다양한 신비주의와 결국 약물에
> 심취하려는 행동까지 … 우리는 이 모든 것이 벌어지는 것
> 을 보았다. 하지만 우리는 그들에게 열심히 다가가서 그들
> 이 받아들일 수 있고 이해할 수 있는 해결책을 제시했던
> 가? 그렇게 한 사람이 많았던 것 같지는 않다.[2]

제2차 세계대전이 끝나자 미국의 부모 세대와 자녀 세대 사이에
엄청나게 상반되는 문화가 생겨났다. 부모 세대는 역사상 가장 큰
전쟁을 치르고 승리를 거둔 세대였다. 그들은 정착해서 그 승리에
서 나오는 결실을 만끽하고자 했다. 〈라이프〉(Life)지는 그들의 아이
들에게 '베이비 붐 세대' 라는 이름을 선사했다. 1945년 8월 대일본
전승기념일, 군인들은 집으로 돌아왔다. 9개월이 지나자 미국 역사
상 가장 많은 숫자의 아이가 태어났다. 〈라이프〉지는 아이로 가득
찬 병원 신생아실에서 하얀 모자를 쓴 간호사가 양쪽으로 쌍둥이를
안고 있는 사진을 전면으로 배치했다. 사진 아래에는 '베이비 붐' 이
라는 글이 적혀 있었다. 이것은 그대로 용어가 되었다.

미국의 번영이 한창이던 시절이었고 부모 세대들은 그 모든 것을 다 누렸다. 그러나 자녀들은 악에 대항해 싸운 적도, 전쟁에서 이긴 적도 없었다. 그들은 예배나 업무, 교회에서 마주친 위선에 저항하며 미국에 환멸을 느끼고 있었다. 우드스톡은 미국인의 삶의 방식에 대항한 사회학적인 저항이었고, 젊은 사람들은 자신들과 뜻을 같이하는 대중으로부터 힘을 얻었다.

그들의 새로운 열광은 텔레비전을 통해 강조됐다. 그들로부터 수익을 얻을 수 있을 거라 깨달은 펩시 회사는 젊은 사람들을 펩시 세대라고 부르기 시작했다. 곧 많은 광고들이 부모로부터 막대한 돈을 제공받은 이들에게 맞춰졌다. 대부분의 광고는 소비에 중점을 두고 있었다. 나이 든 미국인들은 젊게 생각하고, 젊게 소비하고, 젊게 입고, 젊게 행동하고, 젊게 차를 몰고… 그리고 무엇이든 '젊게' 하라는 자극을 받았다. 젊은이들은 운전석에 올라탔고 자신들의 능력에 도취되었다. 미국은 곧 바닥, 즉 아이들로부터 지배를 받는 나라가 되었다.

그들은 '우리 세대'(we generation)가 되었다. 자기 자신과 친구들에게 관심이 있고 가족이나 교회, 닥쳐올 의무에는 신경 쓰지 않는 세대였다. 그렇게 젊은이들은 '청년의 힘'을 주장했다. 약물은 탈출의 수단이었다. 맞벌이 부모 아래서 아이들은 열쇠를 달고 다녀야 했고, 이것은 문제 가정으로 이어질 확률이 높았기 때문이다.

이런 젊은이들을 통해 자아도취 세대가 생겨났다는 주장이 있다. 베이비 붐 세대는 연못에 비친 자기 자신과 사랑에 빠져 다른 누구도 사랑할 수 없었던 그리스 신화의 나르시스처럼 자신들을 사랑한다. 결과는 극도의 개인주의로 나타났다. 젊은 사람들은 가족, 조국, 교회, 심지어 그리스도의 사랑을 위해 살지 않고 오로지 자신들을 위해 살았다. 그들은 사회가 자신들을 자유롭게 하기는커녕 족쇄를 채운다고 느꼈고 그래서 저항했다. 누군가는 이렇게 말했다. 젊은이들은 "타락하고 물질적이고 억압적이고 폐쇄적이고 운명론적인 사회의 일원이 되는 것을 원하지 않는다"고 말이다. 어른들은 젊은 사람들이 좋아하는 로큰롤 음악을 싫어했고, 어른들이 싫어하는 만큼 젊은이들은 더욱 열광했다. 어른들은 엉덩이를 흔드는 엘비스 프레슬리(Elvis Presley)와 긴 머리의 히피족 비틀스를 받아들이지 않았고 이것이 바로 젊은이들이 이들을 좋아하는 이유가 되었다.

베트남 전쟁에서 영웅은 없었다. 젊은이들은 징집을 당해 원치 않는 싸움을 해야 했다. 그들은 미국의 길거리에서 행진하고, 시위하고, 영향력 있는 사람들의 일터를 점유하고, 혐오의 상징을 불태우며 싸우기 시작했다. 애비 호프먼(Abby Hoffman)과 톰 헤이든(Tom Hayden), 블랙 팬서(Black Panthers)가 그들의 영웅이었다.

갈보리 교회에서 시작된 대항문화로부터 기존 교회에 반대하는 교회가 생겨났다. 젊은이들이 저항했던 것과 마찬가지였다. 척 스미스는 대부분 무력하고 세속적이던 기존의 전통적인 교회를 소멸시키겠다는 포부를 갖고 있었다. 저항 세력은 기존의 기독교를 떠나 그에게 합류했다. 젊은이들은 자신을 그리스도인이라고 부르는 사람들의 위선적인 행태를 보고 기독교를 거부하기 시작했다. 몇몇은 정당한 이유로 교회를 거부했다. 위선과 허세, 죄악으로 물든 교회는 많았고 히피들이 이러한 교회들에게 비난을 퍼부은 것은 당연했다.

그러나 미국 교회를 거부했던 젊은이들도 그 종교의 바탕이 되는 예수 그리스도는 좋아했다. 예수 또한 젊은이들처럼 관료주의에 저항했기 때문이었다. 척 스미스도 마찬가지였다. 척 스미스가 그랬듯이 예수님도 당시의 가짜 종교인을 비난했다. 예수님은 가르침과 자신의 삶의 방식에 있어서 요식적이지 않았다. 사실 예수님은 혁명가였고, 척 스미스는 사람들이 혁명가 예수와 사랑에 빠지게 했다.

그러나 여기에는 끝나지 않는 문제가 하나 있다. '예수 혁명'으로 성장한 대부분의 교회는 대개 100년 안에 불가피한 일을 반복하게 되는 것이다. 예수의 시대에 유대교가 그랬듯이 말이다. 교회의 한 세대가 막을 내린다. 그들의 전 세대도 그랬듯이. 그렇게 미래의 젊은이들은 과거의 교회에 저항하게 될 것이다. 그들은 저항하며 새로운 교회를 만들 것이고, 그 교회 또한 결국은 전통적인 교회가 되어 소멸할 것이다. 캘리포니아 남부의 길거리에는 저물어 가는 기존 교회를 반쯤 빼닮은 복제품들이 있었다. 하지만 척 스미스는 갈보리 교회라는 이름의 생기 넘치는 교회를 세웠다.

예수쟁이의 등장

척 스미스는 1960년대 중반, 캘리포니아 주 코스타 메사에 있는 한 오순절교회의 목사였다. 어느 날 오후 그는 아내를 데리고 캘리포니아 남부의 헌팅턴 해변이 내려다보이는 팰리세이즈 절벽으로 올라가 함께 커피를 마셨다. 널따란 전망이 보이는 창가에 앉은 그들은 젊은 사람들이 여기저기 해변 곳곳에서 몸을 뻗고 누워 있는 걸 볼 수 있었다. 베이비 붐 세대가 태양빛을 받으며 물놀이를 즐기고 있었다. 3천 명은 되는 것 같았다. 오순절의 군중도 그 정도였다.

스미스의 아내가 말했다: "저기 내려가서 예수님을 전해 보세요." 스미스는 "별소리를 다 하는구려"라고 말하고는 곧 그 말을 잊었다. 하지만 스미스는 그날 저녁 잠자리에 들기 전에 기도를 하다가 성령의 음성을 들었다: "저기 내려가서 예수님을 전해 보세요."

그는 다시 이 생각을 머리에서 지웠다. 그러나 그 다음 날 아침 기도를 시작하자 성령의 음성이 또다시 들려왔다: "저기 내려가서 예수님을 전해 보세요."

그날 오후 척 스미스는 정장과 넥타이, 흰색 셔츠를 벗어 던지고 골프 셔츠와 황갈색 바지에 테니스화를 신고는 성경을 들고 나가 해변으로 갔다. 그곳에 모여 앉은 20명 정도의 사람들에게 다가가 그들에게 예수님을 전했다. 약 한 시간쯤 지나자 누군가 말했다: "여기 물이 있는데, 혹시 저희한테 세례를 주실 수 있나요?"

스미스는 신발을 벗고 물을 헤치며 태평양으로 걸어 들어가 젊은이들에게 세례를 주기 시작했다. 갑자기 호기심에 찬 젊은이들이 사방에서 몰려오기 시작했다. 스미스는 그들에게도 예수님을 전했고 젊은이들의 부흥으로 갈보리 교회가 시작되었다. 그날 200명 이상의 젊은이들이 예수 그리스도를 믿고 세례를 받았다. 그리고 바로 그 다음 날에도 똑같은 일이 벌어졌다.

스미스는 코스타 메사에 있는 교회로 그들을 초청했다. 주일 아침이 되자 긴 머리를 탈색하고 청바지를 입은 '예수쟁이'들이 모습을 드러냈다. 여자들은 미안한 기색도 없이 너무 간편한 복장을 하고 나타났다. 예배를 위해 차려입은 전통적인 오순절파 교인들 틈에 잘못 데려다 놓은 사람들처럼 보였다. 얼마 동안 주일 오전 예배는 그대로 진행됐다. 하지만 저녁 예배 시간에는 다수의 '예배자'들이 갈보리 교회로 와서 서너 시간 만에 새로 작곡한 노래를 부르기 시작했다. 그들은 기도했고 성경 공부에 성실히 임했다.

갈보리 교회는 스미스의 설교로 더욱 성장했다. 얼마 안 가 사람들이 많아졌다. 교회는 새로운 건물을 지을 때까지 천막을 쳐야만 했다. 많은 젊은이들이 직접 곡을 썼고 기타를 치며 노래했다. 피터, 폴 앤 메리(Peter, Paul and Mary), 재니스 조플린 등과 같은 당대의 포크 음악의 영향을 받은 음악들이었다. 이들의 음악을 가지고 기독교 록 콘서트가 열렸다. 세상 음악과 마찬가지로 장소는 운동 경기장이었다. 이렇게 해서 결국 마라나타 뮤직(Maranatha Music)이 만들어졌고 음반 제작과 홍보를 시작했다. 곧 갈보리 교회의 음악은 전국 기독교 서점을 통해 확산되었다.

교회에 있던 로니 프리스비(Lonnie Frisbee)와 그의 아내 코니(Connie)

는 젊은 사람들에게 성경을 가르치던 존 히긴스(John Higgins)를 만났다. 그리고 프리스비 부부는 척 스미스를 소개받았다. 이들은 '기적의 집'(The house of Miracles)이라 불리는 기독교 공동체 운동을 시작했다. 마침내 오렌지카운티에만 35개의 집이 세워졌고 각각의 집에는 최소 12명의 개종한 히피족이 거주했다. 이러한 소식이 미국 전역에 퍼지자 〈타임〉지는 잡지에 기사를 실었다. 잡지에는 척 스미스가 태평양에서 세례를 주는 사진도 있었는데, 젊은이의 긴 금발머리가 파도에 부딪치는 사진이었다.

1967년, 주일학교의 저자이자 편집자였던 나는 〈크리스천 라이프〉(Christian Life)라는 잡지에 이들에 관한 커버스토리를 썼다. 나는 캘리포니아 주 헌팅턴 해변의 팰리세이즈에서 예닐곱 명 정도의 히피족과 피크닉용 테이블에 앉아 한 시간이 넘게 인터뷰를 했다. 모두가 하늘거리는 푸른색 옷에 슬리퍼를 신고 있었다. 그들은 해변에 있는 사람들에게 간증을 하거나, 큰길가에 있는 교차로로 가서 사람들이 정지 신호에 잠시 차를 세우면 차 안으로 전도 용지를 넣었다(당시에는 차에 에어컨이 없어서 사람들이 창문을 열고 운전을 했다).

나는 그들의 생활 방식에 대해 조사했다. 그들이 말하길 자신들은 해변에 있는 크고 오래된 집에서 사는데, 남자와 여자는 각기 다른 방에서 지낸다고 조심스럽게 일러 주었다. 거기에는 수도 시설이나 전기 시절이 없어서 공공 샤워장에서 씻었고, 매일 저녁이 되면 해가 질 때까지 가스펠 음악을 부르고 기도하며 성경 공부를 한다고 했다. 음식에 대해 말하자면, 그들은 해변에 있는 식당 주인에게 간증을 하고 그 답례로 음식을 받으면 그걸 먹는다고 했다. 못 받으면 그냥 굶는다는 것이었다. 내가 돈은 어떻게 버느냐고 물었더니, 그들은 도리어 나에게 이렇게 물었다: "돈이 왜 필요하죠?" 그들은 미국인의 생활 방식을 완전히 거부하며 새롭게 찾은 예수 그리스도라는 도전에 전적으로 헌신하고 있었다.

예수님을 사랑하고, 예수님을 따르고, 예수님에게 기도하는 단순한 삶이 다음 날에도 똑같이 계속됐다. 그들은 내일을 위해 살지 않았고, 일자리나 집, 과거에 자신들을 구속하던 통제를 위해서도 살지 않았다. 그들 대다수는 당시의 청년 문화로 녹아들었고 미국인들의 생활 방식에 영향을 주었으며, 그 영향은 다시 그들에게로 돌아왔다.

1970년대 초, 갈보리 교회 운동은 캘리포니아와 서부 지역을 가로질러 나타나기 시작했다. 갈보리 교회 출신의 몇몇 음악 팀들이 예수 운동의 전형이 되었다. 이들은 교회를 돌며 '록 콘서트'를 열고 노래를 불렀다.

1982년, 척 스미스와 갈보리 교회 목사인 존 윔버(John Wimber) 사이에 균열이 일어났다. 존 윔버는 예배 시간에 드러난 오순절주의 증거 같은 신비주의적 은사에 더 중점을 두고 있었다. 동시에 척 스미스는 겉으로 드러나는 오순절주의 징후들로부터 멀어지고 있었다. 그래서 그 둘은 갈라서기로 결정했다. 후에 윔버는 빈야드 교회 연합이라는 네트워크를 만들었다.

척 스미스

찰스 워드 (척) 스미스는 1927년 캘리포니아 주 벤투라에서 태어 났다. 그는 라이프성서대학교(LIFE Bible College)를 졸업하고 포스퀘어 교단에서 안수를 받았다. 히피족들의 부흥이 시작되고 교회가 기하 급수적으로 성장하기 시작했을 때 그는 캘리포니아 주 코스타 메사 에 위치한 갈보리 교회라는 이름의 교회에서 목회를 하고 있었다.

스미스는 1965년부터 갈보리 교회의 담임목사로 재직했다. 교회 의 이름과 그의 이름은 갈보리 교회 운동의 토대가 되었고, 현재 미 국의 1,200개의 교회와 세계적으로는 더 많은 교회들이 이 운동에 참여하고 있다. 현재 갈보리 교회는 미국에서 성도 수가 많은 교회 에 속한다. 여기에 등록하지 않고 다니는 사람까지 합하면 갈보리 교회 총 출석 인원은 짐작하기 어렵다. 하지만 이곳을 통해 수백만 명이 영향을 받았다는 것만은 짚고 넘어갈 수 있다.[3]

미국의 가장 큰 100대 교회라는 기사를 실은 〈아웃리치 매거진〉 (Outreach Magazine)에 따르면, 코스타 메사에는 9,500명의 성도가 있고 미국에서 39번째로 큰 교회라고 한다.[4] 스미스는 '캘리포니아 남부 에서 가장 영향력 있는 기독교 목사'로 불렸다.[5]

설교와 교회

척 스미스는 갈보리 교회에서 새로운 형식의 설교를 시작했다. 그는 주제 중심의 경건하고 복음 전도적인 설교보다는 강해식 설교를 더 선호했다. 스미스는 창세기 1장 1절부터 시작해 한 절 한 절, 한 장 한 장, 각 권의 처음부터 끝까지 꼼꼼하게 설명하며 설교했다.

이런 방식의 설교에는 몇 가지 장점이 있다. 우선 교구민들이 성경을 배울 수 있다는 점 그리고 어떤 사안이 나올 때마다 성경적 배경에 연관시켜 생각할 수 있다는 점이다. 또한 갈보리 교회 목사들이 특정한 설교 방식이나 특정 주제에 매달리는 것을 방지해 준다는 점도 포함된다. 성경의 순서대로 설교를 했기 때문이다. 세 번째 이유도 있다. 강해식 설교는 성도를 더욱 성숙하게 해 주는 경향이 있었고 바로 이것이 갈보리 교회가 중점을 두고 있는 부분이었다. 그래서 많은 이들은 이렇게 말해 왔다: "우리 교회는 목사도 아니고 교파도 아닌 하나님이 안건을 정해 주십니다."[6]

갈보리 교회 운동은 기존에 기독교가 가지고 있던 세 가지 체제, 즉 회중 체제(침례교), 대표 체제(장로교), 주교 체제(감리교)를 따르지 않았다. 그보다 '모세 방식'이라는 것을 따랐다. 이 시스템 아래서 하나님은 사람들의 우두머리이며 모세가 사람들의 지도자 역할을 했듯이, 갈보리 교회의 목사가 지도자가 되는 것이었다. 또한 모세는 사람들을 위해 기도하고 하나님의 메시지를 전달하는 직분을 가졌으며, 그의 지휘를 도와줄 70명의 장로들이 있었다. 갈보리 교회 운동을 통해 목사들은 모세와 같은 통솔력을 갖게 되고 그들의 장로회는 사역을 도울 것이라 여겨졌다.

각각의 갈보리 교회는 독립적이며 자치권을 갖고 있어서 갈보리 교회 연합에 의해 통제되지 않았다. 각 교회는 함께 운동하는 다른 교회들과 연합 관계를 갖는 것에서 자유로웠고 서로를 제한하지도 않았다. '연합'이라는 단어는 한 교회의 가입 여부를 선택할 수 있다는 것을 의미했다. 함께하지 않는 교회는 연합에서 탈락되었다.

강점과 취약점

혁명적인 생활 방식과 가치를 교회, 삶, 사역에 동화시킨 젊은이들의 교회에는 몇 가지 강점이 존재한다. 정확히 말하자면, 한 세대가 지나갈 때마다 새로운 세대가 자신들의 장점과 가치를 교회로 들여온다. 여기서 유추할 수 있는 첫 번째 강점은 갈보리 교회 운동이 순수한 기독교를 반영한다는 것이다. 전통적인 허울을 벗어 던지고 더 이상 효과가 없는 낡은 프로그램은 제거한다.

낡은 예배 형식에 매달리는 '따개비' 같은 사람들이 있었다. 갈보리 교회는 백지에서 시작했고 진정으로 성경적인 기독교를 반영하는 교회를 만들었다. 그러나 이러한 교회들은 자신의 삶을 살고 있는 젊은이들의 생활 방식과 가치에 주도되었고, 그들의 예배를 이끌었다. 그들은 새로운 음악을 도입했고 연주했다. 하나님에게 다가가는 그들만의 단순한 방법이었다. 록 콘서트를 즐기던 세대였기에 기독교 록 콘서트를 만들어 냈다. 시각에 민감한 세대였기에 드라마를 선보였다. 파워포인트를 통해 광고가 나갔다. 갈보리 교회는 새로운 시대로 사람들을 이끌었고 새로운 방법으로 예배를 드리게 했다. 하지만 모든 것은 영원히 변치 않는 성경적 목적을 위한 것이었다.

또 다른 강점은 '새 부대로' 포도주를 마신다는 표현으로 설명할 수 있다. 이것은 예수 그리스도에 의해 영향 받은 젊은이들의 새로운 생활 방식으로부터 나온 방법이었다. 설교는 3요소 설교처럼 더 이상 경건하지 않았다. 오히려 척 스미스는 창세기부터 요한계시록까지 처음부터 꼼꼼하게 보는 설교를 통해 성경 강해의 새로운 기준을 제시했다.

하지만 새로운 것에는 언제나 그렇듯이 여기에도 취약점이 있었다. 때때로 오래된 벽장을 청소하다 보면 의도치 않게 필요한 것들을 버리게 되는 것처럼 말이다. 첫째, 그들은 전통적 교회에서 필요한 프로그램, 즉 앞선 세대들이 성경적이라고 생각하는 프로그램들을 없애 버렸다. 기존의 교회들이 이런 프로그램을 쓰고 조직을 이용하며 건물을 짓는 것은 다 이유가 있기 때문이었다. 새로운 빗자루는 과거의 능력을 쓸어 버렸고, 동시에 나이 많은 충성스러운 성도들도 사라졌다.

두 번째 문제는 예상치 못한 재정적 문제였다. 젊은 사람들이 아무런 준비 없이 교회를 시작하다 보니 자신들이 가진 돈의 범위 안에서만 운용할 수 있었다. 이것 자체가 문제라는 것은 아니다. 하지만 젊은이들이 기존의 교회를 물려받아 기독교 록 음악과 새로운 형태의 예배를 구성하고 예수 그리스도에 대한 사랑을 다르게 표현한다면, 이 교회에 있던 기존의 나이 있는 성도들은 어떻게 되는 것일까? 그들은 승산이 없는 싸움을 싸우다 교회를 떠났고, 그러면서 재정도 함께 줄어들었다.

몇 년 전에 나는 《예배전쟁의 종결》(Putting an End to Worship Wars, 누가 역간)이라는 책을 썼다.[7] 나는 이 책에서 젊은이들이 물려받은 교회에 대해 서술했다. 나이 든 사람들이 (돈과 함께) 떠나면, 교회는 얼마간은 살아남는다. 하지만 종종 파산하는 교회들도 존재한다. 그리고 이것은 네 번째 문제로 연결된다. 많은 경우 젊은이들이 이끄는 교회들은 앞선 세대들의 요구 사항을 인식하지 못한다. 어쩌면 그것은 과거 젊은이들의 요구 사항을 돌아보지 않은 어른들에 대한 앙갚음일지도 모른다. 젊은이들이 필요로 했던 것들을 채워 주지 못해 그들이 교회를 떠났던 것처럼, 통제권을 잃은 어른들이 교회 밖으로 발길을 옮긴 것이다.

마무리

갈보리 교회 운동을 보고 있으면 큰 규모의 대형 교회들이 두드러진다는 것을 발견할 수 있다. 척 스미스의 제자가 나가서 교회를 세울 때, 절대 작은 규모의 전통적인 단세포 교회를 세우려 하지 않았기 때문이다. 그들은 젊은이들로 가득 찬 큰 교회를 마음에 그렸다. 그들이 하는 모든 것은 많은 성도들을 모아 대형 교회를 설립하고 엄청난 규모의 사람들을 전도하는 데 초점이 맞춰져 있었다. 큰 계획을 세웠고, 크게 행동했으며, 많이 기도했다. 그리고 그 결과로 큰 교회로 성장할 수 있었다. 이렇게 그들은 기독교의 나머지 부분에도 큰 영향을 주었다.

베이비 붐 세대의 교회는 평범한 미국 교회를 변화시켰다. 그리고 평범한 미국의 베이비 붐 세대는 전통적인 미국 교회를 바꿔 놓았다. 미국의 문화가 바뀌기 시작하자 결국은 미국 교회도 변화되었다. 갈보리 교회와 척 스미스 목사의 사역 아래서 개종한 '히피족'은 미국 생활 방식의 변화에 의해 동화된 첫 번째 교회에 속한다고 할 수 있겠다.

브라이언 휴스턴(Brian Houston)
창립자, 담임목사

힐송 교회
호주 시드니

달린 첵
호프 언리미티드 교회 목사

9

예배 시간에 시작된
경배와 찬양

힐송 교회

호주 시드니

교회 음악은 세대를 거치며 발전해 왔다. 그리스도인들은 음악을 통해 하나님을 사랑하는 마음을 표현하고 다른 이들에게 그 사랑을 드러냈다. 일반 문화는 그리스도인들이 찬양하는 방식에 영향을 주었지만, 때로는 기독교 음악이 일반 문화의 틀을 잡기도 했다. 기독교 음악이 눈에 띄게 변한 것은 20세기 후반으로, 이때부터 그리스도인들은 개인적이고 친밀한 방식으로 하나님을 찬양하기 시작했다. 원래 교인들은 항상 교회에 모여서 하나님에게 노래했고 이것이 경배와 찬양의 특징으로 인식됐다. 하지만 최근에 있었던 변화 속에서 혼자서도 하나님을 찬양하는 그리스도인들이 많이 생기기 시작했다. 새로운 경배와 찬양이었다.

호주 시드니에 위치한 힐송 교회가 동시대적인 음악으로 찬양한 첫 번째 교회는 아닐 것이다. 하지만 호주의 찬양 문화를 이끌었고, 선두에 서서 다른 교회들이 하나님을 찬양하는 데 도움을 준 것은 의심할 여지가 없다. 달린 첵은 자신의 곡 〈내 구주 예수님〉(Shout to the Lord)으로 찬양의 변화를 이끈 숨은 선도자가 됐다. 교회 사학자 케네스 스콧 라투레트는 성경적 부흥의 눈에 띄는 특징에 대해 썼는데, 그중 하나가 대중의 음악을 사용해 신앙을 표현하기 시작할 때라고 저술했다.[1] 새로운 찬송의 성장이 시사하는 것은 다음과 같다. 찬양 음악이 보여 주듯이 수많은 교회에서 보이지 않게 부흥이 시작되었다는 것, 혹은 이 음악으로부터 부흥이 시작되었다는 것이다.

지난 100년 동안 교회 예배에는 다양한 변화들이 있었다. 그중 가장 눈에 띄는 경향 중 하나는 주일 오전 예배에서 불리는 찬양의 전면적인 변화다. 전통적으로 미국 교회에는 오르간, 피아노, 가운을 입은 성가대가 있었고 때로 솔리스트가 포함되는 경우도 있었다. 더 추가한다고 해도 대개 3중창이나 4중창 정도였다. 그러나 찬양 팀의 구성 방식은 좀 달라서 대개 싱어, 전자기타, 키보드, 드럼 등을 포함하는 팀이 교회의 중앙 무대를 차지한다. 진동하는 리듬에 맞춰 노래하는 것뿐만 아니라 폭포처럼 넘쳐나는 새로운 음악으로 채워진 찬양들은 교회를 통해 미국 전역과 해외로 퍼져 나갔다.

최근에 나는 리버티 침례신학대학교(Liberty Baptist Theological Seminary)에서 박사 과정을 밟는 54명의 학생들에게 이런 질문을 던진 적이 있다: "찬양이 급증하게 된 것은 과연 어느 교회의 영향인가?" 한 학생이 호주 시드니에 있는 힐송 교회와 달린 첵 그리고 그녀가 쓴 〈내 구주 예수님〉을 말하자 모든 학생들은 눈 하나 깜짝하지 않고 거기에 동의했다.[2] 이만큼 힐송 교회는 이 현상을 대표하는 상징적인 교회가 된 것이다. 하지만 이보다 앞선 초기 개척자 잭 헤이포드(Jack Hayford)를 빼놓을 수 없다. 그는 캘리포니아 주 반누이스에 위치한 처치 온 더 웨이(The Church On The Way)의 목사였고 1981년 〈영광의 주님 찬양하세〉(Worship His Majesty)라는 상징적인 곡을 쓴 장본인이었다.[3]

기독교 음악의 성장 발자취를 따라 거슬러 올라가면 1960년대 초기, 주로 캘리포니아를 거점으로 한 예수 운동에 다다른다. 여기에는 두 가지 분위기가 있었다. 우선 복음 전도와/혹은 오락거리에 치우친 '예수 로큰롤' 이었다. 두 번째는 포크 음악이나 기도회의 분위기가 좀 더 반영되어 부드러운 박자의 음악으로 표현되는 예배였다.

아마 찬양 음악이 시작된 원 출처는 캘리포니아 주 코스타 메사에 위치한 갈보리 교회와 척 스미스 목사일 것이다. 1968년 주일 저녁 예배에 참석했을 때 '지저스 피플' 이 강단 가까이로 다가가 바닥에 앉아 있던 것을 보았다. 예수 히피족의 대부분은 긴 금발에 다 해진 청바지와 티셔츠를 입고 있었다. 미국 중서부에서 도망 온 십대도 많았다. 척 스미스는 다수의 공동 주택(남녀는 각각 분리되어 살았다)을 마련했고, 이 집에 모여 살면서 사람들은 새로운 음악을 만들고 불렀다. 그러다가 개종자 중의 한 명인 마이크 매킨토시(Mike MacIntosh)가 음반을 만들어 마라나타 뮤직이라는 이름을 걸고 서점에서 판매를 시작했다. 음반은 진열하기가 무섭게 날개 돋친 듯 팔려 나갔다.[4]

젊은이들은 공동체 곳곳에서 예수 그리스도에 대한 사랑을 표현하는 새로운 곡을 흥얼거리고 노래했다. 그들은 하나님에 대해서나 혹은 하나님에 대한 헌신을 노래하지 않았다. 그들은 자신들을 구원해 주신 예수 그리스도에 대해 노래했다. 그들이 새로 만든 노래는 전통적인 기독교 찬송가를 반영하지 않았다. 그보다는 펩시 광고 음악처럼 들렸고 라디오에서 들리는 리듬과 박자가 담겨 있었다.

1970년대에 〈디트로이트 프리 프레스〉(*Detroit Free Press*)의 종교 담당 편집자인 하일리 워드(Hiley Ward)는 지저스 피플 공동체를 방문하며 전국을 돌았고, 그들이 '새로운 음악'을 노래하고 있는 것을 목격했다.[5] 그는 찬양 음악의 전국적인 증가에 대해 주목하고 관찰한 첫 번째 사람이었을지도 모른다. 그는 이렇게 기록했다: "옛날식의 찬송가는 거의 들을 수가 없다. 그들은 자신들만의 노래를 만들었다."[6]

〈내 구주 예수님〉은 이런 움직임을 전형적으로 보여 준 노래다. 2008년 4월 9일, 유명한 텔레비전 프로그램인 아메리칸 아이돌(American Idol)에서 여덟 명의 참가자들이 마지막 곡으로 이 노래를 불렀다. 하지만 '예수'라는 단어를 '목자'로 바꿔 불렀다. 사람들이 거세게 항의하자 이들은 바로 다음번 방송에서 이 곡을 다시 불렀다. 그리고 이번에는 '예수'라는 단어를 그대로 불렀다. 이 노래는 디지털 음원 다운로드 판매만 가지고 빌보드 핫 100에서 43위를 차지했다. 이 곡으로 인해 달린 첵은 이러한 동향에서 큰 영향력을 가진 지도자가 되었다. 가사를 살펴보면 다음과 같다.

> 내 구주 예수님 주 같은 분 없네
> 내 평생에 찬양하리 놀라운 주의 사랑을
> 위로자 되시며 피난처 되신 주님
> 나의 영혼 온 맘 다해 주를 경배합니다

온 땅이여 주님께 외쳐라

능력과 위엄의 왕 되신 주

산과 바다 소리쳐 주의 이름을 높이리

주 행한 일 기뻐 노래하며

영원히 주님을 사랑하리라

신실하신 주의 약속 나 받았네

주 행한 일 기뻐 노래하며

영원히 주님을 사랑하리라

신실하신 주의 약속 나 받았네

신실하신 주의 약속 나 받았네

신실하신 주의 약속 나 받았네[7]

힐송의 예배 인도자인 제프 불럭(Geoff Bullock), 러셀 프레거(Russell Fargar), 루번 모건(Reuben Morgan) 그리고 전 세계적으로 알려진 달린 첵은 사람들의 삶을 바꾸고 교회를 고양시키는 찬양 곡들을 만들었다. 예를 들어, 〈존귀한 어린 양〉(Worthy Is the Lamb), 〈주를 높이기 원합니다〉(Lord I Give You My Heart), Holy Spirit Rain Down(성령이여 임하소서) 그리고 The Potter's Hands(토기장이의 손으로) 등의 곡들은 전 세계 교회에서 찬양의 표준 레퍼토리가 되었다.

오늘날 달린 첵은 가수로, 예배 인도자로 그리고 새로운 찬양 곡을 쓰는 작곡자로 전 세계에 알려져 있다. 그뿐 아니라 집회 사역과 저술 활동도 추가로 해 왔다. 달린 첵은 초기에 호주 시드니에 있는 힐송 교회에 몸담고 그곳 강단에서 골드 레코드 상을 몇 번이나 받았다. 그녀가 쓴 곡은 수많은 언어로 번안되어 다른 나라에서도 불렸다.

그 후 달린 첵과 남편 마크(Mark)는 호주 뉴사우스웨일스의 중부 해안에 위치한 호프 언리미티드 교회(Hope Unlimited Church)의 담임목사가 되었다. 하지만 그녀는 여전히 힐송의 특별한 음악 행사나 콘퍼런스에 참여하며 힐송을 통해 자신의 사역을 확장하고 있다.[8] 그렇지만 호주에서 흘러나오는 것은 그녀의 멋진 음악만이 아니다. 달린 첵은 예배 인도자와 십 대들을 훈련시켜서 타국에 나가 찬양의 부흥을 일으키는 사역을 하도록 도와주는 데 열정을 바쳐 왔기 때문이다.

어떤 사람들은 찬양 음악이 오순절주의 혹은 은사주의적 현상이라고 생각할 수도 있다. 하지만 그렇지 않다. 찬양은 장로교나 감리교와 같은 전통적 주류 교회들뿐만 아니라 교파 교회들 혹은 초교파 교회에서도 사용됐다. 그리고 심지어 성공회와 로마가톨릭교회까지 도달했다.

힐송 교회

힐송 교회는 호주 뉴사우스웨일스 주 시드니에 위치한 세계 최고의 오순절파 대형 교회로 매주 참석하는 예배자만 해도 3만 5천 명이 넘는 곳이다. 교회는 호주 기독교교회협회(ACC) 소속이다. 브라이언과 바비 휴스턴은 1983년 버컴힐에서 힐스 크리스천 라이프 센터(Hills Christian Life Center)를 시작했고 후에 시드니 크리스천 라이프 센터(Sydney Christian Life Center)와 합병해 힐송이 되었다.

힐송은 멀티사이트 교회로 시드니, 브리즈번, 멜버른 같은 대도시 인근에 열 개의 교회가 있으며, 가장 최근에 생긴 교회는 빅토리아 주 멜버른에 있다. 이와 더불어 힐송에는 시드니 곳곳에 아홉 개의 '지교회 예배'가 있는데 이곳은 힐송으로부터 예배와 음악에 관련한 자료들을 공급받는다. 뿐만 아니라 이들은 영국 런던, 우크라이나, 남아프리카의 케이프타운과 프리토리아, 스웨덴 스톡홀름, 프랑스 파리, 네덜란드 암스테르담, 러시아 모스크바, 코펜하겐, 콘스탄츠, 독일, 바르셀로나, 로스앤젤레스, 뉴욕 시에도 지교회가 있다.

1983년, 창고에서 열리는 예배에 참석했던 초기의 성도는 45명이었다. 1994년에 교회는 '힐스 센터'로 옮겨졌다. 그리고 1997년에 노스웨스트 상업 지역 버컴힐에 있는 새 건물로 들어갔다. 교회 지도자들은 '힐송'라는 이름이 힐스 크리스천 센터보다 낫다고 생각해서 1999년에 명칭을 수정했다. 2002년 10월 19일, 호주 총리인 존 하워드(John Howard)에 의해 새로운 예배당이 문을 열었다.

처치 온 더 웨이

힐송이 있기 전, 캘리포니아 주 반누이스에 위치한 처치 온 더 웨이에는 잭 헤이포드 목사가 있었다. 곧 예배의 혁명이 일어날 거라고 예견했던 목사였다. 그는 독일의 마틴 루터에 의해 촉발된 종교 개혁이 교회의 신학 체계를 신약으로 되돌려 놓았다는 것에 주목했다. 하지만 헤이포드는 음악에 있어서 새롭고 위대한 변혁이 일어나 교회 예배를 뒤바꿀 것이라는 것을 감지했다.

잭 헤이포드는 50권 이상의 책을 저술한 작가이며 거의 600곡에 달하는 복음성가를 썼다. 그는 리듬이나 박자, 노래를 부르는 방법보다는 마음과 관련된 주제를 강조했다. 그가 예배하는 방식이 왜 그렇게 효과적인지에 대해 질문을 받으면 그는 이렇게 답했다: "예배자들은 자신이 예배하는 그 모습으로 변화됩니다."[9]

헤이포드에게 있어서 예배는 그저 찬양을 불러 보는 게 아니라 하나님의 임재하심을 바라는 것이다. 그는 이렇게 말했다: "우리는 하나님과의 만남을 목적으로 그분에게 닿을 예배의 길을 찾습니다. 그냥 시도만 하거나 형식적으로 하는 게 아니라 주님을 구하는 것이죠. 그리고 인자 되신 주님을 높여 찬양할 때 우리는 직접 그분의 임재하심 안에 들어가게 됩니다." 시편을 보면 다윗의 심정과 그가 구하는 것이 잘 드러나 있는데, 여기에는 부르심과 더불어 진심으로 경배하며 '하나님을 구하는 것'에 대한 보상이 가득 차 있다(시 24:3~6, 27:4~8, 40:16, 63:1~4, 69:30~32, 70:4 참조). 헤이포드는 덧붙였다: "게다가 성경의 시편은 '예배의 그리고 예배에 관한 노래책'인 것입니다! 예배를 '어떻게 그리고 왜' 하는지에 대한 참된 안내서입니다."[10]

그는 찬양 곡과 더불어 예배에 관한 책을 썼고 이것은 세계적으로 널리 퍼졌다. 《경배》(Worship His Majesty, 죠이선교회 역간), 《시편처럼 사는 예배자》(The Heart of Praise, 횃서북스 역간) 그리고 The Reward of Worship(예배가 주는 상) 등의 책은 그의 성경 신학과 '예배하는 교회'에 관련한 열정의 감각을 입증해 준다.[11] 예배에 접근하는 법에 대해 글을 쓰며 그는 이렇게 표현했다.

> 예배가 의도하는 것은 그저 단순한 의식이 아닌 만남이다. 시편 115편은 사람을 변화시키는 예배의 가능성에 대해 묘사한다. 세상으로 향한 그들의 초점을 돌려 하나님의 영으로 향하게 하는 것이다. 음악이란 위대한 재능이고 예배의 수단이 될 만큼 강력한 것이다. 하지만 '음악'과 '예배'는 같은 것이 아니다. 음악이 수단을 제공할 수는 있겠지만 음악의 목적은 우리를 하나님 그분과의 만남에 이르게 하는 데 있다.[12]

헤이포드는 복음 전도에 있어서 경배와 찬양이 '하나님의 음성을 듣고, 받아들이기 위해 마음을 열고, 신자들을 변화로 이끌고, 그리스도를 위해 결단하게 하는 데' 기본이 되는 실마리라고 보았다. 그는 예배를 "길로 이끌어 주는 최우선 사항"이라고 묘사했다. '사람을 반가이 맞이하며 하나님의 임재로 이끄는 예배'와 설교/가르침에 대해서는 "더 수용하고 더 열매 맺도록 준비된 사람들을 찾는 것이다. 왜냐하면 성령은 예배를 통해 사람들이 설교자가 아닌 하나님에게 반응하도록 예비하셨기 때문"이라고 증언했다. 헤이포드는 하나님을 향한 결단이 끊이지 않으면 그 결과로 사람들이 하나님에게 나아갈 때 하나님도 그들에게 다가가기 때문에 교회가 성장한다고 했다. 그는 말했다: "우리는 계속 '하나님이 이곳에 계신다!' 고 느끼는 분위기 속에서 살고 있는 것입니다."[13] 그런 이유로 그는 이렇게 덧붙였다.

> 예배의 우선순위는 초월적입니다. 우리는 인습과 편의라는 제단에 절대 예배를 희생시키지 않을 것입니다. 우리는 주저 없이 기뻐할 것이고 생기를 되찾을 것이며 예배하는 것을 부끄러워하지 않을 것입니다. 우리는 연약할 때도 있겠지만 우리의 표현 가운데서 회복될 것입니다. 예배자라는 존재 속에서 우리는 증명할 것이 아무것도 없지만, 우리에게 많은 것을 베풀어 주신 하나님에게 모든 것을 드릴 것입니다.[14]

헤이포드의 진술에 따르면 마틴 루터는 루터교회에 자신의 새로운 신학 체계를 가지고 오지 않았다고 한다. 하지만 로마가톨릭교회의 오래된 예배 형식은 가져왔다고 한다. 원래 루터교도들은 종교 개혁의 새로운 신학을 믿었지만 복음 전파에 있어서 수적 성장을 저해할 수 있는 낡은 형식으로 예배를 드렸다. 그러나 헤이포드는 찬양으로 인해 교회가 기하급수적으로 성장할 수 있다고 생각했고, 실제로 찬양의 영향력과 지원 활동이 주변과 세계 도처에 폭발하듯 퍼져 나가는 것을 목도했다.

원래 잭 헤이포드는 1969년에 성도가 단 18명이던 교회의 목사였다. 그 당시 교회는 로스앤젤레스의 반누이스 외곽에 있는 셔면 가의 작은 나무 건물에 있었다. 교회 이름은 반누이스 포스퀘어 교회(Van Nuys Foursquare Church)였다. 헤이포드는 교회 이름을 처치 온 더 웨이로 변경했는데, 이유는 교회가 셔면 가(Way)에 위치해 있는데다가 자신을 '길'이라고 칭하셨던 예수님과 동일시되는 이름을 원했기 때문이었다(행 9:2, 19:23, 24:14 참조). 그는 또한 이름을 통해 예수 그리스도에게로 가는 길은 오직 하나뿐이라는 것을 사람들이 깨닫게 되길 바랐다. "영과 진리로"(요 4:24) 하는 '예배와 말씀' 사역으로 교회에는 1만 명이 넘는 성도들이 참석했다(매주 평균 6,500명). 그 후 헤이포드는 킹스 컬리지 앤 세미너리[The King's College and Seminary, 현재 명칭은 킹스 대학(The King's University)으로 댈러스 게이트웨이 교회(Gateway Church)에 중앙 캠퍼스가 있다]를 설립하기 위해 담임목사직을 내려놓고 협력 목사로 남았다.

잭 헤이포드는 로스앤젤레스에 있는 라이프 바이블 대학(Life Bible College)에서 학생들을 가르쳤고, 포스퀘어 교단에서 전국 청소년 사역을 맡기도 했다. 그는 자신이 교회 봉사 활동을 할 때면 '홍보 중심'이었다는 것을 시인했다. 하지만 처치 온 더 웨이에서는 사람들이 주님을 섬기게 할 목적으로 강압적인 홍보, 경쟁 또는 죄책감을 이용하지 않기로 결심했다. 그는 "처치 온 더 웨이는 행복한 장소가 될 것입니다. 세상을 놀라게 할 장소가 될 필요는 없습니다. 우리는 성경적 핵심과 성령이 가득한 예배 가운데 성장해 나갈 것입니다"라고 말했다.[15]

1977년, 헤이포드와 아내 애나(Anna)는 영국으로 휴가를 떠났고 소형차를 빌려 시골을 다녔다. 그는 이렇게 적었다.

> 우리는 잠시 옥스퍼드 주에 들렀는데 갑자기 말로 표현할 수 없는 '위대하고 장엄하며 고귀한' 감정이 몰려왔다. 거기에는 예상치 못한 가르침이 담겨 있었고, 그 결과 생각지도 못한 노래가 흘러나왔다.
>
> 블레넘 궁전은 18세기 초 앤 여왕의 명령하에 지어진 웅장한 건축물이다. 여왕은 스페인과의 전투에서 승리한 말버러(Marlborough) 공작 1세 존 처칠(John Churchill)의 공로를 기리기 위해 이곳을 그에게 하사했다. 2세기 후 윈스턴 처칠(Winston Churchill)이 태어나 이곳에서 자랐으며, 제2차 세계대전 동안 지도자로서 고초를 겪을 때에는 자주 와서 휴식을 취했다. 그가 마음을 뒤흔드는 연설, 영국인들의 마음을 감화시켜 히틀러의 독일 공군을 막도록 계속 애쓰게 한 연설을 쓴 장소도 바로 블레넘이었다.
>
> 바깥쪽으로 나온 후에 제멋대로 뻗은 길을 바라보는데 그 장소가 어찌나 꼼꼼하게 손질되고 얼마나 화려한 꽃들로 가득했는지, 정의할 수 없는 '감정'이 수면으로 올라와 분

명하고도 완벽한 생각으로 자라났다. 처칠이 남서쪽에서 궁전과 대지를 바라보며 걸었을 길과 들판을 응시하고 있자니 혼잣말이 저절로 나왔다: "이런 환경에서 자랐으니 자신을 운명의 사람으로 여길 만도 하지."

그러다 생각이 바뀌었다. 이것이 바로 예수님이 우리가 그의 교회와 갖길 원하는 관계의 핵심이었던 것이다! 그분은 능력의 충만함, 본성의 풍요로움, 직무의 권한, 자원의 풍부함을 원하시는데 이것은 모두 우리의 정체성을 고귀하게 하고 우리의 운명을 결정짓기 위해서라는 사실이다! 내 영혼을 채우는 깊은 감정에도 불구하고 거룩한 평온과 진실한 기쁨이 나를 사로잡았다.

"여보." (내가 아내에게 말했다) "내 안에서 일어나는 모든 것에 대해 다 설명하기는 힘들 것 같소. 이 모든 것에는 뭔가 존엄한 것이 있는데, 내 생각에는 이것 때문에 여기 살았던 사람들이 이렇게 승리자의 형상을 띠게 된 것 같소."

우리는 계속 걸었다. 나는 마음에 있던 생각을 털어놓았고 아내도 거기에 동의했다. 목회자들이 열망하는 것은 사람들이 예수님의 충만하심을 이해하고 각자를 위한 하나님의 높으신 뜻이 있다는 것을 인지하는 것이라는 사실이다. 하지만 우리가 자아를 인식하는 것은 오직 주님을 제대로 인식할 때만 일어난다! 하나님이 우리를 초청하셔서 왕국을 다스리는 동반자가 되게 하신 것은 얼마나 완벽하고 이타적인가. 하나님이 그의 나라의 권세를 우리에게 전하기를 얼마나 원하시는지. 우리를 통해 그분의 삶과 사랑 그리고 치유하심이 희망을 잃고 상처 입은 세상에 흘러가기를 원하신다.

이 생각을 더 깊고 넓게 확장시키는 무언가가 내 안에서 솟아났다.

존귀(Majesty).

이 단어에 정신이 맑아지는 듯했다.

존귀. 나는 생각했다. 바로 그리스도의 존귀함과 주님 나라의 영광이 그분의 탁월함을 드러낼 뿐 아니라 완전한 은혜와 능력으로 우리를 높이신다는 것을. 그러면서 우리 자신을 경이롭게 하시고 또한 하나님의 놀라우심을 나누게 하는 것이다.

엘리자베스(Elizabeth) 여왕의 왕좌가 모든 영국인들을 위엄 있게 만들고 대중들에게 왕실의 유산을 물려준 것처럼, 하늘에 오르신 우리의 구원자도 왕좌에 앉으셔서 우리 모두에게 왕의 자원을 내주고 계신 것이다.

존귀.

"갑시다." 내가 말했다. 우리는 차로 돌아왔다. 내 영혼은 아직도 천상에서 울리는 소리에 맴돌고 있었다 ⋯ 애나와 내가 좁은 고속도로를 따라 차를 타고 올 때 나는 그녀에게 말했다: "공책에다가 내가 불러 주는 것 좀 적어 주겠소?" 나는 조성과 음표, 음가와 가사를 불러 주기 시작했다(그래서 그녀는 자신이 그 곡을 썼다고 주장한다!).

영광의 주님 찬양하세

모든 영광 능력 찬송 예수님께

영광의 주님 찬양하세

주의 백성 모두 함께 찬양하세

두 손을 높이 들고 주 이름 찬양

존귀와 영광 모두 주 예수님께

영광의 주님 찬양하세

죽으시고 부활하신 만왕의 왕[16]

불신자들을 위한 찬양

헤이포드는 원래 찬양이란 오직 믿는 자들을 위한 것이라 생각했었다. 하지만 하나님은 천천히 그의 생각을 바꿔 놓으셨다. 불신자들을 하나님에게로 이끄는 사명을 받은 후 찬양에 대한 시각이 바뀐 것이다: "온 땅이여 여호와께 즐거운 찬송을 부를지어다"(시 100:1). 그러므로 그는 불신자가 예배에 발을 들일 때 그들이 성도들과 더불어 하나님을 만나고 하나님의 이름을 높이길 원했다.

헤이포드는 불신자들에게 찬양 곡을 함께 부르자고 요구하는 것에 거리낌이 없었다. 사실 그에게 찬양이란 축하와 환희의 표현일 뿐 아니라 예배 가운데서 하나님의 '임재하심'으로 가는 초대이기도 했다. 그 말은 모두가 함께 확실한 감각을 느낀다는 의미다. 바로 하나님이 이곳에 계시다는 것을 말이다! 이것은 감정을 초월한다. 예배자들이 단순히 그러나 세심하게 빠른 박자의 곡에서 생각에 잠기게 하는 느린 박자로 이끌려 갈 때면, 분위기는 주님을 기뻐하는 눈부신 환희에서 그의 임재와 손길을 느끼는 다정한 반응으로 바뀌어 간다. 그리고 이것은 감정을 속이려는 시도가 아니다. 성도들이 '거룩한 땅에 서서' 하나님과 개인적으로 만나기를 진심으로 구하며 예배할 때 하나님이 모세에게 "네 발에서 신을 벗으라" 하셨던 것 같은 영적인 접근이다.

결과적으로 처치 온 더 웨이는 전도 활동, 심방 프로그램, 혹은 다른 교회들이 봉사 활동을 할 때 흔히 사용하는 전략 없이 꾸준하게 성장했다. 헤이포드는 거의 홍보나 광고를 하지 않았지만, 행사가 있는 경우 성도들이 내부적으로 소통하며 행사의 목표를 명확하게 이해하고 친구나 이웃 주변인들에게 전해 줄 수 있게 했다. 관심과 개인적인 온정을 드러내 보인 이들도 있었다. 헤이포드에게는 목회 신념이 하나 있었는데, 그것은 성도들의 찬양 가운데 하나님의 임재가 자주 나타나면 전도 대상자들은 (자신을 전도하는 친구들이 경험하는 아름다움과 이치를 알게 되고) 자신에 대해 확증하게 된다는 것이었다. 모든 사람이 인식하고 즐기는 이 경험으로 많은 이들이 하나님의 말씀에 마음을 열고 다시 태어나게 된다는 것이다.

헤이포드는 우리가 전통적인 예배 의식으로 돌아가선 안 된다고 말했다. 왜냐하면 그것은 일반적으로 무의미하고, 믿는 자들의 마음을 표현해 주지도 않으며, 불신자들을 끌어당기지도 못하기 때문이다. 그보다 우리는 찬양을 '정제하고, 포장을 풀고, 봉인을 열어'

찬양이 원래 가지고 있던 능력을 다시 되돌려야 한다고 말했다. 찬양을 '재정립' 함으로써 우리는 하나님을 경배하고 예배하는 것 이상을 해야 한다. 우리는 예배자로서 하나님과의 친밀함을 만들어 내야 하는 것이다.

헤이포드는 '포장을 풀고' 라는 단어 사용이 의미하는 것을 설명했다. 사람들이 손과 머리를 하나님에게 들 때 절대 이 행동이 은사주의 교회의 표시가 아니라고 말이다. 오히려 이것은 우리의 마음을 하나님에게로 들어 올리는 하나의 방법이라는 것이었다. '봉인을 열어' 라는 표현에 대해서는 이렇게 말했다: "예배는 온전한 사람이 '훌륭한 예배' 를 드리는 하나의 표현이다. 왜냐하면 하나님은 예배 받으시기에 합당하시기 때문이다. 이것은 예배자가 무엇을 얻어 가는지에 관한 것이 아니다. 우리의 예배 가운데 하나님이 취하시는 것에 관한 것이다." [17]

헤이포드는 구약에서 제물이란 예배의 행위였다고 언급했다. 그가 지적하기를, 제물은 동물의 생명을 대가로 하듯 우리의 예배 안에서 우리 또한 예수 그리스도를 향해 생명을 내어 드릴 수 있어야 한다고 말했다. 그는 이렇게 덧붙였다: "사람이란 아름다움을 추구하는 존재이기에 그만큼 예배도 아름다워질 수 있습니다. 그러나 다시 말하지만, 아름다움은 부차적인 것입니다. 아름다움보다 중요한 것은 바로 생명입니다." [18]

1990년대 주말에 로스앤젤레스 인근으로 갈 일이 생길 때면 나는 항상 잭 헤이포드의 예배에 참석했다. 나는 주님이 그곳에 계시고 예배를 통해 내 영혼이 주님과 새롭게 친밀해지는 것을 느꼈다. 하나님의 사람이 온전히 주님에게 굴복할 때 설교 가운데 하나님이 역사하시는 것처럼, 예배 인도자가 완전히 하나님에게 헌신할 때 하나님은 더 강력하게 그 찬양을 사용하시는 것이었다. 잭 헤이포드가 예배를 인도하기 위해 강단에 들어설 때면 이전에는 없었던 새로운 활력이 느껴지곤 했다.

그렇다면 헤이포드는 어떻게 해서 이런 차이를 만들어 낸 것일까? 헤이포드는 거기에 모인 사람들에게 노래하는 법, 혹은 찬양하는 법을 알려 주기 위해 있던 것이 아니었다. 헤이포드 자신이 예배하기 위해 강단에 섰고, 그와 함께하는 찬양 팀은 공통된 신념으로 가득 차 있었다. 헤이포드는 말했다: "우리가 예배할 때 성도들은 노래 이상의 것에 다다릅니다. 성도들은 찬양 팀이 '공연을' 하는 건 아닌지 '그저 음악만 연주' 하는 건 아닌지 감지해 냅니다."

헤이포드는 덧붙였다: "찬양 팀은 ('예배를 하는 것' 을 넘어서) 인도자와 연습할 때부터 성령으로 불타올라 '예배를 더욱 뜨겁게' 만듭니다. 성도와 하나가 되도록 노력하고, 더 높은 단계, 즉 하나님의 궁전으로 회중을 초청합니다. 회중이 마음을 굽히고 그분 앞에 엎드리도록 말이죠. 하나님이 주시는 평화 속으로, 그분의 목적과 그분의 인자하신 능력으로 사람들을 이끄는 것입니다."[19]

내가 예배에 참석했던 어느 주일, 헤이포드는 회중에게 이렇게 말했다: "옆에 계신 분들에게 이렇게 말씀하십시오. '당신은 이 예배를 정말로 좋아하게 될 것입니다. 당신은 새로운 방법으로 하나님을 만나실 겁니다' 라고요." 나는 정말로 그 예배가 좋았고, 새로운 방법으로 하나님을 만났다.

헤이포드는 토요일 저녁에 기도하며 설교를 준비했는데, 그러는 와중에 종종 하나님은 그에게 새로운 찬양을 주셨다. 그러면 그는 곡을 기록했다가 주일 오전에 발표하곤 했다. "새로운 찬양을 배울 시간이 찾아왔습니다."[20] 그는 한 줄씩 노래를 가르쳤고 성도들은 그를 따라 찬양을 했다. 나는 이 순간이 너무 좋았는데, 왜냐하면 이렇게 새로 배운 노래는 그가 할 설교에 연결되는 내용이었기 때문이다.

잭 헤이포드의 교회 사역에 성가대가 없었던 것은 아니지만, 그는 예배를 위해 전통적인 성가대를 세우지 않았다. 그 이유에 대해 그는 이렇게 말했다: "첫째로 우리는 강단 중심의 교회가 아니기 때문입니다. 우리는 사람 중심입니다. 그리고 성경에서도 '찬양하라'고 명하셨습니다. 그래서 우리는 우리에게 노래를 불러 주거나 우리를 대신해서 예배를 드려 주는 성가대를 세우지 않습니다."[21]

강점과 취약점

경배와 찬양 음악이 온 나라를 흔드는 데에는 많은 이유가 있다. 이전에 없었던 찬양이라는 새로운 경험을 하게 된 것이 첫 번째 이유다. 찬양의 공백기가 존재했던 것이다. 댈러스 신학대학교에서 교수로 지냈던 하워드 헨드릭스(Howard Hendricks)는 찬양을 '기독교의 잃어버린 화음' 이라고 불렀다.[22] 그는 종종 복음주의 교회들은 찬양을 이해하지 못한다고 언급했다. 새로운 찬양은 예배의 경험에 있어 새 장을 열었고, 더 나아가 예배하는 가운데 하나님의 임재하심을 알려 주었다.

두 번째 이유로는 현대의 경배와 찬양 곡들이 성경 구절을 적절하게 사용한다는 데 있다. 역사상 교회들이 하나님을 찬양하는 데 있어 신앙적인 문구들을 사용했던 것에 반해서 오늘날 많은 찬양이 성경 구절에 박자와 선율, 화음을 입혀 만들어진다. 성경은 우리가 왜 찬양해야 하는지를 잘 설명해 주며, 성경 구절에는 하나님을 향한 예배자들의 마음이 가장 적절하게 표현되어 있는 것이다.

세 번째 이유는 새로운 찬양이 부르기 쉽다는 데 있다. 이것은 사람들이 찬양의 리듬과 박자를 이해하기 때문이다. 항간에는 이런 말이 있다: "사람들은 사춘기(십 대 초반) 때 들었던 음악을 평생 들으며 산다." 왜 그런 것일까? 왜냐하면 사람들은 사춘기를 지나면서 핵심적 가치관과 생활 방식, 인생관을 정립하기 때문이다. 그러므로 동시대적인 음악을 듣고 불렀던 젊은이들은 앞으로 자신들의 가치관과 하나님을 대하는 방식을 동시대적인 찬양 음악으로 표현할 것이다.

네 번째 이유는 바로 성령님 자신이 찬양의 힘이라는 사실이다. 물론 예배를 인도하는 사람과 찬양 팀이나 악기 팀도 앞에 있지만, 오늘날 교회에서 새로운 일을 행하시는 분은 성령님이시다. 사도행전 15장에서 하나님은 약속하셨다: "이 후에 내가 돌아와서 다윗의 무너진 장막을 다시 지으며 또 그 허물어진 것을 다시 지어 일으키리니"(행 15:16). 다윗에게는 모세가 광야에 세운 것 같은 장막이 없었다. 모세와 여호수아 그리고 다음 세대로 이어지는 그 장막은 제물을 바치는 곳이자 죄를 사함 받는 곳이었다. 그러나 다윗은 언약궤를 예루살렘으로 가지고 와서 시온 산 다윗 성에 안치했다(당시 번제를 드리는 성막은 예루살렘이 아닌 기브온에 있었다).

시편 134편 1~2절에 묘사된 이스라엘 백성들을 보면 오늘날 찬양하는 모습과 비슷한 방법으로 예배를 드린다는 것을 알 수 있다: "보라 밤에 여호와의 성전에 서 있는 여호와의 모든 종들아 여호와를 송축하라 성소를 향하여 너희 손을 들고 여호와를 송축하라." 이것은 다윗의 시대에 이스라엘이 예배하는 방법과 오늘날의 찬양 방식이 비슷하다는 것을 보여 준다. 그리스도의 날이 다가오고 마지막 때가 가까워질수록 성령은 새로운 찬양으로 주님의 이름을 높임으로써 예언을 실현하고 계신 듯 보인다. 우리의 교회 안에 다윗의 장막을 세우고 계신 것이다.

하지만 새로운 찬양 문화에 대해 비판하는 사람들도 있다. 우선 찬양이 너무 개인적으로 느껴진다거나, 성경에서 배운 적 없는 표현으로 하나님과의 관계를 표현한다고 느끼는 사람들이 있다. 하나님에게 '당신'(you)이라는 단어를 사용한다거나 예배하는 주체에 '나'(I)를 사용하는 것은 무의미하고 하나님에게 사람의 감정을 투영한 것으로 보이기 때문이다. 이렇게 느끼는 사람들은 찬양의 내용에 하나님의 통치, 권력, 무소부재, 전능함이 포함되어야 한다고 말한다. 또는 우리가 하나님의 자비, 자애, 인내, 은혜에 함께한다는 사실이 드러나야 한다고 주장한다. 대개 찬양에는 이러한 면이 누락되어 있다. 하나님을 연애 관계의 대상처럼 다루는 것이다.

또한 찬양에 있는 표현들 중 '갈망하며 당신 앞에 나옵니다', '당신의 사랑은 마르지 않고', '당신을 갈구합니다' 같은 표현을 비난하는 사람들도 있다. 찬양을 통해 하나님과의 다정하고 허물없고 개인적인 관계가 표현되는 것은 맞지만, '나는 춤을 추고 노래하고 나의 왕에게 푹 빠질 것입니다' 같은 표현은 너무 과하게 느껴진다는 것이다. 세속적인 팝 음악이나 록 음악에 나오는 관계나 감정들처럼 찬양에도 똑같은 내용과 표현들이 존재한다. 하지만 많은 사람들은 전통적 찬송가에는 그리스도 안에서의 자유로움, 주님의 삶과 죽음, 주님의 능력과 희생, 주님의 고통과 악화 같은 고귀한 주제들이 담겨 있다고 느낀다. 그런데 찬양 곡에는 대개 이런 내용이 없다는 비판이 있다.

또 다른 비판은 음량에 관한 것인데, 많은 경우 성도가 노래하는 것이 들리지 않을 정도로 크다는 것이다. 음량이 큰 것이 잘못은 아니지만 그로 인해 예배자들과 함께 예배하는 모든 이들은 방해를 받게 된다. 다른 무엇보다 음량이 더 우선시된다면, 하나님을 예배하는 행위보다 음악 연주에 몰입하는 경향이 생긴다. 에베소서 5장 19절에서 바울은 시와 찬송과 신령한 노래들로 서로 화답하며 노래해야 한다고 말했다. "서로 화답하며"라는 구절을 주목하자. 오늘날 서로와의 소통에 대해 노래하는 찬양은 많지 않다.

당대의 찬양이 개인주의를 반영해서 하나님이 아닌 예배자에게 초점을 맞춘다는 비판도 있다. 교회의 몸, 즉 공동체로서의 교회는 그 안에서 배제된다. 그리스도인들은 함께 노래하지 않으며 공동체를 세우는 것에 대한 노래는 거의 없다. 기독교 변증학자 J. P. 홀딩(J. P. Holding)은 I can only imagine(나는 상상만 할 수 있을 뿐이죠)이라는 노래를 예로 들며 하나님의 거룩하심보다 사람이 성취하고자 하는 욕구에 더 초점을 맞추고 있다고 진술했다.[23]

찬양으로 인해 동시대의 대중음악이 교회에 유입된다는 비판도 있다. 동시대 악기를 사용하는 것이 다반사가 되면서 찬양은 속세나 신앙심 없는 생활 방식과 관련된 '세속적인' 음악이라고 받아들여질 수도 있다는 것이다. 또한 자신들이 반대하는 오순절파, 은사주의 신학에서 찬양 음악이 나왔다고 생각하며 반대하는 사람들이 있다. 그들은 손을 든다거나 손뼉을 치는 것, 춤을 추는 것 그리고 성령의 임재를 구하는 오순절파나 은사주의의 표현들이 찬양 속에서 재현된다고 지적한다.

마무리

돈 쾨니히는 적어도 40만 개의 교회가 예배 가운데 경배와 찬양을 한다고 주장한다.[24] 미국 교회의 과반수에 해당하는 수다. 통계가 정확하다면 이것은 기독교에서 상당한 부분을 차지하는 것이다.

그렇기에 경배와 찬양의 효과를 판단하려면 우리는 오직 하나님을 찬양하기 위해 음악을 사용하는 예배자를 살펴봐야 한다. 그들은 눈물을 흘리고, 손을 들고, 기쁨으로 크게 소리치고, 발을 구르고, 춤을 춘다. 그러나 무엇보다도 초점은 하나님과 그를 예배하는 데 있다. 이들의 교회는 활기차고 성도들은 증가하게 된다.

나는 2004년에 아르헨티나에 있는 플라야 델 마르에서 8천 명의 오순절파 설교자들에게 연설을 한 적이 있다. 그들은 농구 경기장에 모여 있었고 마리아치 밴드가 부는 웅장한 트럼펫 소리가 그곳을 뒤흔들고 있었다. 연단에 나가기 전, 나는 아르헨티나 내부무 장관과의 인터뷰를 진행했다. 그가 나에게 말하길 아르헨티나에서 신앙을 가진 사람이 전체 인구의 18퍼센트에 달한다고 했다. 25년 전만 해도 1퍼센트가 될까 했던 터였다.

나는 물었다: "그렇게 많은 아르헨티나 사람들이 오순절파가 된 이유는 무엇입니까?" 그분은 허공에 손을 저으며 서툰 영어로 대답했다: "안 될 이유라도 있나요? 들리지 않습니까? 그들은 행복해요." 자기 말을 강조하기 위해 그는 도리어 나에게 물었다: "로마가톨릭교회에 가 보신 적 있으십니까?" 나는 대답했다: "최근에는 못 가 봤습니다." 그는 자신의 손을 얼굴에 얹고는 이렇게 말했다: "로마가톨릭교회는 너무 슬퍼요. 거기엔 생명이 없습니다." 그는 전형적인 예배 의식에 대해 설명하고 있었다. 그러다가 그의 눈이 반짝이더니 이렇게 말했다: "행복의 소리를 들어 보세요!" 라틴아메리카계 사람들은 웃고 미소 짓는 걸 좋아했다. "저는 오순절파가 되고

싶어요. 행복해지고 싶어요."

핵심은 이것이다. 경배와 찬양 음악이 교회를 휩쓸고 간 것은 음악을 통해 사람들이 행복과 기쁨을 경험하기 때문이라는 것이다. 바로 이것이 스트레스로 가득한 우리 삶에 필요한 것이 아닌가?

하지만 교회에 경배와 찬양을 도입하기 위해 행복이라는 이유는 충분하지 않다. 찬양이 교회를 휩쓰는 이유는 하나님에게 초점이 맞춰져 있고 예수 그리스도에 대해 노래하기 때문이다. 기독교는 인간 중심의 종교가 아니다. 그리스도 중심의 종교인 것이다. "이는 내게 사는 것이 그리스도니"(빌 1:21).

토머스 로드 침례교회
버지니아 주 린치버그

제리 폴웰

10

매체와 마케팅으로
세력을 확장한 교회

토머스 로드 침례교회

버지니아 주 린치버그

토머스 로드 침례교회는 버지니아 주 린치버그에 위치한 교회로 매체와 마케팅을 통해 미국에서 교인이 가장 많은 교회 중 하나가 되었다. 그리고 그 결과 세계에서 가장 큰 기독교 학교가 세워졌다. 이 교회는 홍보가 쏟아지는 시대 속에서 처음에는 버지니아 주 린치버그에, 그 다음으로는 미국 전역에 메시지를 전했다. 제리 폴웰은 1956년에 교회를 세웠고 **포화 전도**라는 획기적인 개념을 사용해 교회를 키웠다: "가능한 모든 사람에게, 가능한 모든 시간에, 가능한 모든 방법으로 복음 전하기."[1]

폴웰은 주일학교 전략을 세우고 대량의 광고를 기반으로 한 활동으로 공동체를 포화 상태로 만들었다. 그리고 마침내 미국 전역에 예수 그리스도의 복음을 전했다. 이 교회는 미국에서 아홉 번째로 큰 규모였다. 폴웰은 공격적인 사역을 원동력으로 1971년 여름 리버티대학교를 설립할 수 있었다. 이 교회가 미국에서 손꼽히는 대형 교회가 됐던 것과 마찬가지로, 그가 세운 대학교 또한 세계에서 가장 큰 대학 중 하나가 되었다.

지난 100년간 미국을 비롯한 전 세계에는 상업적 매체와 광고가 홍수를 이루었고 이것은 교회에도 영향을 주었다. 토머스 로드 침례교회는 버지니아 주 린치버그(인구 약 6만 명)의 작은 마을에 위치한 교회였는데, 홍보를 통해 전 세계에 이름을 알려 대형 교회가 되었다. 또한 리버티대학교는 폴웰의 마케팅 원리를 사용해 연간 예산 10억 달러에 2013년에는 10만 3천 명의 학생이 등록한, 세상에서 가장 큰 사립 기독교 대학이 되었다.

지난 100년간 미국에서는 과학적인 발견과 광범위하게 확장된 매체를 통해 광고가 봇물처럼 쏟아졌다. 광고주들은 단 몇 줄의 홍보 문구를 전하기 위해 라디오, 텔레비전, 인터넷, 광고판, 전화, 우편물, 신문과 잡지를 사용했다. 매체의 성장과 함께 홍보 활동도 더욱 전문화되었다. 동기를 부여하는 심리학적 원리, 광고 문구, 최신 기술을 이용한 홍보 방식이 사용되었다. 또한 과학적 지식을 사용해 소비자에게 효과적으로 다가가는 타이밍과 방법을 결정했다.

업계가 매출을 내고 이윤을 확충하기 위해 홍보를 하듯이, 교회는 자신들의 메시지를 알리기 위해 홍보 활동에 뛰어들었다. 업계가 광고와 마케팅을 이용해 순이익을 높일 때, 교회는 지상 명령을 수행하고 메시지를 전달하기 위해 홍보를 감행한 것이었다.

교회에서의 홍보 활동은 언제나 존재했지만 그저 가능한 한 많은 사람들에게 메시지를 전하려는 노력에 불과했다. 처음에 설교자들은 장터에서 설교를 하며 언어로 메시지를 전했다. 교회의 존재

를 알리는 첨탑이 높이 세워지자 메시지는 비언어적으로 바뀌기 시
작했다. 언덕 높은 곳에 십자가를 세움으로써 사람들에게 그리스도
의 희생을 상기시켰다. 나는 에베소의 폐허에서 오래된 길을 걷던
중에 두 번이나 돌에 새겨진 물고기 형상을 발견한 적이 있었다. 여
관이나 매춘을 위한 광고뿐만 아니라 물고기 형상도 눈에 띄었다.
그리스의 물고기 형상 익투스(ichthus)는 하나님의 아들, 구원자이신
예수 그리스도를 의미한다. 에베소 교회는 예수를 알리고 있었던
것이다.

　그러나 홍보는 마케팅과 같지 않고, 마케팅은 매체와 같지가 않
다. 홍보는 단순히 메시지를 알리는 것이다. 마케팅은 과학적 발견,
표적 집단, 설문과 기타 수단을 이용해 잠재 고객을 찾아내는 것이
다. 고객이 무엇을 구매할지 그리고 광고를 얼마나 많이, 언제, 어
디서, 어떻게 해야 할지를 결정하는 데 목적이 있다. 또한 마케팅은
고객이 그 상품에 대한 '욕구'를 인식하기도 전에 그것을 사고 싶
게 만들기 위해 광고를 활용한다. 매체는 대중에게 메시지를 전달
하는 도구를 의미한다.

제리 폴웰이 선택받은 이유

　미국의 영향력 있는 교회들은 라디오, 텔레비전, 인터넷을 이용
해 복음과 사역을 알려 왔다. 이러한 교회를 이끈 지도자에는 에이
미 셈플 맥퍼슨이 있었다. 그녀는 초기의 대형 교회를 세운 선구자

로 캘리포니아 주 로스앤젤레스에 위치한 안젤루스 교회당을 창립한 장본인이었다. 또한 전국의 라디오 방송국을 섭렵했고, 1920년대 초 마침내 자신의 라디오 방송국을 개설했다.

1923년에 라디오 방송을 시작한 S. 파크스 캐드먼(S. Parks Cadman)도 빼놓을 수 없다. 그는 전국의 NBC 라디오 계열사에서 주간 방송을 했고 청취자는 5백만 명에 달했다.[2] 텍사스 주 포트워스에 있는 제일 침례교회에 라디오 방송국을 세운 J. 프랭크 노리스(J. Frank Norris)도 있다. 그의 설교는 주로 남서부와 중서부에 전파를 타고 전해졌다.[3] 로마가톨릭교회의 찰스 코글린(Charles Coughlin) 신부는 1930년대에 라디오로 설교를 전한 반공주의자였는데, 1940년대에 그의 메시지를 듣는 청취자는 수백만 명에 달했다.[4] 〈루터란아워〉(The Lutheran Hour, 1930년부터 현재까지)를 듣는 청취자들도 많다. 찰스 E. 풀러(Charles E. Fuller)는 뮤추얼 방송사(MBS)를 통해 전국 방송을 한 목회자로, 그의 방송 〈예스런 부흥 시간〉(Old Fashioned Revival Hour)은 1951년까지 650개의 라디오 방송국에서 방송되었다.[5]

텔레비전 방송에 대해 살펴보자. 우선 1952년부터 오하이오 주 애크런에 있는 내일 교회(Cathedral of Tomorrow)에서 렉스 험버드(Rex Humbard)가 했던 주일 예배 설교가 있다. 그의 설교는 (라디오와 텔레비전을 합해) 695개의 방송국에서 96개의 언어로 방송되었으며, 그때까지의 어떤 방송보다 널리 송신되었다고 전해진다.[6] 1960년대 가정용 오락의 중추를 담당했던 텔레비전에는 수많은 '텔레비전 전도사'들이 등장하기 시작했다. 여기에는 (135개 방송국에서 방송을 했던) 오럴 로버츠, 빌리 그레이엄, 지미 스워가트(Jimmy Swaggart), 짐 앤 태미 페이 베이커(Jim and Tammy Faye Bakker), 팻 로버트슨(Pat Robertson) 그리고 캘리포니아 주 로스앤젤레스 인근의 수정 교회 목사인 로버트 슐러가 포함됐다.

방송이 더 많이 되고 시청자도 더 많은데다가 헌금을 더 많이 모은 종교 방송들도 있었다. 하지만 이러한 추세를 대표하는 인물은 제리 폴웰이었다. 폴웰이 만든 〈올드타임 가스펠아워〉는 이러한 추세를 반영하는 첫 번째 방송도 아니고 유명하지도 않았다. 하지만 그는 광고 인쇄물을 만들고 애청자를 신앙의 동반자라고 부르며 그들과 상호적인 관계를 구축했다. 청취자들에게 헌금을 독려할 뿐 아니라 널리 인정된 복음적인 저자들이 쓴 신앙 서적, 학습서나 성경을 발송하기도 했다.

폴웰이 리버티대학 학생들이 하는 사역을 알리면 시청자들은 전도 사업과 건축 사업에 마음을 같이하곤 했다. 아프리카, 남아메리카, 태국, 남중국해에서 인도적인 활동을 하는 학생들의 모습이 전파를 타고 텔레비전에 방송됐다. 다른 사역자들이 실패를 겪은 1980년대 후반에도 폴웰의 애청자들은 여전히 충성심을 보였고, 이것은 텔레비전 방송이 가진 힘을 잘 보여 주는 증거였다. 폴웰의 비전에 헌신적인 사람들은 제리 폴웰 아들의 주도하에 진행되는 '세상에서 가장 큰 기독교 대학 만들기 프로젝트'에 지금까지도 재정을 모으고 있다.

마케팅을 효과적으로 사용한 1세대 교회 지도자에서 제리 폴웰을 빼놓을 수 없다. 그는 홍보 업체를 고용해 예수 그리스도의 메시지를 사람들에게 효과적으로 알린 사람이었다.[7] 폴웰은 마케팅 회의가 있을 때면(그렇다. 그는 회의를 마케팅 회의라고 불렀다) 자문위원을 참여시켰다. 또한 교회 시설에 대용량 컴퓨터(중앙처리장치)를 설치해 청취자들에 대한 데이터를 수집했고 메일링 리스트를 만들었다. 청취자들의 과거 기부 내역과 관심도를 근거로 모금 활동을 하기 위해 컴퓨터 데이터를 읽고 이해하는 법을 배웠다. 그는 자신의 텔레비전 프로그램을 애청하는 사람들이 각양각색이라는 것을 깨달았다. 그래서 각 사람이 관심 가질 만한 사역을 소개하며 기부를 요청하는 편지를 발송했다.

폴웰은 마케팅의 귀재였다. 그는 거대한 텔레비전 제국을 건설하기 위해 마케팅 기법과 전략을 도입했다. 그리고 마침내 미국 내 방송 송출 가능 지역에서 214개의 텔레비전 방송국을 통해 주일 방송을 시작할 수 있었다. 이 지역에 거주하는 청취자의 95퍼센트가 그의 방송을 접할 수 있었다. 폴웰이 효과적으로 사역했다는 것이 여기서 드러난다. 1979년, 굿 하우스키핑(Good Housekeeping)의 설문 조사에서는 미국에서 가장 존경하는 인물로 폴웰이 뽑혔다. 1983년에는 로널드 레이건(Ronald Reagan)의 뒤를 이어 가장 존경하는 인물 2위에 올랐다. 1985년에는 〈타임〉지에 그의 사진이 실렸다. 세상을 뒤흔들어 변화시키고 뉴스를 만들어 내는 인물들에게는 명예로운 일이었다.

폴웰은 마케팅 세대의 산물이다. 이 세대는 소통의 세대라고도 불린다. 그는 매체와 함께 성장했고, 매체에 의해 영향력을 키웠다. 하지만 마케팅만으로 성공한 것은 아니었다. 폴웰 이전이나 이후에도 기독교 텔레비전에 출연해 폴웰만큼 잘 알려진 인물들이 있었다. 하지만 그들은 TV 스크린이나 라디오를 넘어서서 자신들의 영향력을 확장하지 않았다. 텔레비전 제국을 세운 폴웰은 결국 리버티대학교의 창립자가 되었다. 10만 명 이상의 학생을 가진 세계에서 가장 큰 기독교 대학교다.[8]

폴웰은 모두가 그리스도 없이 길을 잃었다고 생각했기 때문에 마케팅 기법에 이끌렸다. 기독교 TV에 출연하는 다른 사람들도 그 생각은 똑같았다. 하지만 폴웰의 경우 자신의 열정에 따라 행동했으며, 모든 사람에게 '예수님이 구원하신다'는 메시지를 전하기 위해 모든 것을 바쳤다. 그는 교회 반경 10마일 이내에 있는 모든 집에 이를 때까지 매일 100가구를 방문하는 전도 활동을 시작했다.

폴웰은 매일 아침 6시부터 7시까지 기도하며 자신이 하는 일에 성령의 축복을 내려 달라고 하나님에게 간구했다. 그가 나에게 전화 걸 일이 있으면 아침 6시 이전에 할 거라는 건 내 아내도 아는 사실이었다. 내가 다시 전화를 한다 해도 아침 7시까지는 받지 않을 사람이었다. 거의 25년 동안 제리와 나는 매 주일 아침 7시 15분이 되면 전화를 걸어 토머스 로드 침례교회의 예배와 〈올드타임 가스펠아워〉 사역에 복을 내려 달라고 기도했다.

폴웰의 기도에는 성실함이라는 힘이 있었다. 매주 수요일 저녁, 3천 명이 넘는 사람들이 토머스 로드 침례교회에 모여 기도 모임을 가졌다. 나는 설교단 뒤에 마련된 의자에 제리와 함께 앉았다. 그는 모든 사람들을 두 그룹(그는 이것을 한 쌍이라 불렀다) 혹은 세 그룹(세 쌍)으로 나눴다. 그런 후 우리 둘은 그들과 함께 무릎을 꿇었다. 타고난 지도자였던 폴웰이 언제나 기도의 포문을 열었다. 그는 평소 말하듯이 하나님과 대화했으며 자신이 구하는 것을 하나님이 이뤄 주시기를 기대했다. 나에게 뭔가 부탁하고 그걸 해 주길 기대할 때와 똑같은 태도였다. 그는 믿음으로 사역을 일궜으며 가능한 한 많은 사람들을 가르치겠다는 열정을 가지고 마케팅 기법을 쓰며 사역했다.

뿌려진 씨앗

제리 폴웰은 부유하게 자랐다. 그의 아버지는 버지니아 주 캠벨 카운티의 보안관이었고 그 일대에서 가장 큰 나이트클럽을 소유하고 있었다. 뉴욕에서 가장 유명한 밴드들도 린치버그에서는 공연할 만큼, 그곳은 세 개의 주요 수송회사의 기차가 정차하는 중요한 입지의 철도 마을이었다. 금주법이 시행되어 마을에서 술이 마르던 때에도 폴웰의 영업장에는 언제나 술이 있었다. 법 집행관인 제리의 아버지가 밀주를 몰수해 자신의 가게에서 되팔았기 때문이었다. 그것은 불법이었다. 하지만 보안관을 체포할 사람은 아무도 없었다.

어린 제리는 어머니 때문에 주일학교에 출석했다. 하지만 반항적인 십 대가 되자 교회 가는 것을 그만뒀고 주일 아침이면 늦잠을

잤다. 어린 시절 폴웰은 위스키와 담배를 멀리했지만 페어뷰하이츠의 거친 무리들과 어울려 다니며 피커랠 카페의 낮은 콘크리트 담벼락에 앉아 밤늦게까지 놀았다. 때문에 린치버그 경찰은 이들을 '담벼락 갱'으로 불렀다.

어머니의 사랑과 기도는 끊이지 않았다. 헬렌 폴웰(Helen Falwell)은 주일 아침마다 라디오를 크게 틀어 〈예스런 부흥 시간〉에 맞춰 놓고 나갔다. 어린 제리는 계단에 대고 이렇게 소리를 지르곤 했다: "시끄러우니 꺼 버려요!" 그러면 어머니는 다정하게 대답했다: "아침 해 놨으니 먹어라." 갓 구운 햄과 핫케이크(제일 좋아하는 음식이었다) 냄새는 계단을 타고 올라와 방에 퍼졌다. 좋아하는 아침 식사를 거부할 수 없었던 그는 결국 찰스 E. 풀러의 라디오 듣는 걸 감수해야 했다.

이런 시간 속에서 폴웰의 마음에는 교회 사역의 씨앗이 심어졌다. 〈예스런 부흥 시간〉에 나오는 활기 넘치는 사중창과 루디 애트우드(Rudy Atwood)의 귀를 사로잡는 피아노 편곡은 교회에서 듣던 음악과는 달랐다. 루디 애트우드는 건반 하나를 오케스트라처럼 연주했다. 음악은 생동감 있었고 춤을 추는 듯했다. 찰스 풀러는 매주 자신의 아내를 '자기'라고 부르고는 청취자들의 편지를 읽어 달라고 부탁했다. 라디오를 듣다가 구원받은 군인들이 보낸 편지였다. 사업가였던 찰스 풀러는 거래하듯이 설교를 시작했다. 실력 있는 영업 사원이 판매에 매달리는 듯한 설교였다. 풀러는 매 주일 발코니 석에서 손을 들고 구원을 얻으려 손을 흔드는 해군을 지목해 설교단 아래로 초대해서는 함께 기도하곤 했다. 젊은 폴웰은 생각했다: '교회가 이런 식으로 해야 하는데.' 그가 보기에 린치버그에는 제대로 된 교회가 없었다.

어느 주일 오후, 담벼락 갱 소년들이 교회에 대해 얘기할 기회가 있었다. 폴웰은 물었다: "이 동네에 〈예스런 부흥 시간〉처럼 설교하는 교회는 없을까?" 짐 문(Jim Moon)이 대답했다: "응. 파크 애비뉴 쪽에 새로 생긴 교회가 있어. 밀러 공원 맞은편에. 설교가 끝날 때면 사람들이 무리를 지어 앞으로 나가더라고. 라디오에서 하는 것처럼 말이야." 그러더니 문은 결정타를 날렸다: "거기에 예쁜 여자들도 많대."

그날 밤, 폴웰과 문은 7시 정각에 교회에 도착했지만 앉을 자리가 없었다. 안내원이 그들을 앞줄로 데리고 갔다. 이름 모를 신실한 중보 기도자가 그들의 구원에 대해 기도하기 시작했다. 설교를 시작하기도 전이었다.

그리고 그들은 정말로 예쁜 두 소녀를 발견했다. 한 사람은 피아노를 치고 있었고 다른 사람은 오르간을 연주하고 있었다. 문이 폴웰에게 말했다: "피아노 치는 애는 내가 맡을 테니까 너는 오르간 치는 금발머리를 맡아." 하지만 짐 문이 결혼한 사람은 자기가 찍은 사람이 아닌 오르간 연주자 들로레스 클라크(Delores Clark)였다. 짐 문은 훗날 제리가 신뢰하는 협력 목사가 됐다. 제리는 마셀 페이트(Macel Pate)와 결혼했고 그녀는 제리의 교회에서 피아노를 치는 사랑스런 연주자가 됐다. 그녀 또한 루디 애트우드처럼 오케스트라를 연주하듯 건반을 다루며 생동감 있고 춤을 추는 교회 음악을 선보였다!

제리와 짐은 설교가 끝난 후 설교단 앞에 무릎을 꿇었다. 머리가 희끗한 전도자 갈랜드 캐리(Garland Carey)가 그들을 그리스도에게로 이끌었다. 제리는 신앙이 생기면서 모든 것이 바뀌었다. 그는 그날 저녁 설교에 반하는 행동들에 대해 회개했다. 욕하고 춤추고 영화 보러 가는 것을 멈췄다. 하지만 그는 못미더운 친구들을 포기하지 않았다. 오히려 친구들도 구원받게 하려고 노력했고, 할 수 있는 것을 다해 친구들이 교회에 오게 했다. 제리는 그들도 자신과 같은 경험을 하고 변화되기를 바랐다.

예수님은 제리에게 말씀하셨다: "나를 따르라." 그는 대답했다: "주님이 가라 하시는 곳으로 가고, 주님이 말하라 하신 것을 말하고, 주님이 하라 하시는 일을 하고, 주님이 원하시는 사람이 되겠습니다." 그는 개종한 다음 날 동네 백화점으로 가서 《스코필드 주석 성경》을 한 권 사서는 엄청난 양의 성경 구절을 암송했다. 그리고 미주리 주 스프링필드에 있는 침례성서대학교로 갔다. 생긴 지 2년 밖에 안 되어 사람들에게 알려지지 않은 학교였다. 유명한 교수도 없고 인가도 나지 않은 학교였다. 하지만 이곳에는 교수와 학생들 가운데 일하시는 하나님의 능력이 있었다.[9] 이렇게 이름 없는 성서 대학교에서 배출된 목회자들 중 몇몇은 미국에 위대한 교회를 설립했다.

젊은 시절에 시도한 홍보와 마케팅

목사님은 제리에게 시내에서 가장 큰 교회 주일학교에 참석해 하나님의 말씀을 전하는 방법을 배우라고 권유했다. 1952년 가을, 초신자였던 제리는 하이 스트리트 침례교회(High Street Baptist Church)에 다니기 시작했다. 당시 2천 명 이상의 성도가 출석하는 대형 교회였다. 그는 W. E. 도웰(W. E. Dowell) 목사를 찾아갔다가 주일학교 초등부 교사로 자원해 달라는 부탁을 받았다.

초등부 관리 교사인 맥스 호킨스(Max Hawkins)는 제리 폴웰이 초등부실로 들어올 때 한 번 보고는 제리가 좋은 교사가 될 재목은 아니라고 판단했다. 그동안 호킨스는 수많은 신학교 학생들이 열정에 달아올라 교사를 자원했다가 싫증을 내며 그만두는 것을 보아 왔던 터였다. 그는 제리에게 노골적으로 말했다: "당신 같은 신학생들한테 별 기대 안 합니다. 시작은 화려하게 하지만 금세 시들해지거든요." 제리는 물러서지 않고 주일학교 교사가 되고 싶다고 우겼다. 호킨스는 항복하며 마지못해 말했다: "좋아요. 11학년 남학생 한 명을 맡으세요." 보조 교사 한 명이 지하 회의실 구석에 의자 두 개를 놓고 테이블 주변으로 커튼을 매달았다. 폴웰에게는 교실도 없었다. 그는 그곳에서 수업을 했고 호킨스는 호시탐탐 그를 지켜봤다.

교사가 된 첫날, 제리는 검은 눈동자에 금발머리는 구불거리고 얼룩덜룩한 주근깨를 가진 조용한 아이 대릴(Daryl)을 만났다. 대릴은 폴웰의 첫 번째 성도나 마찬가지였다. 하지만 별다른 일은 일어나지 않았다. 이 반에 찾아오는 학생은 없었다. 6주가 지난 후 제리는 맥스 호킨스에게 그만두겠다고 말했다. "그럼 출석부 다시 돌려주세요." 출석부에 손을 뻗으며 호킨스가 말했다: "애초에 반을 내주고 싶지도 않았습니다. 마지못해서 그랬던 거예요." 상처 받은 제리가 약간 화를 내며 대답했다: "아니오, 그만두지 않겠습니다." 그는 출석부를 다시 잡아챘다. 호킨스는 그저 어깨를 으쓱하더니 자리를 떴다.

제리는 학생처장을 찾아가 남학생 기숙사 1층에 있는 빈 방 하나를 쓸 수 있는지 물었다. 창문도 없는 그 방에는 매트리스도 없는 야전침대 하나만 놓여 있을 뿐이었다. 그해 매주 오후 1시부터 5시까지 제리는 스프링 위에서 몸을 뻗고 기도를 했다. 하나님은 작은 주일학교 반 하나로 제리의 마음을 깨뜨리신 것이었다. 제리는 자신이 작은 일들에 충실하지 못하면 하나님은 절대 큰일에 축복을 내리지 않으신다는 것을 깨달았다.

제리는 그 방에서 많은 책들을 읽었고, 기도에 대한 도전을 받았다. 앤드류 머리(Andrew Murray), 조지 뮬러(George Mueller), 해나 위톨 스미스(Hannah Whitall Smith), E. M. 바운즈(E. M. Bounds) 같은 작가들의 글은 그의 세계를 더욱 확장시켰다. 폴웰은 도시 전체에 하나님을 전하고 싶었다. 그 다음에는 주(州)에… 온 나라에… 그렇다면 온 세상에 전할 수도 있지 않을까? 책을 읽으며 제리에게는 큰 목적을 두고 기도하겠다는 마음이 생겼다. 더 큰 목적을 향해 기도하자 비전이 확장되었고, 예수님을 섬기는 태도도 변화되었다. 가능한 모든 때에 가능한 한 모든 사람에게 다가가기 위해 가능한 모든 방법을 활

용하겠다는 생각은 이때 생겨났다.[10]

바로 다음 주 토요일 아침, 제리는 대릴과 함께 친구들, 즉 눈에 띄는 11학년 학생들을 찾아 나섰다. 운동장과 공터를 누비며 샅샅이 살펴보았다. 제리는 주일학교 반에 가능한 한 많은 학생들을 데려가기 위해 할 수 있는 모든 것을 했다.

매 주일이 되면 제리는 41년산 플리머스 자동차에 학생들을 태우고 하이 스트리트 침례교회로 향했다. 곧 학생들이 늘어났고 빈티지 자동차로는 감당이 안 되자 자동차를 가진 두 명의 룸메이트에게 부탁해 학생들을 주일학교로 태워 달라고 했다. 주일 아침이면 11학년 학생들을 가득 태운 자동차가 마치 긴 뱀이 기어가듯 스프링필드를 훑고 다녔다.

학생을 맡은 첫해에 제리의 반에는 고정적으로 출석하는 학생이 56명이나 생겼다. 간혹 특별 활동을 하는 날이면 100명을 훌쩍 넘겼다. 반에 있는 아이들은 모두 그리스도에게 헌신했으며 아이들의 부모님과 친구들도 함께했다. 제리는 만약 자신이 열심히 기도하고 사역하면 하나님이 무한한 가능성을 부어 주신다는 것을 깨닫게 되었다.[11]

여기에서 중요한 것은 구원받은 학생들의 숫자가 많다는 것, 젊은 폴웰이 마케팅 수법을 습득하고 마음에 품은 홍보 계획을 성공시켰다는 게 아니었다. 폴웰이 작고 텅 빈 기숙사 방에서 하나님을 감화시키는 방법, 간구하는 방법, 하나님의 능력을 퍼뜨리는 방법을 배웠고, 하나님이 그분의 뜻에 완전히 헌신한 젊은 청년을 사용하기 시작하셨다는 점이 중요했다.

교회에서 통한 마케팅

1956년 6월, 폴웰은 버지니아 주 린치버그에 다시 돌아와 교회 사역을 시작했다. 52명의 성도와 함께 시작한 교회 이름은 토머스 로드 침례교회였다. 거리의 이름을 딴 콘크리트 건물에서 시작했기 때문이었다. 건물은 약 167제곱미터 정도로 지금은 파산한 도날드 덕 콜라의 병입공장이었다. 그래서 도날드 덕 침례교회라고 불리기도 했다.

폴웰은 책상 쪽 벽에 린치버그 지도를 압정으로 고정시켰다. 그는 교회 사역을 시작하면서 도시를 중심으로 반경 1마일씩 원을 그렸다. 그리고 교회 바로 맞은편에 있는 집을 시작으로 모든 집을 방문하겠다고 마음먹었다. 매주 5일 동안 100가정을 방문하겠다는 계획이었다.

폴웰은 자기가 방문할 모든 가정의 주소와 이름을 적었고, 주말이 되면 8절지 정도 되는 소식지를 만들어 우편 발송을 했다. 소식지에는 종교적인 메시지 대신 지난주에 있었던 짜릿한 승리의 소식이 담겨 있었다. 폴웰은 교회에 처음 온 사람들의 이름과 출석 교인 수, 헌금 액수를 소식지에 담았다. 사람들은 도날드 덕 침례교회에서 일어나는 흥미로운 일을 함께 경험하고 싶었기에 조잡한 소식지를 읽기 시작했다.

폴웰은 가가호호 방문하면서 사람들이 라디오로 컨트리 음악 듣기를 좋아한다는 걸 알게 됐다. 그는 마셀 페이트와 데이트하러 리버뷰 공원 꼭대기에 갔다가 제임스 강을 가로지르는 매디슨 하이츠에 라디오 방송 탑이 건설되는 것을 보았다. 그는 말했다: "WBRG 방송사에 컨트리 음악 방송국이 또 생기는군. 방송으로 교회를 알릴 수 있으면 좋으련만."

제리는 방송사 사장 에퍼슨(Epperson) 씨를 만났고, 그는 제리에게 이렇게 말했다: "매일 아침 6시에 방송을 해 줄 사람을 찾고 있습니다." 에퍼슨은 제리가 자신이 찾던 사람이라는 것에 흥분을 감추지 못했다. 방송을 통해 신앙적 메시지를 전달할 수 있는 사람이었다. "30분짜리 프로그램 하시는 데 7달러입니다." 에퍼슨이 말했다.

제리는 이때부터 20년 동안 라디오 설교를 하면서 아침 일찍 일어나는 습관을 갖게 됐다. 그저 설교만 한 것이 아니었다. 개종하고 세례를 받은 사람들 이름을 불러 주고, 교회에서 일어나는 재미있는 일들을 얘기해 주었다. 생긴 지 얼마 안 되는 교회 하나가 린치버그에서 가장 흥미로운 사건의 중심이 되었다. 사람들은 이발소나 미용실에 모여서 교회에 대해 쑥덕거리기 시작했다.

제리가 심방을 시작한 지 6개월이 채 안 되는 어느 날, 그는 그동안 모르고 있던 사실을 발견했다. 사람들은 누군가 집에 오면 라디오를 껐다. 하지만 텔레비전은 달랐다. 사람들은 텔레비전 화면에 달라붙어서는 눈도 떼지 않고 제리의 말을 듣는 둥 마는 둥 했다. 텔레비전을 꺼 달라고 말하면 사람들은 기분 나빠했다. 제리는 텔레비전에 마음을 뺏긴 사람들을 보고 그도 TV에 출연해서 설교를 해야겠다고 결론을 내렸다. 그래서 린치버그 시내에 있는 ABC 방송국에 가서 30분에 90달러로 협상을 했다. 주일 저녁 뉴스 바로 전인 5시 반부터 6시까지 생방송으로 설교가 송출되기 시작했다.

제리는 토머스 로드에서 무슨 일이 일어나는지를 방송에서 얘기했다. 출석한 사람들의 이름과 참석자 수 그리고 두 배로 넓혀서 짓기 시작한 건물에 대한 소식이었다. 마셸이 피아노를 연주했고, 지역 감리교회에서 온 솔리스트 빌 브룩스(Bill Brooks)가 노래를 했다. 제리는 늘 마지막을 이렇게 말하며 끝맺었다: "땅콩 잼 샌드위치와 우유 한 잔을 드시려면 한 시간 안에 드세요. 제가 집 앞으로 찾아가 여러분과 악수를 할 테니까요." 거절하기 힘든 초대였다. 교회의 성도는 갑자기 증가했다. 첫해의 성도보다 864퍼센트나 늘었다.

2년째 되는 해에 폴웰은 목사님들과 함께 카리브 해로 휴가를 떠났다. 주일 오전 설교는 라틴아메리카 선교회의 대표인 케네스 스트라칸(Kenneth Strachan)이 전했는데, 그는 그리스도를 위해 각 나라를 정복해야 한다고 말했다. 스트라칸은 그것을 '심층 전도'라고 불렀다. 거창한 전도 운동이나 잘 알려진 복음 전도자, 유명한 가수들도 그 일을 이루지 못할 거라고 말했다.[12]

스트라칸은 중앙아메리카와 남아메리카, 거기에 카리브 해 지역에 있는 모든 나라에 복음이 가득하도록 계획을 세웠다. 대규모 집회나 이름 있는 복음 전도자를 만나지 못하는 밑바닥에 있는 사람들을 위한 전략이 시작됐다. 스트라칸은 '위에서부터 시작하는 거창한 운동'은 효과가 없다고 믿었다. 그는 남아메리카에 있는 나라들을 다니며 '밑에서부터 끓어오르는 복음 전도 접근법'을 장려했다.

스트라칸은 해가 바뀌면 모든 교회가 각 도시마다 크게 퍼레이드를 벌이라고 요청했다. 여러 교회가 연합해 행진하고, 젊은이들이 장식 차량을 타고, 구세군 악단은 행진곡을 연주하며 사람들의 이목을 집중시키라는 것이었다. 그해에는 모든 지역에서 여름성경학교를 열고, 광장에서의 기독교 영화 관람 그리고 각 지역의 재능 있는 사람들이 펼치는 음악 콘서트를 열 계획이었다. 그들은 모든 가정을 방문해서 전도지와 성경을 주고 오는 계획을 세웠다.

폴웰은 이 계획을 세우는 동안 복음 전도의 원리에 대한 정의를 다듬었다. 남은 생애 동안 그가 할 사역의 성격을 특징지을 정의였다. 그는 이것을 심층 전도 대신에 '포화 전도'라고 이름 지었다. 스트라칸이 한 나라를 전도하기 위해 모든 교회를 체계화하는 계획을 세우는 동안, 폴웰은 '가능한 한 모든 사람에게, 가능한 모든 때에, 가능한 모든 방법을 써서' 다가가기 위해 자신의 교회를 체계화했다.[13] 그는 고향으로 돌아와 린치버그를 복음으로 채웠고, 그 다음은 미국 차례였다. 이런 식으로 전 세계도 가능할 것이다!

폴웰은 누구나 절망적인 상황이 되면 하나님을 찾을 거라고 주장했다. 폴웰은 린치버그에 사는 주민들이 절망적인 상황에 빠졌을 때 토머스 로드 침례교회의 사역을 떠올려 주기를 바랐다. 그는 불신자들이 자신의 교회를 기억하고 전화를 걸어 주기를 원했다.

1960년대의 어느 날, 지역 사업가의 아들이 린치버그 고속도로에서 오토바이를 타다가 콘크리트 바닥에 미끄러져서 온몸의 피부가 벗겨지는 사고를 겪었다. 병원 응급실에 들어선 G. D. 스미스(G. D. Smith)는 자신의 십 대 아들이 온몸에서 피를 흘리는 것을 보고 비탄에 빠졌다. 그는 어둑어둑한 복도로 나와서 주먹을 하늘로 향하고 말했다: "오, 하나님. 제 아들을 살려 주신다면 무엇이라도 하겠습니다."

절망적인 상황이 닥치자 그는 토머스 로드 침례교회의 이름이 떠올랐다. 스미스는 전화번호부에서 제리 폴웰의 이름을 찾아서 전화했다. 젊은 목사는 몇 분 만에 병원에 나타났다. 어둑어둑한 복도에서 G. D. 스미스는 자신의 모든 죄를 회개하고 예수를 영접했다. 훗날 그는 주일학교에서 아이들을 가르쳤고 집사 직분을 받았다. G. D. 스미스는 몇 개의 기업체를 갖고 있어서 교회에서 진행하는 프로젝트에 자금을 댈 수 있었다.[14]

폴웰은 자신의 포화 전도 계획을 더욱 정교하게 다듬었다. 그리고 1971년 가을에 역사상 가장 큰 주일학교를 열겠다는 계획을 세웠다. 그는 전화번호부의 107쪽을 찢어서 린치버그에 사는 107명의 사람에게 전화를 걸었다. 역사상 가장 크고 재미있는 주일학교에 오라는 초대였다. 교회에서는 각 가정에 우편물을 세 개씩 보냈다. 소식지와 편지 그리고 마지막으로 시간과 장소, 주소를 다시 알려 주는 엽서였다. 행사가 있는 주의 목요일, 금요일, 토요일에는 지역 신문에 전면 광고를 냈다. 마지막으로 린치버그에 있는 라디오 방송국 열세 곳과 TV 방송국 한 군데에서 1분짜리 광고를 60번 내보냈다.

고등학교 학생들은 눈에 띄는 가로등 기둥마다 1만 장이 넘는 포스터를 붙였다. 중학생들은 린치버그에 주차된 모든 자동차 와이퍼에 1만 2천 장의 전단지를 꽂아 넣었다. 토요일에는 200명이 넘는 사람들이 모여 각 집을 방문하며 다음 날 있을 행사를 알렸다. 주일학교 학급에서는 전도 대회를 열고 가장 많이 전도하는 사람에게 줄 상품을 걸었다. 그리고 스티브 윙필드(Steve Wingfield)가 49명을 전도해《스코필드 주석 성경》을 상품으로 받았다.

안전 규정이 잘 지켜지고 있는지를 확인하기 위해 도시의 소방 담당자도 참석했다. 제리는 그 사람도 참석자 명단에 포함시켰다. 제리의 정확성을 의심하는 사람은 아무도 없었다. 폴웰이 참석자가 10,187명이라고 발표했을 때 관중은 미친 듯이 환호했다. 기록 때문이 아니라 모든 사람이 이 승리에 한 부분을 담당했기 때문이었다.

하지만 폴웰은 자신이 사는 도시에 복음을 전하는 것으로 만족하지 않았다. 다음 계획은 세계였다. 1972년 봄, 전 세계에 있는 모든 사람에게 동시에 복음을 전하겠다는 계획이 선포됐다. 그는 유명한 기독교 라디오 방송국들을 섭외해 모든 나라에 각 언어로 라디오 방송을 송출하는 일정을 조정했다.[15] 그런 후 라디오와 텔레비전 방송으로 송출할 자신의 설교를 각 나라 언어로 번역하도록 했다. 마침내 모든 방송국은 한 날에 가능한 언어를 다 사용해 폴웰의 설교를 송출할 수 있었다.

폴웰은 교회 성도들과 리버티대학의 학생들에게 하루 동안 속죄일 금식을 하자고 촉구했다. 그는 영혼이 구원을 얻을 수 있도록 그리고 고통 받는 자들에게 재정이 흘러갈 수 있도록 기도하라고 가르쳤다. 폴웰의 마음에는 보다 큰 계획이 세워지고 있었다.

폴웰은 그저 린치버그 혹은 버지니아 주에서만 복음을 전하려던 게 아니었다. 그는 전국을 복음으로 가득 차게 만들고 싶었다. 폴웰은 〈올드타임 가스펠아워〉 사역에 헌신한 사람들의 주소록을 모았다. 그리고 원래는 린치버그 침례대학교라는 이름이었던 리버티대학교 사역에 연결시켰다. 제리에게는 거대한 대학교를 만들고자 하는 계획이 있었다. 그는 나에게 말했다: "엘머, 교수를 고용하고 카탈로그를 만들고 수업 계획을 짜 주세요. 그러면 저는 학생을 모으고 재정을 확보하고 건물을 짓겠습니다. 우리 함께 세상에서 제일 큰 기독교 대학교를 만들어 봅시다."[16]

나는 1971년 6월 1일부터 일을 시작했다. 나는 1년 예산으로 15만 4천 달러에서 15만 8천 달러가 필요하다는 예산안을 그의 책상 위에 놓았다. 그리고 말했다: "종잣돈으로 5천 달러가 필요해요." 폴웰이 대답했다: "돈이 하나도 없습니다. 월요일마다 파산한다고요." 내가 말했다: "어제만 해도 기부금으로 모은 1만 2천 달러가 있었는데요." "그거 3주 전에 다 썼습니다." 제리는 웃으면서 금요일 오후에 발행한 수표를 처리하느라 매주 월요일 오전이면 은행에 달려간다고 설명했다. "대학이 어떻게 하면 돈을 모을 수 있을까요." 이것은 질문이라기보다는 한탄이었다. "오늘 밤 구해 봅시다."

제리와 나는 오후 4시쯤 교회를 나와 서쪽으로 100마일을 달려

블루리지 산에 있는 남침례교파의 마운틴 뷰 침례교회(Mountain View Baptist Church)로 차를 몰았다. 우리는 그곳에서 자신의 차에 있는 복음성가 가수인 더그 올덤(Doug Oldham)을 만났다. 그는 벌써 그날 저녁 판매할 음반을 로비에 내놓은 상태였다.

저녁 7시가 되자 더그는 30분 동안 콘서트를 이끌어 갔다. 사람들이 그를 왜 좋아하는지 알 수 있는 무대였다. 나는 10분 동안 세상을 바꿀 대학에 대한 비전을 설명했다. 그런 후 제리가 성경을 꺼내 시편 84편을 읽었다: "내 하나님의 성전 문지기로 있는 것이 좋사오니." 그는 문지기가 사람들이 텔레비전 설교를 들을 수 있게 문을 잡아 줄 수 있고, 젊은이들이 세상을 사로잡을 수 있도록 훈련시킬 수 있다고 설명했다. 제리는 일주일에 1달러를 기부하는 것으로 문지기가 되어 동역에 참여해 달라고 요청했다. 그러면 방송 전파를 통해 세상에 복음을 전할 수 있고, 그리스도를 위해 밖으로 나갈 젊은이들을 '그리스도의 챔피언'으로 훈련할 수 있다고 설득했다.[17]

"타운즈 박사가 여러분께 봉투 52개가 든 꾸러미를 드릴 겁니다." 제리가 설명했다. "첫 번째 봉투에 1달러를 넣으시고 다시 제출해 주시기 바랍니다." 그날 밤 나는 문지기 꾸러미를 나눠 주고 봉투를 다시 모으느라 복도를 오르락내리락했다.

"얼마 모였습니까?" 집으로 돌아오는 길에 제리가 물었다. "75달러입니다." 내가 대답했다. "아니에요. 3,900달러입니다. 75명의 사람들이 일주일에 1달러를 52주 동안 내니까 곱하면 3,900달러가

됩니다."

우리는 일주일에 1달러씩 내는 기부자들을 문지기라고 불렀다. 그런데 미국 국세청은 우리가 1달러를 받을 때마다 영수증을 발급해야 한다고 알려 왔다. 연말에 한꺼번에 모아서 영수증을 발급할 수 없다는 것이었다. 그래서 제리는 한 달에 10달러를 받는 것으로 바꿨다. 그런데도 거의 모두가 그대로 따라 주었다. 이제 그들의 새로운 이름은 신앙의 동반자가 되었다. 1970년대와 1980년대에 물가 상승이 일어났고, 제리는 한 달에 15달러로 올렸다가 후에는 20달러까지 올렸다. 그럼에도 후원자들은 자리를 지켰고, 이들의 수는 십만 명에 달했다. 리버티대학교는 곧 건물을 지을 수 있었다. 하지만 신앙의 동반자들은 그저 건물 때문에 기부한 것이 아니었다. 그들은 이 사역에 동참하고 싶었던 것이었다.

앞서 나는 컴퓨터 본체라고 불리는 네 개의 커다란 검은 기계를 언급한 적이 있다. 메일링 리스트는 수십만 개의 IBM 카드에 저장됐다. 제리는 자신의 후원자에 대해 검토하면서 그들을 다섯 가지 분류로 나눌 수 있다는 것을 발견했다. 한 가지 사역 활동에 기부하는 사람들은 대부분 그 사역에만 충직함을 보이며 다른 분야의 사역에는 기부하지 않는다. 나는 후에 이것에 관해 글을 쓰면서 '청지기의 다섯 주머니'라는 이름을 붙였다.[18] 이것으로 인해 제리는 기부자들이 관심 있어 하는 사역에 대해서만 기부 요청 편지를 보내는 홍보 방식을 쓰게 되었다. 폴웰은 홍보비를 절약하면서도 효과는 극대화시켰다. 그는 기부자의 75~80퍼센트가 관심 있는 사역에는 열심히 기부하지만 다른 영역에 있어서는 반응하지 않는다는 것을 알게 되었다.

1979년, 제리는 정치판에 뛰어들어 로널드 레이건의 선거활동을 도왔다. 이것은 교회의 모든 기부자 파일이 디지털화가 된 후였다. 이제 이름들은 IBM 카드 대신에 두껍게 말려 있는 마그네틱테이프에 저장됐다. 제리가 세속주의에 대응하기 위해 도덕적 다수 운동을 시작했을 때, 그는 청지기의 주머니가 또 하나 있다는 것을 발견했다. 여기에 해당하는 사람들은 완전히 다른 부류였다. 그들은 거듭난 운동가로서 정치적 보수성에 관심을 둔 사람들이었다. 폴웰이 보수적인 정치에 대해 설교하면 다른 부류의 청지기들은 반응하지 않았지만 여기에 포함된 사람들의 모금액은 상승했다.

청지기의 다섯 주머니

1. 기본 운영 자금 - 기본적인 고지서나 운영비에 쓰인다.
2. 벽돌과 회반죽 자금 - 건축 프로젝트에 쓰인다.
3. 선교 자금 - 해외 선교에 쓰인다.
4. 아이비 자금 - 대학 교육비 지원으로 쓰인다.
5. 인도주의 자금 - 정수와 의복, 주거지 등 도움의 손길을 구하는 사람들에게 쓰인다.

메일링 리스트 구축하기

폴웰의 출판물 편집장으로서 나는 〈저널 챔피언〉(*Journal Champion*) 신문 발행을 시작했다. 소식지가 격주로 백만이 넘는 가정에 발송될 만큼 메일링 리스트가 너무 많아졌다. 목회자에게 발송되는 것만 약 십만 부였다. 신문으로 인해 제리는 엄청난 정치적 영향력을 갖게 됐다. 대부분의 사람들은 도덕적 다수의 영향을 받아 로널드 레이건이 대통령이 되었다고 생각한다. 물론 레이건이 대통령이 된 데에는 이 밖에도 다른 이유가 있었다.

1987년 〈샬럿 옵서버〉(*Charlotte Observer*) 신문이 짐 베이커가 어떤 여성과 육체관계를 가진 사건을 전하면서 상대 여성의 이름을 발표했다. 이로써 기독교계의 TV 홍보 시대는 막을 내리게 됐다. 짐 베이커는 TPL 방송국에서 매일 방송을 하던 텔레비전 진행자였다. 신문 기사에는 성적인 죄와 더불어 그의 부실 경영에 대한 내용도 있었다. 뉴스가 터지기 전날 밤에 제리는 몇몇 교회와 리버티대학의 지도자들을 불렀고, 바로 다음 날 아침에 뉴스가 날 것이라고 알려주었다. 그는 미래를 점치는 예언가처럼 이 사건으로 인해 텔레비전 왕국이 무너지게 될 것이라고 말했다. 혼자만이 아니었다. 빌리 그레이엄, 로버트 슐러, 수정 교회까지 모두가 영향을 받았다. "이 뉴스 때문에 재정 후원도 끊어질 겁니다." 그는 말했다: "사람들은 이제 아무도 믿지 않을 겁니다."

1년도 채 안 되어 〈올드타임 가스펠아워〉의 기부금액은 1년에 2,400만 달러나 떨어졌다. 남은 3백만 달러는 주로 신앙의 동반자들이 보내 온 기초 운영비였다. 해외 선교나 대학 건물 신축, 인도주의 프로젝트에 쓰이는 자금은 말라 갔다. 제리는 미국 전역에 걸친 210개의 TV 방송국을 통해 계속해서 설교했지만 빚은 늘어 갔다. 수천 개의 종교 방송 프로그램들은 제작이 중단되거나 없어졌다. 헌금으로 프로그램 시간을 구매할 수 있는 교회들은 방송을 유지했으나 그마저도 주일 오전 설교만을 방송할 뿐이었다.

제리는 100달러 기부와 더불어 10달러 혹은 20달러 기부들이 사라지는 것을 발견했다. 기부라는 것은 신뢰를 기반으로 하는데, 아무도 텔레비전 설교자를 믿지 않는 것 같았다. 제리는 교회와 대학의 자산을 매각해 직원들 월급과 운영비를 충당하기 시작했다. 쇼핑센터가, 리버티 산의 부지가 그리고 전국으로 송출되는 텔레비전 네트워크가 팔렸다. 리버티대학은 크래덕-테리 제화(Craddock-Terry Shoe Company)의 국제 본부를 가지고 있었으나 그것도 매각했다. 1억 4백만 달러까지 치솟았던 부채를 5,200만 달러까지 줄일 수 있었다.

재정이 가파르게 추락하기 전, 제리는 리버티 성경 학습 프로그램을 판매하기 시작했고, 천 달러였던 오디오테이프와 문제집 1,200부가 팔렸다. 그리고 마침내 판매 실적은 십만 부를 달성했다. 그는 이 프로그램을 단기간 자격증 과정으로 내놓았고, 고가의 성경을 원래 가격의 10퍼센트 돈으로 사들여 제값을 받고 팔았다. 이러한 전략 덕에 사역은 도산을 면하게 됐다.

어떤 부유한 사업가 한 분이 몇 번이나 급여를 내 주는 일도 있었다. 그는 네 명의 공인회계사를 보내 회계 감사를 도와줬다. 직원들의 가치와 각 직원이 벌어들이는 돈을 비교하는 것이었다. 학부와 직원, 관리 용역의 3분의 1이 '검은 금요일'(Black Friday)을 맞아 내보내졌다. 대학의 전공 부서가 없어지고 수업이 중단됐으며 교수진이 해고됐다. 이렇게 소비 금액이 소득액보다 낮아졌다. 그러자 얼마 안 가 지출되던 금액을 모을 수 있었다. 하지만 사역의 모든 부분들이 힘을 잃고 둔화됐다.

짐 베이커의 사건으로 기독교 텔레비전 사역이 손상을 입었던 바로 그때, 리버티대학은 LUSLLL(리버티대학 평생 학습, Liberty University School of Life-Long Learning)을 시작했다. 대학의 수업과 학부 과정이 판매되었고, 사람들은 집에서 공인된 학위를 취득할 수 있었다. 처음에는 원격 학습자가 비디오카세트로 수업을 보며 교재와 자료를 가지고 공부했지만 훗날 디지털화 된 LUSLLL로 학생들은 컴퓨터와 인터넷으로 수업을 들었다. 매체를 통한 수업 판매는 리버티대학교가 가진 재정적인 문제에 대한 또 하나의 해결 방식이었다.

리버티대학교는 25년에 걸쳐 온라인 프로그램을 완성시켰다. 검은 금요일 이후 대학에 남은 학생은 3,400명이었다. 지금은 1만 3천 명 이상의 기숙사생과 9만 명 이상의 온라인 학생들이 있다. 예산의 단위는 백만 달러가 아닌 10억 달러가 되었다.

마케팅/매체 중심 교회의 강점과 취약점

마케팅/매체 중심의 교회가 가진 강점은 지상 명령 수행에 헌신한다는 점이다. 예수님은 지상 명령에 몇 가지 지시를 더하셨다: "가서 … 가르쳐 … 제자를 삼아 … 모든 민족을 …"(마 29:19, 막 16:15, 행 1:8 참조). 마케팅/매체 중심의 교회는 밖으로 향하는 것에 초점을 맞추기 때문에 교회에 오지 않거나 이웃이 아닌 사람들에게도 복음을 전할 수 있다고 주장한다. 이것은 전통에 사로잡혀 프로그램을 중시하고 유지하는 데 급급한 대부분의 지역 교회와는 정반대다.

마케팅/매체 중심의 교회들은 성경 속에 불신자를 향해 다가가는 예시가 넘쳐난다는 데 주목한다. 2천 마리의 귀신이 들렸던 남자(막 5:5 참조)를 기억하는가? 예수님이 그를 고치시자 남자는 주님과 함께 가게 해 달라고 간구했다. 하지만 예수님은 그에게 말씀하시길 집으로 가서 친구에게 이 사실을 전하라 하셨고, 그는 데가볼리에 가서 자신이 겪은 이야기를 나눴다(막 5:18~20 참조). 안드레가 예수 그리스도를 만난 사건은 어떠한가?: "그가 먼저 자기의 형제 시몬을 찾아 말하되 우리가 메시아를 만났다 하고"(요 1:41).

게다가 우물가에서 예수님을 만나고 인생이 바뀐 여자에 대한 예도 있다. 그녀는 즉시 가서 동네 모든 사람들에게(그중 몇몇은 그녀와 함께 죄를 지은 남자였을 수도 있다) 예수님에 대해 전했다: "내가 행한 모든 일을 내게 말한 사람을 와서 보라 이는 그리스도가 아니냐"(요 4:29). 그리고 또한 오순절 날을 잊어선 안 된다: "큰 무리가 모여"(행 2:6). 사람들은 다락방에서 일어난 흥미로운 현상에 대해 알고 싶어 했다. 이것이 바로 복음을 전하는 방법이었던 것이다.

사도행전을 읽다 보면 또 다른 예들을 찾을 수 있다: "예루살렘 부근의 수많은 사람들도 모여 병든 사람과 더러운 귀신에게 괴로움 받는 사람을 데리고 와서 다 나음을 얻으니라"(행 5:16). 베드로와 요한이 다리 저는 남자를 고쳤고, 많은 사람들이 모여들자 회중에게 말씀을 전했다(행 3:11~12 참조). 2천 년이라는 시간을 빨리 감으면 마케팅/매체 중심의 교회를 성경 속에서도 볼 수 있다. 이런 교회들은 회중에게 메시지를 전하는 데 힘을 쏟았다.

성경 말씀 속 교회들은 당시 그들이 가진 것을 사용했고, 오늘날 교회들은 현재 가용한 매체를 사용한다. 여기에는 라디오, 텔레비전, 소셜 미디어, 인터넷이 포함된다. 복음을 전하는 기독교 라디오 방송은 수백 개에 달하고, 복음을 선포하는 기독교 텔레비전 방송도 수백 개가 있다.

그러나 마케팅/매체 중심의 교회에도 취약점이 존재한다. 우선, 기독교의 메시지를 보잘것없이 만드는 경향이 있다는 점이다. 그들은 불신자에게 아주 강력한 메시지를 전하지만 이미 자신들의 울타리 안에 있는 성도들을 세우거나 제자를 양성하는 것은 똑같이 중시하지 않을 가능성이 있다. 불신자를 끌어 모으고 설교단에서 복음을 강조하기 때문에 오히려 "날마다 제 십자가를 지고 나를 따를 것이니라"(눅 9:23)는 그리스도의 명령을 축소할 수 있다는 것이다. 이런 교회에서 가장 중점적인 메시지는 '예수 그리스도가 구원하신다' 이기 때문에, 거듭난 사람들은 복음을 넘어서 예수님을 매일 따른다는 기대감을 느끼지 못할 수가 있다. 결과적으로 마케팅/매체 중심의 교회에서는 예수 그리스도에게 헌신하는 수준이 사람들의 기대치보다 훨씬 낮아지게 된다. 그리스도를 위해 결단하던 사람들이 생길 수는 있겠지만 예수 그리스도의 제자가 되지는 못한다.

두 번째 취약점으로는 이러한 교회들이 '흥미 위주'라는 점이다. 청취자들을 끌어 모으기에 바빠서 성경에 있는 하나님의 메시지를 전하지 못한다. 교회가 사람 모으는 것에 급급하면 하나님, 그분의 거룩하심, 공의로우심 그리고 하나님을 찬양하는 것에 맞춰진 초점이 흐려지는 경향이 있다. 확실히 매체를 잘 활용하고 마케팅 활동을 하는 교회들은 대개 성장하는 교회나 대형 교회 가운데서 발견된다. 어떤 의미에서, 전통에 묶인 교회들이 좀 더 폭넓게 성경적 교육 과정에 매달리는 것과는 달리 모든 교회는 좀 더 복음 전도를 지향해서 사역해야 할 필요가 있다.

세 번째 취약점은 역동적으로 소통하는 목사가 마케팅/매체 중심의 교회를 이끌어야 한다는 것이다. 소통을 잘할수록 교회도 더 성장하게 되고 대형 교회가 될 가능성이 생긴다. 그러나 소통을 잘한다는 것은 그들이 모두 성경 해설가라거나, 병원에 심방을 간다거나, 목회자가 매일 해야 할 일을 수행한다는 것을 의미하는 게 아니다. 모두가 중보기도를 하는 중재자라는 뜻도 아니고, 장례식에서 우는 사람들을 위해 눈물을 흘리는 기름부음 받은 자라는 의미도 아니다. 마케팅/매체 중심의 교회에서는 아무나 목회를 할 수 있는 게 아니다. 모두가 그 방면에서 은사를 받은 게 아니기 때문이다. 이것은 무엇을 의미하는가? 교회라고 해서 모두가 마케팅/매체 중심의 교회가 되지 않는다는 의미다.

하지만 많은 사람들은 교회 성장과 마케팅/매체 중심의 교회를 동일시한다. 그들이 기대하는 것은 무엇인가? 사람들은 모든 교회가 공격적으로 홍보 활동을 하고 마케팅을 이해하며 즉각적으로 다양한 매체를 통해 복음을 전하기를 기대한다. 하지만 많은 교회들은 이런 기술적 능력과 매체를 사용할 기술자가 없는 실정이다. 홍보 활동을 가능하게 해 줄 기술 장비에 투자할 자금이 없다. 마케팅/매체 중심의 교회가 심혈을 기울여야 할 부분이 있는데, 장비를 구입하고 통신 기술을 습득하고 마케팅의 최신 경향을 받아들이면서 계속적으로 매체의 '제국'을 운영하려면 돈을 마련해야 한다는 것이다. 그러나 이 부분에만 헌신할 수 있는 목회자는 거의 없다. 따라서 마케팅/매체 중심으로 효과를 본 교회도 아주 소수일 수밖에 없다.

또 다른 문제가 있다. 만약 '어딘가에서' 청중이 예수님을 영접했다면, 그들은 어떻게 기독교 공동체를 경험할 수 있는가? 그들은 어떻게 지역 교회에 의무를 다할 수 있는가? 지역 교회는 그들을 어떻게 보살필 수 있는가? 마케팅/매체 중심의 교회는 반드시 이 질문을 제기해야 한다: "누군가가 우리의 메시지로 신앙을 갖게 됐는데 우리 교회에 출석할 수가 없다면, 그렇다면 어떻게 해야 하는가?" 이 질문은 좀처럼 제기되지 않거나 혹은 마케팅/매체 중심의 교회가 효과적으로 처리하는 문제로 보인다.

결국 마케팅/매체 중심의 교회들은 세상의 기술에 사로잡혔고 복음의 격을 낮췄다. 불신자들을 끌어들이기는커녕 오히려 그들을 밀어낼 가능성이 있는 것이다. 요즘에는 주일 점심을 무료로 제공하는 교회도 있고, 열쇠고리를 주거나 출석 선물을 주는 교회도 있다. 할리우드가 광고로 유명해진 것처럼 캘리포니아 주 할리우드에 있는 제일 장로교회(First Presbyterian Church)도 잘 알려진 기수 로이 로저스(Roy Rogers)와 그의 말 트리거(Trigger)를 이용해 주일학교에 사람을 모았다. 다른 교회들은 잘나가는 사람들(스포츠 선수, 정치가, 영화배우들)을 초빙해 사람들을 끌어들였다.

교회가 사람을 끌어 모은 것은 기독교에 생긴 새로운 현상이 아니다. 그저 마케팅과 매체가 폭발적으로 성장하면서 교회가 희열에 도취된 것뿐이다. 하지만 그들은 예수 그리스도를 알리기 위해 똑같은 방법과 매체를 사용할 수 있을까?

마무리

제2차 세계대전 이후 의사소통을 돕는 전자 통신 기기의 증가로 사람들이 다른 이들과 다양한 방법으로 소통하게 되었다. 하지만 보다 중요한 것은 통신 산업에 거대 조직이 생겼다는 것이었다. 즉 라디오, 텔레비전, 영화, 전화, 전보 등이 생겼고, 마침내 다양한 방식의 소셜 미디어를 가능하게 한 전자 장치가 쏟아졌다.

교회가 이러한 통신 수단을 최대로 활용해서 가능한 한 많은 사람에게 복음을 전달하고자 하는 것은 당연한 일이다. 제리 폴웰은 복음을 퍼뜨리기 위해 가능한 한 다양한 통신 수단을 정복하려고 애쓴 지도자였다. 물론 라디오와 텔레비전을 효과적으로 이용해 대중에게 설교를 전했던 사람들은 많았다. 하지만 제리 폴웰은 (인구 6만 명의) 규모가 작은 지방 방송국을 통해 지역 교회를 기반으로 사역했음에도 하나님이 교회를 축복하셨기에 흔치 않은 방법으로 쓰임 받을 수 있었다. 그가 바로 20세기 미디어 사역의 화신인 것이다.

The Ten
Most Influential
Churches
of the Past Century

 2부

그 밖의 트렌드와 교회들

Other Churches and Trends

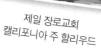

제일 장로교회
캘리포니아 주 할리우드

헨리에타 미어스

11

주일학교를 통한
전 연령의 성경 공부

제일 장로교회

캘리포니아 주 할리우드

캘리포니아 주 할리우드에 위치한 제일 장로교회는 1903년에 설립되었으며 주일학교와는 다른 기독교 교육 프로그램을 통해 성경교육 사역을 발전시켰다. 주일학교의 전체 교육 과정을 만든 것은 기독교 교육부서의 책임자였던 헨리에타 미어스였다. 교육 과정은 발전해 현재 복음의 빛 출판사(Gospel Light Publications)가 되었고, 이 커리큘럼을 사용한 다른 수천 개의 교회에 큰 영향을 끼쳤다.

미어스는 400명이 넘는 성인에게 성경을 가르쳤고, 이후 50년 동안 이곳에서 복음주의 지도자들이 배출됐다. 그녀의 제자에는 네비게이토 선교회의 설립자인 도슨 트로트맨(Dawson Trotman), 월드비전의 설립자인 밥 피어스(Bob Pierce), 대학생선교회의 설립자인 빌 브라이트와 보네트 브라이트(Bill and Bonette Bright)가 있다. 또한 그녀가 빌리 그레이엄에게 준 영향은 기록을 통해 찾아볼 수 있다. 헨리에타 미어스는 175명이 모이는 주일학교를 인계받아 매주 4천 명이 모일 만큼 성장시켰다. 할리우드 스타 수백 명도 예수 그리스도를 알기 위해 이곳을 찾았다. 거기에는 로이 로저스, 데일 에반스(Dale Evans)를 포함해 인기곡인 It is no secret what God can do(예수님이 무엇을 하실 수 있는지는 비밀이 아니에요)를 쓴 유명한 라디오 진행자 스튜어트 햄블런(Stuart Hamblen)도 있었다.

수정 교회
캘리포니아 주 가든 그로브

로버트 슐러 목사

12

긍정적 사고방식과
번영을 강조하는 교회

수정 교회

캘리포니아 주 가든 그로브

1955년, 로버트 슐러는 자동차 극장에서 교회 사역을 시작했고, 차 안에 있는 사람들이 형식에 구애받지 않고 예배할 수 있도록 이끌었다. 마침내 3천 석을 갖춘 수정 교회가 건립되자, 그는 1만 명의 사람들 모두가 건물 벽에 붙일 창유리 한 장씩을 1,000달러에 사서 기부해 달라고 요청했다(나와 내 아내도 한 장 샀다). 슐러는 뉴욕 맨해튼에 있는 마블 협동교회 노먼 빈센트 필 박사의 책《긍정적 사고방식》(The Power of Positive Thinking, 세종서적 역간)을 읽고 영감을 얻었다.[1]

몇몇 주류 교회나 복음주의 교회가 '긍정적 사고방식' 과 관계가 있는 반면, '번영 신학' 의 경우에는 은사주의/오순절파의 교회 목사들과 더 관련이 있다. 캘리포니아 주 로스앤젤레스 인근에 있는 크렌쇼 기독교 센터(Christians Crenshaw Center)의 프레드 프라이스(Fred Price)가 그 예다.

긍정적 사고와 번영 신학이 둘 다 적용되는 곳으로는 텍사스 주 휴스턴에 위치한 레이크우드 교회(Lakewood Church)를 예로 들 수 있다. 한때 휴스턴 로키츠 농구장의 홈구장이었던 드넓은 곳에는 2만 6천 명이 넘는 사람들이 모여 조엘 오스틴(Joel Osteen) 목사의 설교를 듣는다.

코럴 리지 장로교회
(Coral Ridge Presbyterian Church)
플로리다 주 코럴 리지

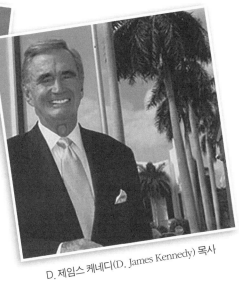

D. 제임스 케네디(D. James Kennedy) 목사

13

체계적인 접근법으로
영혼 구원에 힘쓰는 교회

코럴 리지 교회

플로리다 주 코럴 리지

D. 제임스 케네디 박사는 1958년 코럴 리지 장로교회를 열고 집집마다 돌며 심방을 하면서 거실에서 예수 그리스도를 전하고 그들을 교회로 이끌었다. 교회는 전통적 주류의 예배 형식과 교회력을 따랐다. 하지만 전도를 강조하는 설교, 그리스도를 영접하기 위해 제단 앞으로 불러내는 것, 혹은 전통적인 부흥회 같은 건 찾아볼 수 없었다. 2007년 케네디의 장례식에는 백만장자들이 참석해서 그가 자신들의 집에 찾아와 예수를 영접하게 해 주었다고 간증했다. 당시 그는 영혼 구원에 대해 체계를 세우고 교육하는 '전도 폭발' 프로그램을 사용했으며, 이것은 전 세계 모든 나라로 뻗어 나갔다.

피플스 교회(Peolpe's Church)
캐나다 토론토

오스왈드 스미스(Oswald Smith) 목사

14

외국인 선교를 조직하고
집중하는 교회

피플스 교회

캐나다 토론토

오스왈드 스미스는 캐나다 토론토에서 피플스 교회를 시작했고 강력한 복음주의적 설교를 전했다. 시간이 지나면서 교회가 가졌던 초기의 목표는 외국인 선교를 지원하는 것으로 바뀌었다. 그래서 재정, 기도, 외국인 선교회의 회원들을 향한 심방으로 도움을 주었다. 그렇게 외국인 선교비로 백만 달러를 내놓은 첫 번째 교회가 되었고, 그 후 2백만 달러를 낸 첫 번째 교회로 이름을 알렸다. 스미스는 선교사들을 방문하고 지역 교회에서 열리는 외국인 선교 학회에서 설교하면서 외국인 선교에 있어서 전 세계적 대사 같은 존재가 되었다.

빈야드 교회(Vineyard Church)
오하이오 주 신시내티

스티브 쇼그린(Steve Sjogren), 창립 목사

15

적극적으로
섬김의 전도를 행하는 교회

빈야드 교회

오하이오 주 신시내티

스티브 쇼그린은 오하이오 주 신시내티에 있는 빈야드 교회의 창립 목사다. 5명으로 시작한 이 교회의 성도는 매주 참석자가 7,500명이 넘게 늘어났다. 그는 교회를 설립하고 2년간 고군분투한 후 모든 것을 바치기로 마음을 먹었다. 그는 '우리는 얼마나 많은 사람을 섬기고 사랑하며, 얼마나 많은 사람에게 관용을 보일 수 있을까?'를 궁금해 했다. 그는 구호를 만들었다: '섬김의 전도: 사랑의 마음으로 소박하게 실천한 친절한 행위 하나가 세상을 바꿀 수 있다.' 섬김의 전도를 통해 쇼그린과 그의 교회는 선한 일을 행하려 노력했고, 그것으로 사람들의 삶에 복음을 전할 수 있는 통로를 만들었다. 쇼그린은 자신이 집필한 《자연적 전도》(Conspiracy of Kindness, 엔시디 역간)라는 책으로 유명해졌다. 그는 책에서 이렇게 말했다: "친절로 만들어진 다리를 통해 사람들은 하나님이 내미시는 사랑의 손길을 받아들인다."[1]

쇼그린은 자신의 교회를 조직적으로 체계화해서 이웃에게 친절한 행위를 베풀도록 했고, 그렇게 함으로써 불신자들이 교회에 관심을 갖고 결국엔 개종하도록 도왔다. 쇼그린 자신은 주유소나 편의점으로 가서 세차를 하거나 화장실 청소를 했다. 목사가 하지 않을 법한 일을 행한 것이다. 국제적인 조직이 세워지고 그의 생각에 동참하는 전국의 사람들이 기도하면서, 전에는 사회적 복음으로 알려진 수천 곳의 교회가 섬김의 전도를 그들의 봉사 활동에 포함시키기 시작했다.

노스우드 교회(Northwood Church)
텍사스 주 켈러

밥 로버츠(Bob Roberts) 목사

16

전도를 위한
교회 개척 전략

노스우드 교회

텍사스 주 켈러

1985년, 밥 로버츠 주니어는 텍사스 주 캘러에 노스우드 교회를 세웠다. 밥과 2천 명의 출석 성도들은 일반적인 방법으로 복음을 전하는 것 대신 교회를 개척하는 것으로 교회를 불렀다. 그렇게 200개가 넘는 교회를 설립했다. 거대한 대형 교회 하나를 건립하는 대신 교회 반경 10마일 이내에 스무 개의 교회를 세운 것이다.

《T-무브먼트: 스스로 증식하는 교회》(The Multiplying Church, GLPI 역간)의 저자이기도 한 로버츠는 매년 노스우드에서 교회 개척을 준비하는 예비 부부 십여 쌍을 훈련시키고 있다.[1] 마태복음 28장 19절의 지상 명령대로 다양한 인종 사회에 복음을 전하기 위해 교육생의 반 이상이 유색인종으로 채워진다. 로버츠는 사람들이 교회를 개척할 때 노스우드의 방식을 따르라고 고집하지 않는다. 그보다는 가정 교회, 전통적 교회 그리고 그 밖의 다양한 방식을 장려한다. 그는 이렇게 말한다: "우리가 원하는 것은 교회 개척에 필수적인 DNA를 끼워 넣는 것입니다. 그것은 사람들과 온 세계를 변화시킬 겁니다."[2]

교회 개척을 하는 교회로는 뉴욕의 리디머 장로교회(Redeemer Presbyterian Church, 100교회 개척), 워싱턴 주 시애틀의 마스힐 교회(Mars Hill Church, 100교회 개척), 조지아 주 덜루스의 페리미터 (장로)교회(Perimeter Church, 22교회 개척) 등이 있다. 조지아 주 북애틀랜타의 페리미터 교회도 증식하는 교회 분야의 선두 주자라고 할 수 있다. 설립 목사인 랜디 포프(Randy Pope)는 조지아 주 애틀랜타를 중심으로 순환도로 주변에[교회 이름이 Perimeter(주변)인 것도 그런 의미다] 100개의 교회를 여는 것이 목표라고 선언했다.

호타베체 감리교 오순절교회
(Jotabeche Methodist Pentecostal Church)
칠레 산티아고

에두아르도 두란 카스트로(Eduardo Duran Castro) 목사

17

곳곳에서 예배하는
멀티사이트 교회

칠레 산티아고
호타베체 감리교 오순절교회

칠레 산티아고의 호타베체 감리교 오순절교회는 감리교파의 해외 선교를 위한 노력에서 탄생한 교회다. 그러나 초기에 발현된 성령 임재로 독립 교파가 되었고, 현재는 오순절 성결교파에 소속되어 있다. 이 교회는 근대에 지어진 대형 교회 중 하나로, 1만 9천 석을 갖춘 건물에 출석 교인은 10만 명이 넘는다. 곳곳에 멀티사이트를 가진 오순절파 교회로 조직되었다. 도심지에는 예배당이라고 불리는 중심 교회가, 주변에는 성전이라고 불리는 65개의 교회가 그리고 십여 개의 지역 교회와 주일학교 선교회가 포진해 있다. 매주 10만 명이 넘는 성도가 출석한다. 1903년에 창립된 초기의 멀티사이트 교회이며, 한 명의 목사와 다수의 협동 목사 그리고 하나의 위원회 아래서 운영된다. 매년 한 번씩 열리는 성금요일 성찬식에 참석하기 위해 예배당에 참석하는 성도들만 출석에 집계된다.

영락 장로교회
대한민국 서울

한경직 목사

18

교파에 영향을 준
선구자적 교회

영락 장로교회

대한민국 서울

장로교에서 목사 안수를 받았던 한경직 목사는 제2차 세계대전 이후 전쟁 당시 우체국과 관공서로 쓰였던 건물에 가서 신사참배를 했다는 이유로 목사직을 박탈당했다. 하지만 그는 하나님이 주신 소명이 있었기에 자신의 죄를 뉘우치고 장로교단에 목사직을 복구해 달라고 간청했다. 그는 공산당의 점령을 피해 북한에서 온 정치적 급진파 피난민들이 쏟아져 오던 영락동에 파송됐다.

한경직 목사는 미군으로부터 텐트 하나를 빌려 교회를 시작했다. 성도가 늘어나는 만큼 텐트도 커져 2,400명이 앉을 정도로까지 확장됐다. 한경직 목사는 (모든 한국인들이 집을 짓고 있었음에도 불구하고) 집을 짓는 대신 성전을 먼저 건설함으로써 하나님을 우선시하자고 교인들을 격려했다. 그렇게 해서 거대한 예배당이 건립되었다. 영국 런던에 있는 웨스트민스터의 규모와 디자인을 반영한 스타일이었다. 1950년 5월, 미국의 국무부장관이자 장로교인인 존 포스터 덜레스(John Foster Dulles)가 교회를 봉헌했다.

그 다음 달 북한의 공산군이 남한을 침공, 교회 건물에 방화를 시도했으나 예배당은 불에 타지 않았다. 한 목사는 말했다: "예배당을 먼저 지은 여러분의 희생을 보시고 하나님이 예배당을 살리셨습니다." 영락교회는 교인 수 5만 명의 세상에서 가장 큰 장로교회가 되었다(다른 장로교회들도 중국엔 크게 성장했다). 가장 많을 땐 주일 예배가 일곱 번이나 있었다. 영락 장로교회는 제2차 세계대전 이후 급속하게 성장하며 앞서가는 교회가 되었다.

씨코스트 커뮤니티 교회(Seacoast Community Church)
사우스캐롤라이나 주 찰스턴 인근

그레그 슈랫(Greg Surratt) 목사

19

영상으로 예배하는
멀티사이트 교회

씨코스트 커뮤니티 교회

사우스캐롤라이나 주 찰스턴 인근

사우스캐롤라이나 주 마운트플레전트에 위치한 씨코스트 교회
는 처음으로 영상 예배를 이용해 효과적으로 복음을 전하는 교회
중 하나다. 오순절교파 목사인 그레그 슈랫은 전통적인 지역 교회
를 설립했다. 하지만 교회로 오는 길이 2차선 도로 하나인 교외 지
역에 둘러싸여 성장이 어려웠다. 그래서 슈랫은 위성 교회를 세우
고 영상으로 설교하기 시작했다. 토요일 저녁에 설교가 녹화되었고
사우스캐롤라이나, 노스캐롤라이나 그리고 조지아 지역에 있는 교
회에서 상영되었다. 현재는 열세 개의 지역에서 스물아홉 개의 주
말 예배가 열린다. 교회는 또한 미국 전역에 400개의 교회를 세운
교회 개척 네트워크 교회 연합 연맹(Association of Related Churches, ARC)
사역을 시작했다. 이 교회로 인해 21세기 멀티사이트 교회 문화가
급속도로 성장했다.

국제 시온의 영광 선교회
(Glory of Zion International Ministries)
텍사스 주 코린스

척 피어스(Chuck Pierce), 주창자

20

인터넷으로
세계와 소통하는 성도

국제 시온의 영광 선교회

텍사스 주 코린스

텍사스 주 코린스에 위치한 국제 시온의 영광 선교회는 주말마다 예배를 드리는 곳으로 1,500명이 상주하며, 온라인으로는 3만 명이 예배에 참여한다. 모든 신도들은 인터넷을 통해 서로를 돌본다. 회원이 되기 위해서는 온라인 수업을 거쳐야 하며 회원은 온라인으로 진행되는 세례와 성찬식에 참여한다.

주창자인 척 피어스는 텍사스 주 덴턴에 이 선교회를 세웠고 2004년에 인터넷 사역을 추가했다. 인터넷으로 예배를 드리는 가정 교회는 5천 개가 있으며, 컴퓨터로 주일 예배를 드리는 신도들을 관리하는 지도 목자도 있다. 가정 교회에는 평균 2명에서 25명의 신도가 있다(생물학적 가정보다 많다). 성도가 더 많은 인터넷 교회들도 있지만 이 교회가 영향력 있는 것은 신자들이 멤버십 수업을 통해 선교회에 헌신 서약을 하고 정기적으로 후원을 하며 인터넷을 통해 사역에 참여하기 때문이다.

또 다른 인터넷 교회로는 오클라호마 주 오클라호마시티에 있는 라이프처치(LifeChurch)가 있다. 라이프처치는 미국 전역에 열여섯 개의 캠퍼스 교회가 있고 시간대별로 50번이 넘게 설교 방송이 송출된다. 설립(1994) 목사는 크레이그 그로쉘(Craig Groeschel)이며, 혁신적인 지도자인 보비 그룬왈드(Bobby Gruenewald)가 사역하고 있다. 시온의 영광 선교회가 성도들을 예배와 사역에 참여시키려고 노력하는 반면, 이 교회의 인터넷 사역은 다른 교회에서 하는 미디어 사역과 비슷하다. 또 다른 인터넷 교회로는 플로리다 주 팜비치가든스에 위치한 크라이스트 펠로우십(Christ Fellowship) 교회가 있다. 매주 2만 명 이상이 예배를 시청하며 인터넷 사역을 크게 하는 교회다. 목사는 토드 멀린스(Todd Mullins)다. 이 교회의 성도들은 1인당 약 4달러 정도의 헌금을 내기 때문에 헌금 액수로 성도 수를 산출한다.

우리가 교회로부터 배울 수 있는 것

교회 사역자와 목회자들은 모두 자신들의 교회가 현재보다 더 큰 영향력을 갖기를 원할 것이다. 그러므로 이 책을 읽는 사람들은 다음 질문에 대한 답을 고려해야 한다: 우리는 이들 교회의 영향력을 보며 무엇을 배울 수 있는가? 우리 교회가 줄 수 있는 주요한 영향에는 무엇이 있을까? 우리가 교회에서 더 많은 성도들에게 영향을 줄 수 있는 방법은 무엇일까? 어떻게 하면 우리 교회가 다른 교회에게 영향을 줄 수 있을까? 어떻게 하면 우리의 영향력이 더 멀리 확산될 수 있을까?

나는 이들 교회에서 배울 수 있는 원리를 두 개의 영역, 즉 (1) 우리가 목회자로부터 배울 수 있는 것과 (2) 교회가 사용한 방식으로부터 배울 수 있는 것으로 분리했다.

우리가 목회자로부터 배울 수 있는 것
나는 평생을 바쳐 남성 여성 통틀어 위대한 교회 지도자들을 연구해 왔다. 10년 넘게 〈크리스천 라이프〉 잡지에 "1967~1976년까지 미국에서 가장 규모가 큰 10대 교회"를 기고했고, 10년간 "1975~1984년까지 미국에서 가장 급속하게 성장하는 10대 교회" 목록을 집필했다. 대개 위대한 교회와 그 교회에 속한 위대한 지도자를 분리해서 생각하는 것은 불가능하다. 어떤 교회가 위대한 경우 종종 교회 지도자의 삶과 사역을 연구함으로써 그 이유를 찾을 수 있다. 하지만 지도자 안에서 원인을 찾지 못하는 경우 당혹감을 느낄 수 있다. 이런 때 나는 성령님의 사역을 통해 교회들이 위대한 영향력을 갖게 된다는 결론을 내리게 된다.

1. 위대한 비전을 가진 지도자가 위대한 교회를 세운다. 모든 작용에는 반작용이 따른다는 인과법칙은 잘 알려져 있다. 대부분 작용의 힘에 비례해 반작용의 규모가 커진다는 상관관계가 존재한다. 따라서 나는 위대한 교회에는 위대한 목회자가 있기 마련이고, 그들은 비전을 개발하고 알리고 기도하면서 하나님이 그들 마음에 심으신 교회를 세우기 위해 노력한다는 결론을 내렸다.

옛 속담에 "세우지 않은 계획은 달성될 수 없다"는 말이 있다. 이 책에 실린 교회의 탁월함은 대개 지도자의 마음과 비전 안에서 시작됐다. 우리는 빌 하이벨스가 불신자들을 위해 교회를 세우고 싶어 했다는 사실을 알고 있다. 우리는 또한 조용기 목사가 UCLA의 캠퍼스보다 더 큰 교회를 세우고 싶어 했다는 사실도 알고 있다. 제리 폴웰과 W. A. 크리스웰도 마찬가지다. 따라서 우리는 영향력 있는 교회를 세우기 위해서는 비전이 절대적으로 필요하다는 것을 안다. 하지만 목회자들이 비전을 가졌다고 해서 모두가 꿈꾸는 교회를 세울 수 있는 것은 아니다. 여기에는 기술과 노동, 영적인 달성이 요구되기 때문이다. 그럼 이제 영향력 있는 교회를 세우는 다른 요소들을 배우기 위해 두 번째 영역을 살펴보자.

2. 위대한 영성을 지닌 지도자가 위대한 교회를 세운다. "위대한 지도자가 위대한 교회를 세운다"[1]는 문장은 보챔 빅(Beauchamp Vick) 목사가 한 말이다. 그는 미시간 주 디트로이트에 위치한 템플 침례교회의 목사로 1960년대에 미국에서 가장 큰 주일학교를 운영했다고 주장하기도 했다(1958년 12월 25일 〈라이프〉지에 양면 사진이 실렸는데, 거기에는 5천 명의 주일학교 학생들이 있었고, 따라서 집계가 가능했다).

하지만 빅이 말했던 '위대한 지도자'에는 좀 더 특별한 의미가 있었다. 그가 말한 위대한 지도자들은 하나님과 함께 걸으며, 많은 영혼을 구제하고, 하나님에게 간구하며 기도하는 사람들을 뜻했다. 그들이 위대한 교회를 세우게 된 것은 하나님의 능력이 그들의 삶 가운데 임했기 때문이었다. 빅은 이렇게 말했다: "위대한 지도자가 위대한 교회를 세우고, 보통의 지도자는 보통의 교회를 세웁니다. 그리고 연약한 지도자는 교회에 피해를 줍니다."[2] 빅이 말한 '연약한 지도자'는 육신의 죄에 굴복하고 자존심을 따라 행동하며 성실하게 사역하지 않는 게으른 사람을 뜻했다.

우리가 이 책에 수록된 10대 교회의 이야기를 읽으면서 지나치면 안 되는 것은 교회 지도자들이 하나님과 관계를 맺었다는 점이다. 분명한 것은 이들이 하나님에 대해 더 알고 하나님을 예배하기를 원했다. 이것은 교회를 세우고 창립하겠다는 계획보다 훨씬 이전에 일어난 일이었다. 그렇다면 하나님을 안다는 것은 지도자들에게 어떤 영향을 주는가? 지도자들은 하나님을 앎으로써 순수한 동기를 갖고 사역 안에서 힘을 얻는다. 하나님이 자신들을 통해 역사하시도록 내어 드린 사람들은 위대한 교회를 세우게 될 것이다.

3. 지도자는 위대한 용기를 지닌다. 자신들의 신념에 따라 행동하는 교회 지도자들은 때때로 주변 사람들의 충고를 거부하거나 심지어 당대의 사고방식을 거스르기도 한다. 그들 대다수는 이전에는 한 번도 시도되지 않았던 것을 계획하며, 하나님을 위한 사역을 위해 혁신적인 방법을 시도한다. 그런 다음 성도들에게 자신들의 비전을 알린다. 그들은 이 생각이 하나님으로부터 나왔다고 느끼기에 계획을 신뢰한다. 그래서 단호하고 용감하게 믿음으로 나아갈 수 있는 것이다.

사역을 쉽게 하려면 전통 또는 지인들의 충고를 따르거나, 아니면 롤 모델의 행동을 그대로 답습하면 된다. 하지만 이 책에 나온 영향력 있는 목회자들은 하나님으로부터 행군 명령을 받았다. 그들은 더 나은 책략을 생각하고, 설계하고, 만들었고, 작용시켰다. 하나님을 전하는 사람으로 영향력을 갖기 위해서는 소신에 따라 행동하는 용기를 갖춰야 하고, 자신의 꿈을 믿어야 한다. 위대한 용기는 위대한 순종으로 이어지기 때문이다.

4. 지도자는 위대한 순종을 행한다. 이 책에 나온 영향력 있는 목회자들은 뭔가 다른 것들, 즉 대체로 이전에는 한 번도 시행되지 않은 것들을 시도했다. 윌리엄 세이모어의 이야기를 떠올려 보자. 그는 미국 중서부에서 성령세례를 구하려 했지만 그 후 돈을 빌려 캘리포니아로 떠난다. 그곳에 있는 한 여성에게 누구에게도 없던 영적 비밀이 있다는 소식을 들었기 때문이었다. 만약 세이모어가 포기했다면 어땠을까? 세이모어에게 소신대로 행동할 용기가 없었다면 어땠을까? 하지만 그는 자신의 신념을 고수했고 그것을 행함으로 전 세계의 오순절학파와 은사주의에 지대한 영향을 미쳤다.

이 책에 수록된 교회의 위대한 목회자들은 당대까지 이어져 온 방법과 그것을 처리하는 방식에 만족하지 않았다. 아니었다! 그들은 필요성을 느꼈고, 하나님이 그 필요를 채워 주신다는 것을 알았다. 주일 하루 동안 전 세계의 모든 사람들에게 복음을 전하겠다는 제리 폴웰의 결심을 떠올려 보자. 그것이 얼마나 효과적이었는지는 알 수 없다. 하지만 제리 폴웰의 동기를, 그의 마음을 들여다보자. 그는 예수 그리스도가 명하신 지상 명령을 수행하고 싶었다: "만민에게 복음을 전파하라"(막 16:15). 위대한 순종은 위대한 영향력의 특징이 아닐까?

5. 지도자들은 위대해지려고 노력한다. 위대한 교회를 세우기 위

해 반드시 위대한 교회에 대해 연구하거나 그들의 사례를 따를 필요는 없다. 만약 그렇게 한다면 우리는 지도자가 아닌 추종자가 될 뿐이다. 하지만 이 책에 나온 목회자들은 자신들이 생각하기에 더 새롭고 좋은 방법으로 하나님의 뜻을 수행하는 것에 주목했다. 이들은 새로운 방식의 적용을 배웠고, 이를 통해 얻은 기반을 다른 이들과 나눌 수 있었다.

6. 세상에 영향을 주겠다는 숭고한 꿈을 가진 지도자에게도 결정적인 약점이 있다. 만약 윌리엄 세이모어가 성령세례라는 자신의 목표에만 매달리고 인종 차별의 쓴맛에 대해서는 다루지 않았다면 어땠을까? 성령이 그를 존 웨슬리나 다른 위대한 사람들보다 더 강력한 지도자로 만드실 수 있었을까? 사도 바울 이후에 교회 역사 가운데서 세이모어는 위대한 지도자가 될 수 있었을까?

마틴 루터 킹은 미국의 인종 차별 체제를 뒤흔들고 편견의 벽을 허물었다. 하지만 만약 킹이 육신의 성적인 타락에 굴복하지 않았다면 어땠을까? 그랬다면 영적으로 더 엄청난 영향을 주고 인종 차별을 좀 더 빨리 종식시키는 데 일조할 수 있었을까? 킹은 교회가 복음 전도하는 데 있어 영향을 줄 수 있었을까? 만약 킹이 성령에 의해 성경이 기록됐다는 축자영감설을 믿었다면 어땠을까? 그랬다면 듣는 이들의 마음 가운데 하나님의 성령이 역사하셔서 그들이 인종 차별의 벽을 해체하는 것뿐 아니라 성령이 백인과 흑인 모두의 마음 가운데서 일하시는 교회를 세울 수 있었을까?

조용기 목사는 기독교 역사상 가장 큰 교회를 세웠다. 하지만 만약 그가 교리적 황무지에서 방황하지 않았다면 더 많은 것을 성취할 수 있지 않았을까? 모든 위대한 영적 지도자들에게는 하나님이 그분의 목적을 이루기 위해 사용하시는 능력이 있는 것으로 보인다. 하나님이 왜 결점이 있는 사람을 사용하시는지 의구심을 가질 수도 있다. 하지만 우리가 (천국으로 승천하지 않고) 육신에 거하는 동안 우리 모두는 죄성을 지니며 우리의 연약함으로 유혹에 빠진다(요일 1:8, 10 참조). 발가락 사이에 때 없는 사람은 없으며 우리 모두는 "우는 사자같이 두루 다니며 삼킬 자를 찾"는 마귀와 마주하게 되는 것이다(벧전 5:8).

이것은 무엇을 의미하는가? 우리는 이 땅에서 무언가를 성취한 사람을 칭송하면 안 되는 것인가? 아마 괜찮을 것이다. 하지만 우리의 찬양은 모든 일을 행하신 하나님에게 영광 돌리는 데 역점을 두어야 한다. 결점에도 불구하고 인간을 사용하시는 하나님의 인자하심과 자비를 찬양해야 하는 것이다.

이러한 질문이 나올 수 있다: '하나님이 왜 우리를 사용하시는가?' 우리 모두에게는 연약함이 있고 "우리가 이 보배를 질그릇에 가졌으니"(고후 4:7) 우리가 살아 있는 동안 가지고 있는 재능으로 하나님을 위해 할 수 있는 모든 것을 하자고 결심하는 것은 어떤가. 하나님을 위해 할 수 있는 한 가장 위대한 영향력을 지닌 사람이 되겠다고 결심해 보자.

우리가 교회가 사용한 방식으로부터 배울 수 있는 것

우리는 그리스도가 교회와 사랑에 빠졌다는 것을 기억해야 한다. 성경에는 이렇게 기록되어 있다: "그리스도께서 교회를 사랑하시고 그 교회를 위하여 자신을 주심 같이"(엡 5:25). 그러므로 이 땅에서 예수 그리스도의 교회가 잘되기를 바라는 마음을 지닌 모든 사람들은 축복을 받을 것이다. 이 책에 기록된 지도자들의 영향력이 대단히 강렬했던 것은 그들이 교회를 통해 자신의 사역에 집중했기 때문이다. 이들은 교회를 공격하지도 않았고, 선교 단체를 구축하기 위해 교회를 버리지도 않았다. 이들은 헌신적인 성직자였다.

1. 하나님은 특정 교파의 이름표나 신학 체계로 감명받으시는 분이 아니다. 하나님이 세상을 변화시키시기 위해 사용한 교회들에 얼마나 많은 교파가 포함되어 있었는지에 주목하자. 지난 100년간 가장 영향력 있는 10대 교회 가운데 네 곳이 오순절파였다. 중국의 유기적 가정 교회 구조를 유심히 살펴보면 그중의 대다수 역시 오순절파라는 것을 알 수 있을 것이다. 그렇다면 침례교는 어떠한가? 가장 영향력 있는 교회 중 세 곳은 침례교의 이름을 갖고 있다. 11에서 20까지 거론된 교회 중 두 곳은 장로교다. 독립 교회인 세 곳의 교회는 이름 붙이기 나름이다. 하지만 이런 독립 교회들조차 유대감을 형성하거나 세력을 확장하면서 자신들만의 '교파'를 형성하고 있다.

하나님의 축복에 대해서는 어떠한가? 하나님의 축복은 세례의 형태, 신학 체계 혹은 교회 행정과는 상관이 없다. 하나님은 지상 명령에 헌신하고 예수 그리스도를 위해 잃어버린 영혼을 구하고자 하는 교회를 사용하신다.

바울이 믿음, 소망, 사랑이라는 세 가지 자질에 대해 묘사할 때 (고전 13:13 참조) 그가 언급한 것은 하나님이 사역 안에서 축복하신 자질이었다. 믿음은 그분을 향한 절대적인 확신이다. 소망은 미래에 대한 완벽한 신뢰다. 사랑은 다른 이에 대한 완전한 수락이다. 하나님을 신뢰하고 소망을 가지며 미래에 전념하고 사람들을 깊이 사랑하는 자들에게 하나님의 축복이 임하는 것으로 보인다. 하나님은 이러한 지도자들을 축복하신다. 왜냐하면 이들은 자신들을 축복받기 합당하게 만들기 때문이다. 즉 이들에게는 '축복을 얻는 재능'이 있었다.[3]

2. 하나님은 문화를 이해하시며, 우리가 속해 있는 문화 속에서 신앙생활하길 원하신다. 이 책에서 우리는 '동화된'[4]이라는 단어를 사용해 왔다. 이것은 그리스도인들이 문화를 이해해야 하며 자신들이 속한 사회에서 살아야 한다는 것을 의미한다. 예수님이 우리에게 세상 가운데 있지만 세상에 속하지는 말라고 말씀하지 않으셨던가?(요 17:11~16 참조) 이 구절은 무엇을 의미하는가?

우리가 주변인들처럼 옷을 입어야 하면서도 우리의 신체를 선정적이고 유혹하듯 내보이지 않아야 한다는 것을 의미하는 것은 아닐까? 우리의 옷은 이목을 집중시키지 않아야 하고, 사람들이 우리의 의복을 넘어 "너희 안에 계신 그리스도 … 곧 영광의 소망" (골 1:27)을 보도록 문화에 어우러져야 한다는 것을 의미하는 것은 아닐까? 그리스도인들은 일하고, 친구들과 관계를 맺고, 먹거나 거주하는 방식에 있어 다른 사람들과 관련해서 살아야 한다는 것을 의미하는 것은 아닐까? 그렇다. 성도들은 그들을 둘러싼 문화에 동화되어야 한다. 하지만 거기에는 그리스도인들이 먹거나 마시지 말아야 할 음식이나 음료가 있을 수 있다. 순전히 그들의 신체와 정신을 파괴한다는 이유 때문이다. 바울은 세상으로부터의 구별에 관해 이렇게 질문했다: "너희가 하나님의 성전인 것 … 알지 못하느냐" (고전 3:16).

이 책에 거론된 교회들은 교회에 있는 성도들을 변화시켰고, 이들은 다른 교회에 있는 성도를 변화시켰으며, 결국 그들을 둘러싼 문화가 변화되었다. 중국의 가정 교회 성도들은 호주 시드니의 성도나 버지니아 주 린치버그에 있는 침례교회 교인처럼 옷을 입지 않는다. 한국의 순복음교회 셀 모임에 가는 사람은 미국인처럼 옷을 입지 않는다. 이것은 그리스도인들이 문화에 받아들여졌음에도 그 문화보다 자신들을 우위에 둠으로써 예수 그리스도를 위해 문화에 영향을 줄 수 있다는 것을 시사한다.

하지만 다 해진 청바지와 티셔츠에 맨발로 갈보리 교회에 참석하는 예수쟁이들은 어떠한가? 그들은 처음부터 '죽은' 교회 안에 있는 전통적 문화, 즉 주일의 '나들이 옷' 같은 문화를 공격하려던 것은 아니었다. 또한 처음부터 미국의 사회 관습에 저항하려던 것도 아니었다. 그들은 자신들이 살아온 방식대로 그저 자연스럽게 교회에 출석했을 뿐이었다. 그들은 예수님을 예배하고 다른 이들과 교제하며 하나님의 말씀을 배우기 위해 교회에 왔다. 이들의 진정성 가득한 예배는 전통적 교회의 예배보다 우수하게 보인다. 결국 이런 차이점을 통해 전통적 교회의 의상 문화에 영향을 준 것이다.

3. 교회도 생명이 있는 유기체처럼 생애 주기를 갖고 있다. 부흥이 일어난 상태가 다음 세대까지 이어지는 교회는 없다는 전제로 시작하자. 왜 그런가? 왜냐하면 교회에도 나무, 식물, 동물과 사람들처럼 생애 주기가 있기 때문이다. 태어나고 성장하고 성숙해졌다가 점차 쇠약해져서 죽음에 이르는 것이다. 인간의 죽음은 언제나 슬프지만 불가피한 일이다. 하지만 교회의 죽음 또한 늘 불가피한가? 예수 그리스도는 영원히 사시지 않는가? 복음은 대대로 이어지는 것이 아닌가? 그렇다! 하지만 변화 없이, 궁극적으로는 죽음 없이 지속되는 교회는 없다.

아주사 부흥의 수명은 이 책에 있는 어떤 교회보다도 짧은 것으로 보인다. 축제날의 불꽃놀이처럼 터져서 밤을 빛내고는 순식간에 꺼져 버렸다. 로스앤젤레스에 있는 사도적 신앙 선교회는 3~5년 동안 위대한 영향을 선사하고 이후 약 10년간 고군분투했다. 짧은 시간 동안 눈부시게 빛났던 탁월함과 성령의 임재하심은 오늘날까지 이어져 세상을 덮었다.

사사기에서는 '종교적 헌신'의 주기를 고찰한다. 구약에서의 생애 주기는 신약의 지역 교회와 오늘날의 교회 그리고 종파가 가진 주기와도 비슷하다. 하나님의 사람들은 하나님을 따르며 예배했다. 하지만 일정 기간의 시간이 지나자 영적인 쇠퇴가 시작되었고, 사람들은 하나님을 벗어나기 시작했다.

> "백성이 여호수아가 사는 날 동안과 여호수아 뒤에 생존한 장로들 곧 여호와께서 이스라엘을 위하여 행하신 모든 큰일을 본 자들이 사는 날 동안에 여호와를 섬겼더라 여호와의 종 눈의 아들 여호수아가 백십 세에 죽으매 … 그 세대의 사람도 다 그 조상들에게로 돌아갔고 그 후에 일어난 다른 세대는 여호와를 알지 못하며 여호와께서 이스라엘을 위하여 행하신 일도 알지 못하였더라 이스라엘 자손이 여호와의 목전에 악을 행하여 바알들을 섬기며"(삿 2:7~8, 10~11).

사사기의 주기를 살펴보고 오늘날의 교회와 비교해 보자. 첫째, 이스라엘 민족은 죄를 지었고 하나님은 그들에게 노예가 되는 벌을 내리셔서 다른 민족이 지배하도록 만드셨다. 둘째, 하나님의 사람들은 자신들의 죄를 회개하며 울부짖었다. 셋째, 하나님이 들으시고 그들의 죄를 사해 주셨다. 넷째, 하나님이 전사와 사사를 세우셨다. 그들은 사람들이 억류자에 대항해 싸우게 이끌어 줌으로써 그들을 속박으로부터 구해 주었다.

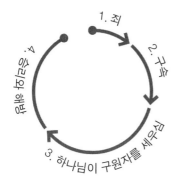

사사기의 영적 생애 주기

1. 죄
2. 구속
3. 하나님이 구원자를 세우심
4. 구원받은 백성

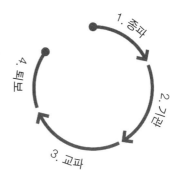

교회의 사회학적 생애 주기

1. 종파
2. 기관
3. 교파
4. 퇴보

사회학자이자 신학자인 리처드 니버(Richard Niebuhr)는 교회와 기독교 기관의 생애 주기에 대해 동일한 식견을 보여 줬다. 니버는 다음과 같이 진술했다.

> 1세대 종파의 가정에서 태어난 어린이들이 성인이 되기도 전에 종파는 교회로 바뀌기 시작한다. 그들의 출현과 함께 종파는 교육적이고 훈육적인 기관으로 변한다. 새로운 세대가 그들의 사상과 관습을 따르도록 하기 위함이다. 2세대가 가지는 신념은 종파의 선구자들이 갈등의 한복판에서, 때때로 순교의 위협을 받으며 갖게 된 신념보다 더 약해진다. 세대를 내려오며 세상으로부터의 분리는 더욱 힘들어진다.[5]

2세대의 문제는 아이들이 교구 환경에서 태어났을 때 생긴다. 1세대의 복음주의적 교회는 2세대의 교육적 교회로 바뀌게 된다. 교회를 영향력 있게 만들어 준 초기의 열정과 비전은 2세대에서 변경되는데, 대개 기관의 생명을 유지하고 지속하기 위해 비전의 방향성이 바뀐다. 더 이상은 세상을 정복하는 기관이 아닌 것이다.

혁신적 10대 교회를 연구한 이래로 나는 이들 교회가 효과적이라는 주장을 고수하고 있다. 이들에게는 종파가 가진 힘이 있었기 때문이다. 이것은 신학자인 에른스트 트뢸치(Ernst Troeltsch)가 교회 성장과 쇠퇴의 사회학적 주기에서 묘사한 것이었다. 다음 주기에서 트뢸치가 가진 초기의 견해는 더욱 정교화 되었다. 교회는 종파에서 시작해서 두 번째 주기인 기관으로(기관은 사역을 수행하고 존속하기 위해서 스스로 구조화한다) 접어든다는 것이다. 주기의 세 번째 단계에서는 완전히 구조화된 독립체, 즉 교파가 나타나며 트뢸치는 이것을 에클레시아라고 불렀다. 마지막은 쇠퇴의 단계다(교회가 초기에 가졌던 열정은 버려지고 그 자리를 전통이 대체한다. 이로써 조직이 지속될 가능성이 생긴다).[6]

하비 콕스는 논란을 일으킨 자신의 저서 《세속도시》(The Secular City, 문예출판사 역간)에서 사회의 사회-경제적인 요소와 관련해서 교회의 발전(혹은 생애 주기)에 대해 설명했다. 그는 교회의 주기를 (1) 집단, (2) 도시, (3) 주요 도시, (4) 거대 도시로 보았다.[7] 그의 주기에는 트뢸치의 주기와 아주 유사한 요소들이 많다.

무엇 때문에 교회들이 이 주기를 따르게 되는 것인가? 교회가 탄생할 때는 큰 기대와 함께 설립 목회자, 혹은 설립 멤버들의 희생이 따른다. 하지만 교회는 점점 전통적인 역할을 수행할 것이라는 기대를 받으며 전통적 교회로 진화하게 된다. 첫째, 목회자의 변화는 대개 교회의 열정을 바꿔 놓는다. 설립 목회자의 비전은 2세대 목회자에게 그대로 전달되지 않는다. 만약 이어진다고 하더라도, 이 비전은 제대로 알려지거나 수행되지 못한다.

둘째, 교회에 부가적인 사역이 추가되는 것은 불가피하다. 이것은 교회가 존속하기 위해 필요할 수 있지만, 교회의 초기 목표에 헌신한 성도들의 마음을 약화시키는 경향이 있다. 배에 쌓인 따개비처럼, 새로 추가된 것들은 속도를 느리게 하고 무게를 더할 뿐이다.

셋째, 교회 문화 환경에서 태어난 아이들이 요구하는 것은 대개 공동체의 요구 사항과 다르고, 교회의 초기 사역을 가능하게 한 본래의 요구 사항과도 상이하다. 그래서 새롭게 등장한 아이들은 교회의 초기 목표를 배워야 한다. 하지만 교육 과정이 늘 효율적이지 않고, 2세대 그리스도인들의 열정은 선구자들만큼 뜨겁지 않다.

넷째, 재정 문제다. 세상이 더욱 부유하고 풍족해지면서 영향력 있는 교회의 성도들을 변화시키는 데 돈이 중요한 요소가 되었다. 부유함과 안락함에 젖어서 교회의 목적을 위해 희생하려 들지 않게 되는 것이다.

4. 교회가 그렇듯 수단에도 생애 주기가 있다. 간혹 나는 가장 효율적인 방식을 '기름부음 받은 방식' 이라 부르곤 했다. 영적 사역에 기름부음을 받은 지도자가 있는 것처럼, 이전의 방식보다 더 효율

적이고 교회가 사용해 온 낡은 방식보다 더 효과적인 수단이 존재하는 시대가 되었다.

방식이라는 것은 성경적인 원리를 문화에 끊임없이 적용하는 것이다. 그러므로 어떤 문화권에서는 효과적인 전도 방식이 다른 문화권에서는 효과가 덜하거나 심지어 기능하지 않는 경우도 있다. 우리는 지금 성경적 원리가 아니라 문화적으로 연관된 방식에 대해 논하고 있는 것이다. 한 예로, 어린아이들에게 성경을 가르치는 것은 원칙이지만, 아이들을 학년으로 나눠 나이별 학급으로 묶는 것은 주일학교라고 불리는 방식이다. 이것은 공립학교 의무 교육이 우세하던 미국 문화에서는 효과적이었다. 따라서 캘리포니아 주 할리우드에 있는 제일 장로교회에서는 기능했지만 칠레 산티아고의 호타베체 교회나 중국의 가정 교회에서는 기능하지 않을 수 있다는 의미다.

따라서 문화가 변화하면 교회가 사용하는 수단도 바뀌어야 한다. 왜 그러한가? 바로 교회의 수단이 효용성을 잃기 때문이다. 빌하이벨스의 구도자 중심 교회는 역사적으로 기독교를 기반으로 한 영국에는 어울리지 않을 것이다. 하지만 영국이 전통적으로 내려오던 신앙의 유산을 저버렸기에 불신자를 위한 구도자 중심의 교회가 이제는 효과를 볼 수 있다. 그리고 영국의 문화가 더욱 세속적으로 변화하기 때문에 구도자 중심의 교회는 미래에 더욱 빛을 발하거나, 혹은 바로 전에 언급한 '기름부음 받은 방식'이 될 것이다. 수단의 변화에 관한 다음의 글에 주목하자.

방식은 넘쳐나는데,

원칙은 많지 않다.

방식은 변화하더라도

원칙은 절대 변하지 않는다.

다음은 남침례교가 지난 100년 동안 미국 남부에 교회를 세우기 위해 사용해 온 효과적인 방식을 정리한 것이다.

1900~1960   가가호호 방문 전도
1960~1970   주일학교 버스 전도
1970~1980   홍보와 대중 매체를 수반한 포화 전도
1980~1990   주일 아침 예배를 전도 예배로 만든 현관 전도
1990~2009   구도자 전도
2000~2010   경배와 찬양 전도
2010~2011   교회 개척 전도

우리가 가장 영향력 있는 10대 교회를 살펴볼 때 교회와 방식에는 생애 주기가 존재한다는 것이 분명히 드러났다. 각 교회 방식의 변화에 대한 다음의 설명을 살펴보자.

사도적 신앙 선교회	성령의 임재와 더불어 길게 늘어졌던 예배의 강렬함은 불가피하게 그 수명을 다했다. 예배 시간은 짧아지거나 아예 사라졌다.
중국 가정 교회	정부 차원의 박해가 일어난다 해도 이 방식은 계속될 것인가? 이들은 제도화되고 체계화되어 교회 건물을 건축하기 시작한 다른 가정 교회들이 걸은 길을 따르게 될 것인가?
에벤에셀 침례교회	마틴 루터 킹의 암살과 1964년 공민권법의 진행으로 차별이 과거만큼 존재하지 않게 되어 소극적 저항의 필요성이 감소했다.
여의도 순복음교회	조용기 목사가 은퇴하고 50개가 넘는 위성 교회가 모교회에서 분리된 상황에서 세상에서 가장 큰 교회가 되는 것과 복음을 접하지 못했을 사람들을 찾는 것이 차기 목사의 과제가 될 것인가?
제일 침례교회 (텍사스 주 댈러스)	교회 역사상 가장 높은 예배 참석률을 보인다. 게다가 교회는 막 1억 3,500만 달러를 들여 근대 교회사에서 가장 큰 성전으로 개조했다.
스코필드 기념 교회	성경 강해 방식이 탈 근대적 미국인들에게 효과적일까?
윌로우크릭 교회	문화가 좀 더 세속적으로 바뀌면서 구도자 방식이 더 효과를 거두게 될 것이다. 하지만 윌로우크릭의 교인들이 점점 영적으로 성숙한 전통적 교인이 되면 효력을 상실할지도 모른다.
갈보리 교회	베이비 붐 세대가 우세했기에 평상복이 용인되는 독특한 일이 생겼다. 다음의 목표는 밀레니얼(millennial) 세대를 전도하는 일이 될 것이다.
힐송 교회	경배와 찬양 음악이 정점에 다다랐는지 혹은 젊은이들을 사로잡고 결국 교회에 침투할 새로운 표현 방식이 생길 것인지에 대한 의문이 존재한다.
토머스 로드 침례교회	텔레비전 교회는 한물간 것 같다. 매체/마케팅 교회의 미래는 인터넷 교회가 될 것이다.

2차 대각성 운동 당시 그 시대에 영향을 주었던 '덤불나무 아래 예배'(Brush Arbor Meetings)는 오늘날 눈에 보이지 않는다. 위에서 거론된 교회에서 사용되는 방식 또한 점차 사라지고 미래에는 그 효과를 잃을 것이다. 앞으로의 도전 과제는 현재를 살아남아, 예수 그리스도의 시대를 초월하는 메시지를 다음 세대에 전하고, 효과적으로 그들에게 구원을 전하며 계속적인 사역을 하게 할 방식을 사용하는 것이다.

5. 각각의 교회는 각기 다른 방식으로 자신의 성도와 다른 교회에 영향력을 전파한다. 교회가 사용하는 방식이란 성경적 원리를 문화에 적용시킨 것이다.[8] 10대 교회 모두가 똑같이 기독교 원리에 집중한 반면, 각각의 교회는 서로 다른 방식으로 자신들을 표현하고 다른 방법으로 성도와 교회, 문화에 영향력을 행사했다. 그 방식의 차이점을 살펴보자.

교회	방법
사도적 선교회(로스앤젤레스)	성령세례의 개별적 표현
유기적 가정 교회(중국)	관계, 신뢰, 풍습
에벤에셀 침례교회(애틀랜타)	부당한 법에 대한 소극적 저항
여의도 순복음교회(서울)	소그룹 사역
제일 침례교회(댈러스)	복음 중심의 주일학교 수업
스코필드 기념 교회(댈러스)	성경 강해식 설교
윌로우크릭(시카고 인근)	불신자를 위해 설계된 교회

갈보리 교회(코스타 메사)	교회에 영향을 준 베이비 붐 세대의 문화
힐송 교회(시드니)	동시대적인 경배와 찬양 음악을 통한 예배의 혁신
토머스 로드 침례교회(린치버그)	매체와 마케팅

6. 모든 교회는 다른 교회에서 사용하는 방식을 차용하지만 자신들만의 주요한 방식을 강조하며 발전한다. 10대 교회 모두는 자신들의 강점을 따라 사역하면서도 다른 교회의 '방식들'을 차용해 사역에 도움을 받았다. 예를 들어, 스코필드 기념 교회는 성경 강해식 설교로 유명했는데, 목사는 '성경 중심 교회' 그리스도인의 삶 가운데서 성령이 어떻게 역사하시는지에 대한 독특한 해석을 설파했다. 이것에 정반대되는 지점에는 성령에 대해 다른 관점을 가진 사도적 신앙 선교회의 아주사 부흥이 있었다.

갈보리 교회나 힐송 교회처럼 예배 음악에 중점을 둔 교회들은 전도 활동에도 적극적이긴 했지만 영혼 구제가 최우선 목표인 댈러스 제일 침례교회만큼은 아니었다. W. A. 크리스웰의 인도로 예배하던 성도들은 설교가 끝날 무렵 불신자들을 앞으로 불러내 그리스도를 영접하게 하는 낡은 방식의 전도 방식도 받아들였다. 영향력 있는 교회들은 모두 자신들의 정체성을 보이는 장점에 역점을 두면서도 어떤 식으로든 다른 교회의 방식들을 차용했다.

7. 예배의 경험은 초점이 하나님에게 있을 때에야 합당하게 일어난다. 하나님은 우리가 영으로 경배할 때(요 4:23~24 참조) 찬양을 받으신

다. 그분의 능력과 임재하심으로 교회에 상을 내리시는 것이다. 이 것이 바로 진짜 예배다. 예배 음악이 (중국의 가정 교회처럼) 아카펠라든 지 혹은 달린 책과 함께 1만 명이 부르는 〈내 구주 예수님〉이든지 는 중요하지 않다.[9]

8. 어떤 영향력 있는 교회도 시장을 독점하지는 않는다. 이들 교회 의 좋은 점이라면 하나님이 그들에게 행하신 일을 다른 이들과 나 눈다는 것이다. 그런데 이러한 일들은 모두가 다 제각각이다. 바로 이 점이 교회를 위대하고 영향력 있게 만드는 것이다.

9. 영향력 있는 교회의 다양한 이점들은 다른 교회의 성장 과정에도 개입하지만 각기 다른 단계와 다른 시간대에 적용된다. 전도 활동이 언제나 우선시된다고 생각하는 사람들이 있지만 항상 그런 것만은 아니다. 경배와 찬양 중심의 교회에서는 예배 가운데 하나님과 친 밀감을 느낀 불신자들이 그리스도에게 이끌리기도 한다. 그런가 하 면 남침례교에는 구원에 이르는 방법론이 존재한다. 우선 죄에 반 대하며 설파하고, 그리스도를 구원자로 받아들이겠냐는 질문을 받 고, 그리고 난 후에야 예배에 소개될 수 있다는 순서다. 그런가 하 면 성경 강해식 설교는 성경 교육으로 시작해서 결과적으로 불신자 들을 구원에 이르게 한다. 그런 후에 예배나 교제 같은 다른 형태의 방법/사역이 사용된다.

10. 한 가지 방식의 사역은 모든 사람들의 요구를 충족시켜 주지 않는다. 하나님은 다양한 사람들을 위해 다양한 방법으로 구원의 길을 여신다. 감정적인 사람은 경배와 찬양 음악을 통해 하나님에게 다가갈 수 있고, 합리적이고 지적인 사람의 경우 성경 강해식 설교를 통해 하나님에게 다가갈 수 있다. 탈 근대화적인 일반 대중들에게는 윌로우크릭의 '구도자' 중심 사역이 적합할 것이다. 한국의 서울에서 거주하는 불교 가정의 일원은 위의 어느 방법으로도 다가갈 수 없겠지만, 친척 집 거실에서 모이는 셀 모임을 통해 예수 그리스도의 메시지에 마음을 열 수도 있다.

11. 하나님은 목적에 맞는 방식을 사용하시기 때문에 우리는 한 방식을 다른 방식과 비교하며 과장하거나 강조하면 안 된다. 우리는 예수 그리스도 안에서 하나가 됐다는 것에만 역점을 두어야 한다. 교회가 사람들을 전도하는 데 각기 다른 방식을 사용하고 있지만 그 중심에는 그리스도가 있어야 한다. 또한 우리가 서로 다른 방식으로 예배를 드리고 설교를 한다고 해도 우리 사역의 초점은 오직 하나님이어야 하고, 하나님의 말씀만이 우리가 하는 사역의 기반이 되어야 한다. "몸이 하나요 성령도 한 분이시니 이와 같이 너희가 부르심의 한 소망 안에서 부르심을 받았느니라 주도 한 분이시요 믿음도 하나요 세례도 하나요 하나님도 한 분이시니 곧 만유의 아버지시라 만유 위에 계시고 만유를 통일하시고 만유 가운데 계시도다"(엡 4:4~6).

예수님이 "그들도 다 하나가 되어"라고 기도하신 것처럼(요 17:21) 우리도 하나 됨을 위해 기도해야 한다. 예수님은 믿는 자들의 하나 됨을 위해 기도하셨는데(이것은 그분이 사람들을 받아들이신 것처럼 서로를 인정하는 진심 어린 태도를 말한다), 이 하나 됨은 연합을 뜻하는 것이 아니다. '연합'은 모든 성도들이 똑같은 유기적 구조에 참여해서 같은 방식으로 같은 것을 행하는 것을 뜻한다. 그 모임이 요구받고 기대받는 대로 맞추는 것이 연합이다.

> 본질에서는 하나 됨을
> 비본질에서는 자유를
> 그리고 모든 것에서는 자비를[10]

부록 1

가장 영향력 있는
10대 교회를 찾기 위한
조사 기법

　규모가 크거나 급속한 성장을 이룬 열 개의 교회를 정하는 기준은 객관적 정보를 기초로 만들어졌다.[1] 나는 식별할 수 있고, 측정이 가능하며, 반복적으로 나타나는 상황을 가진 교회로부터 데이터를 수집했다. 이런 데이터에는 출석 교인 수, 새로 개종한 사람 수, 헌금, 예배당 규모, 건물과 재원 등이 포함됐다. 하지만 지난 100년간 가장 영향력 있는 10대 교회를 정하기 위해 이러한 데이터를 다 적용할 수 있었던 건 아니었다. 영향력 있는 교회 중에는 규모가 큰 교회도 있지만 작은 교회들도 있었다. 재정적으로 풍족한 곳도 있지만 그렇지 않은 곳도 있었다. 어떤 교회들은 폭발적으로 성장했지만 그렇지 않은 교회도 있었다. 수명이 짧은 교회도 있지만 오래 지속된 교회도 있었다. 따라서 영향력이라는 것을 측정하기 위해서는 영향력이 무엇인지를 먼저 정의해야 했다.

영향력(Influence[in floo ens]) 명사/동사 1. 어떤 사물이나 사람이 다른 사물이나 사람에게 작용하는 비가시적이거나 비감각적인 힘 2. 비가시적이거나 비감각적인 수단에 의해 생산되는 영향의 힘(세력권) 3. 비가시적이거나 비감각적인 수단으로 영향을 가하는 사물이나 사람(유익한 영향) 4. 정전 유도

Oxford Dictionary(옥스퍼드 사전), 1947년

위의 정의에서 볼 수 있듯이 영향력은 다른 사람이나 사물에 가해져서 비슷한 효과를 만들어 내는 힘이나 세력을 말한다. 그러므로 영향력 있는 10대 교회를 결정하려 할 때 우리는 다음의 사항을 찾으려 애썼다.

- 기독교 메시지를 전하려는 교회의 원래 목적에서 발전한 영향이 (부정적이지 않고) 긍정적이다.
- 영향력을 발휘하는 교회가 다른 교회에 영향을 주는 행위를 하려고 노력해 왔다.
- 영향력을 발휘하는 교회가 사역에 성공함으로써 다른 교회들이 그 사례를 따랐다.
- 다른 교회들이 영향력을 발휘하는 교회의 사역이 모방할(따라할) 만하다고 인식했다.
- 영향력을 발휘하는 교회와 영향을 받는 교회의 관계가 분명

해서 관찰과 측정이 가능하고 기록과 수치로 남길 수 있었다.

이렇게 해서 지난 100년간 가장 영향력 있는 10대 교회를 결정하는 데 도움을 준 다음의 일곱 가지 질문이 정해졌다.

1. 한 교회가 자기 성도들과 이웃 그리고 다른 교회에게 선사한 영향력의 본질(서술적인 사역)은 무엇인가?
2. 어떻게 해서 교회의 사역이 주변 교회와 사회 시설을 변화시키고 문화에 긍정적인 영향을 주게 되었는가?
3. 교회가 새롭게 고안해서 주변에 영향을 준 사역 방식은 무엇인가? 교회가 가능한 한 많은 사람들에게 영향력을 전하기 위해 수단과 홍보, 마케팅, 기타 소셜 미디어를 어떻게 사용하는가?
4. 교회 사역이 인접한 주변 문화에 어떤 영향을 주었는가? 여기에는 공동체의 생활 방식, 사회적 가치, 사고방식, 법률, 법령, 공동체의 삶의 질 향상에 관련한 영향력이 포함된다.
5. 주변의 그리스도인들 그리고/혹은 비그리스도인들이 교회 지도자의 사역을 인정하고 존경하는가? 이러한 인정이 지도자의 삶을 넘어서 다음 세대로까지 이어지는가? 지도자를 유명하게 만든 그만의 독특한 영향력이 인식 가능하고 관측될 수 있으며 측정과 기록이 가능한가?
6. 교회는 어떻게 문제점과 장벽, 장애물을 극복하며 사역을 수

행해 더욱 영향력 있게 되었는가? 어떤 방법으로 자신들의 문제 해결 사례를 전함으로써 주변 교회가 문제를 해결하게 도와주었는가?

7. 교회가 다음 세대, 더 나아가 그 다음 세대에 이르기까지 자신들의 성과를 효과적으로 전달했는가? 다른 문화권의 다른 세대에게 영향력을 행사하기 위해 어떤 방식을 사용했는가?

지난 100년간 기독교 교회 내에서 무엇이 가장 영향력 있는 분야(추세)였는지 결정하는 것이 이 연구의 첫 번째 단계였다. 이 문제를 연구하기 위해 나는 몇몇 신학대학교에서 목회학 박사 과정을 밟는 학생을 표적 집단으로 삼았다. 따라서 기독교 사역에 적극적으로 참여하는 학생들로부터 결과가 도출된 것이다(박사 학위 표적 그룹이라 교회에서의 실제적인 논의 사항보다는 신학적 연구 결과를 바탕으로 의견이 제시됐을 가능성이 높다). 목회학 박사 학생들은 교회 활동과 신학적 믿음(교파)에 있어 다양한 배경을 갖고 있었다. 또한 연령, 규모, 경제력, 복음 표현, 지리적 위치에 있어서도 광범위한 배경을 보였다.

나는 학생들이 자신들의 교회로부터 도출한 결과를 가지고 20가지의 경향으로 요약했다. 이 경향은 많은 교회들이 특정한 활동이나 방식을 따른다는 결론으로 이어진다고 봐도 무방하다. 아래의 20가지 경향은 특정한 순서 없이 알파벳 순서로 작성되었다.

지난 100년간 복음주의 교회에 영향을 준 20가지 경향

1. 연령별 주일학교: 성경 가르치기

2. 베이비 붐 세대: 베이비 붐 세대로 변화된 교회 문화

3. 성경 강해식 설교: 전통적인 설교 사역을 대신하는 성경 강해식 설교

4. 교회 개척: 교회 개척을 통한 전도 전략

5. 해외 선교: 지역 교회를 통해 시도되는 해외 선교

6. 셀 모임: 교회 사역과 봉사 활동을 위한 셀 모임

7. 가정 교회: 가정, 아파트, 식당, 공공장소 또는 지하 교회(박해받는 교회)에서 터를 잡은 지역 교회

8. 인터넷 교회: 공동체 참여와 충성도를 기반으로 한 인터넷 교회

9. 평신도 주일학교 교사: 복음 전도와 사역을 위한 평신도 교사

10. 리더십: 목회자와 교회에 의한 사역

11. 매체와 마케팅: 교회 사역을 위한 매체와 마케팅

12. 멀티사이트 교회: 다수의 지역에서 진행되는 예배

13. 오순절교회: 전 세계적인 오순절교회의 성장

14. 개인 대상의 영혼 구제 복음 전도: 교회 설립을 목표로 한 전도 방법

15. 긍정적 사고방식: 재정적 번영에 대해 가르치는 교회

16. 경배와 찬양: 동시대적인 찬양 예배
17. 인종 차별 폐지: 교회 내에서의 비폭력적 변화
18. 구도자 중심: 불신자를 위해 고안된 교회
19. 섬김의 복음 전도: 봉사 활동을 위한 섬김
20. 인터넷 예배: 멀티사이트 교회

표적 집단은 신학대학교에서 4년간 목회학 박사 과정을 밟는 학생들로 이뤄졌다. 각각의 집단에게 위의 20가지 목록을 주고 중요한 순서대로 배열해 달라고 요청했다. 1에서부터 20까지 영향력 있다고 생각하는 순서대로 배열하는 것이었다.

목회학 박사 과정 학생들은 경향에 대해 실제적으로 이해하고 있는 능동적인 목회자들이었고, 그들에게 가장 영향력 있는 추세를 알아낼 훌륭한 사례가 주어졌다. 하지만 나는 그들의 객관성에 대해서 잘못 생각했음이 드러났다. 적극적 칼뱅파인 사람의 경우 '전 세계적인 오순절교회의 성장'을 1위에 놓지 않으려 했다. 은사주의파가 아니거나 거기에 반대하는 사람의 경우 순위를 낮게 설정하거나 조사를 중단했다. 왜 그랬을까? 학생들은 자신들의 신학적 관점 때문에 경향과 영향력에 대해 객관적으로 접근하지 못했던 것이다.

극우파 목사들도 마찬가지다. 그들은 그의 신학적인 성향이 (보수적이라기보다) 진보적이었기 때문에 마틴 루터 킹을 순위에 올리려 하지 않았다. 어떤 사람들은 성경 강해식 설교의 순위를 낮게 했는데, 이것은 그들이 '죽은 설교'라고 여기는 것에 대항한 것일 수도 있고, 아니면 스코필드의 세대주의에 반대한 것일 수도 있다. 그렇기에 나는 이 결론을 그대로 인정할 수는 없었지만 그래도 이들의 통찰력으로 길을 찾을 수 있었다. 표적 집단의 순위는 다음과 같이 나왔다.

중요도 순으로 정리된 복음주의 교회의 20가지 경향

1. 오순절교회: 전 세계적인 오순절교회의 성장
2. 가정 교회: 가정, 아파트, 식당, 공공장소 또는 지하 교회(박해받는 교회)에서 터를 잡은 지역 교회
3. 인종 차별 폐지: 교회 내에서의 비폭력적 변화
4. 셀 모임: 교회 사역과 봉사 활동을 위한 셀 모임
5. 평신도 주일학교 교사: 복음 전도와 사역을 위한 평신도 교사
6. 성경 강해식 설교: 전통적인 설교 사역을 대신하는 성경 강해식 설교
7. 구도자 중심: 불신자를 위해 고안된 교회
8. 베이비 붐 세대: 베이비 붐 세대로 변화된 교회 문화
9. 경배와 찬양: 동시대적인 찬양 예배
10. 매체와 마케팅: 교회 사역을 위한 매체와 마케팅

11. 연령별 주일학교: 성경 가르치기

12. 긍정적 사고방식: 재정적 번영에 대해 가르치는 교회

13. 개인 대상의 영혼 구제 복음 전도: 교회 설립을 목표로 한 전도 방법

14. 해외 선교: 지역 교회를 통해 시도되는 해외 선교

15. 섬김의 복음 전도: 봉사 활동을 위한 섬김

16. 교회 개척: 교회 개척을 통한 전도 전략

17. 멀티사이트 교회: 다수의 지역에서 진행되는 예배

18. 리더십: 목회자와 교회에 의한 사역

19. 인터넷 예배: 멀티사이트 교회

20. 인터넷 교회: 공동체 참여와 충성도를 기반으로 한 인터넷 교회

다음 과제는 각각의 경향을 시도한 최초의 교회를 찾는 것이었다. 어려운 일이었다. 나는 우선 각 경향으로 알려진 교회의 위치에 대한 역사적 기록을 찾아보았다. 영향력 있는 교회라면 경향을 이끌어 낸 방식(혹은 방식들)에 대한 역사적 증거가 있을 터였다. 아니면 적어도 경향을 만들고 발전시켜 영향력 있게 만들었다는 증거라도 있어야 했다.

구도자 중심의 추세를 예로 들어 보자. 2014년 릭 워렌은 미디어

시장에서 뉴스거리를 만들었다. 교회의 규모, 정치적 참여 그리고 (하와이안 셔츠를 입는 것 같은) 시선을 끄는 행동들 때문이었다. 그래서 그가 설립한 새들백 교회도 영향력 있는 교회로서 인정받아야 하는 것으로 보인다. 하지만 빌 하이벨스와 윌로우크릭 커뮤니티 교회가 역사적으로 먼저였다. 〈타임〉지가 빌 하이벨스와 그가 설립한 윌로우크릭 커뮤니티 교회에 대해 기사를 쓴 것은 1975년이었고, 5년 후인 1980년이 되어서야 릭 워렌에 대한 기사가 실렸다. 양쪽 다 혁신적인 요소를 지녔지만 매우 달랐던 것이다.

20개의 경향에 맞춰 20개의 교회를 배정하는 것은 내 개인의 선택이었다. 나는 객관성에 충실하려고 노력했다. 이것은 내 신학적인 신념에는 해당되지 않는 몇몇 교회들이 상위권에 있다는 사실만 봐도 분명히 알 수 있다. 나는 오순절파가 아니고 전통적인 침례교인이다. 그럼에도 나는 아주사 부흥을 1위에, 여의도 순복음교회를 4위에 놓았고, 텍사스 주 댈러스에 위치한 제일 침례교회를 5위에, 버지니아 주 린치버그에 있는 토머스 로드 침례교회를 10위에 올렸다. 주일학교는 주로 미국 내에서만 영향력이 있었던 반면, 오순절 교회는 전 세계적으로 세력을 떨쳤던 것이 분명했기 때문이었다.

각 경향에 맞는 교회를 배정할 때, 그 경향이 처음으로 시작됐거나 혹은 시작과 관련된 교회를 항상 찾을 수 있는 건 아니었다. 나는 어떤 교회가 그 경향의 시작점에 존재했다는 이유가 아닌, 다른 교회보다 그 경향을 촉진시켰다는 이유로 교회를 선택하곤 했다. 또한 영향력을 행사하는 가운데 추세를 주시하고 새로운 수준의 성

과를 끌어올린 교회도 포함됐다. 텍사스 주 댈러스에 위치한 제일
침례교회가 그런 예다. 정확히 말하자면 1900년대 초 어떤 누구보
다도 남침례회의 성장에 기여한 것은 아서 플레이크였다. 플레이크
는 남침례교회에 주일학교 조직을 창시했고 이로써 수많은 남침례
교회가 생겨났다. 하지만 W. A. 크리스웰은 가장 큰 주일학교를 만
듦으로써 가장 큰 규모의 독자적인 남침례교회를 세웠다. 그 이유
로 그의 교회와 주일학교가 5위를 차지한 것이다.

나는 The 10 Largest Sunday Schools and What Makes Them
Grow(최고의 10대 주일학교와 성장 동력)라는 연구서를 발간한 적이 있다.[2]
나는 미국과 캐나다 양쪽의 교파별 통계와 기록 그리고 주일학교
협회를 조사하며 주일학교들을 찾아냈다. 알아보기 쉬운 통계 덕에
열 개의 목록을 만드는 데 별다른 문제는 없었다.

하지만 통계 하나만으로 지난 100년간 가장 영향력 있는 10대 교
회를 정할 수는 없었다. 앞서 거론했다시피 영향력 있는 교회에는
규모가 작은 곳도 있었기 때문이다. 아주사 교회의 본당은 300석이
었고 스코필드 기념 교회는 1,000석이었다. 그렇기에 나는 표적 집
단에게서 폭넓은 자료를 받았지만 그 자료에 다 권위를 부여할 수
는 없었다. 그런 후 나는 지난 100년간 가장 영향력 있는 10대 교회
최종 목록을 확인하고 객관성을 입증하는 데 전문가들의 조언을 받
기로 결정했다.

나는 더글러스 포터(Douglas Porter)와 《세계 10대 부흥의 역사》(The
10 Greatest Revivals, 가리온 역간) 라는 책을 함께 집필했었다.[3] 우리는 10

대 부흥 운동을 결정하기 위해 19명의 자문단을 구성해 역사상 가장 위대한 부흥에 대한 의견을 요청했다. 다양한 교파와 여러 신학적 견해를 지닌 분들이었다. 이 책의 신뢰성이 자문단의 진실성에 달려 있었다.[4] 이런 이유로 나는 교회 성장에 대한 연구 경험이 있는 3명의 자문단에게 이 책에 있는 연구 결과들을 제출했다. 영향력 있는 교회에 대해 광범위한 출판 이력을 갖고 있는 분들이기도 했다.

리더십 네트워크의 연구소장이자 지적 재원인 워렌 버드 박사는 나와 함께 1999년 플레밍 레벨(Fleming Revell) 출판사에서 출간된 *Into the Future*(미래 속으로)를 집필했다.[5] 그는 또한 나, 에드 스테처와 함께 리갈 북스(Regal Books)에서 출간된《뉴 패러다임 시대의 11가지 교회 모델》(*Eleven Innovations in the Local Church*, 요단출판사 역간)의 공동 저자이기도 하다.[6] 버드는 교회의 영향력을 이해하는 저자로 주목할 만한 책을 썼는데, 예를 들면, *Better Together: Making Church Mergers Work*(더 나은 우리: 교회 합병하는 법)는 짐 톰버린(Jim Tomberlin)과 크레이크 그러쉘과 공동 집필했고, *The Other 80 Percent: Turning Your Church's Spectators into Active Participants*(나머지 80퍼센트: 교회의 방관자를 능동적인 참여자로 바꾸기)는 스콧 썸마(Scott Thumma)와 함께 집필했다. 버드의 연구소장이라는 지위는 그가 객관적으로 영향력 있는 10대 교회를 선정할 자격이 있다는 것을 보여 준다.

라이프웨이 연구소장인 에드 스테처 박사는 나와 함께 포스트모더니즘의 영향에 대한 책 *The Perimeter of Light*(빛의 영역)를 집필했다.[7] 에드가 출간한 도서들은 다음과 같다: 워렌 버드와 공동 집필한 *Viral Churches*(교회의 확산)를 비롯해서 *Planting Mission Churches*(교회 개척하기) 그리고 톰 S. 레이니어(Thom S. Rainier)와 공동 집필한 *Transformational Church: Creating a New Scorecard for Congregations*(탈바꿈하는 교회: 성도를 위한 새로운 채점표 만들기)가 있다. 에드 스테처 또한 규모가 있는 연구 기관의 수장이기 때문에 이 책에 객관성을 부여할 자격이 충분했다.

(나를 포함한) 자문단 3인은 영향력 있는 교회 20위까지의 목록을 가지고 이 책의 순서대로 순위를 배열했다. 이것이 50년 후 연구자들이 발표할 순위와는 다를지도 모르겠다. 이 책의 순위는 2013년에 우리가 정한 순위니까 말이다.

100년이라는 시간

엄밀히 따지면 이 책은 20세기(1900년)부터 시작해 발행일(2014년)까지 이어진다. 그리고 이건 100년이 넘는다. 연대학적 한계를 넘어선 영향력을 포함하기 위해 시간 제한이 100년 넘게 확장된 것이다.

100년 넘는 교회도 몇 군데 있다. 114년에 비하면 아직 얼마 안 된 교회들도 있다. 내가 찾고 있던 것은 지난 114년 동안 이 교회들이 이룩해 낸 것이었다. 그것으로 이 교회들은 영향력 있는 교회가 되었다. 그들의 유산이 지난 세기부터 지금까지 이어졌기 때문에 나는 1900년에 시작된 시간대를 2014년까지 연장할 수밖에 없었다.

따라서 이 책의 시작은 1900년이며, 1904년 로스앤젤레스의 사도적 신앙 선교회에서 일어난 세상을 변화시킨 사건 아주사 부흥 운동을 포함하고 있다. 그리고 이제 막 영향력의 시작점에 선 현대의 교회들까지로 이어진 것이다.

영향력 있는 교회의 역사와 미래

어떤 교회도 섬이 아니다. 10대 교회는 과거의 전통 속에서 탄생했고 과거의 교회들에 의해 영향을 받아 왔다. 성경 말씀에 기초해서 교회를 설립할 때는 성경 구절에 있는 내용과 교회의 방식에 의해 영향을 받는다. 어떤 교회도 그 자신에 의해, 그 자신만으로 존재하지 못하는 것이다. 따라서 나는 각 장에서 중점을 둔 트렌드가 어떻게 발전했고 교회에 영향을 주었는지에 대해 개요를 썼다. 또한 각각의 트렌드나 영향력을 전파하는 데 있어 선두주자가 될 수도 있었을 교회들을 포함시켰다.

내가 처음으로 빌 하이벨스를 인터뷰한 것은 1990년 그가 *10 Innovative Churches*(10대 혁신 교회)라는 책을 출간했던 때였다. 그는 자신이 고안한 구도자 중심은 새롭고 혁신적이며 이전의 교회 성장 패러다임과는 완전히 다르다고 주장했다. 어떤 의미에서는 맞는 말이었다. 그만큼 동시대의 미국인 불신자에게 실제적으로 다가갔던 교회는 없었다. 하지만 틀린 점도 있었다. 역사상 불신자들을 대상으로 했던 교회 운동이 존재했었기 때문이다. 물론 빌 하이벨스가 수행했던 것과는 다른 방식이긴 했다.

이 10대 교회들은 그저 과거로부터 온 발상을 담았다가 자가 성장하는 사역을 위해 꺼내 쓰는 양동이가 되지 않았다. 아니었다! 그들은 자신들의 계획과 방식을 다른 교회로 넘겨주는 혁신적인 도관이었다. 농부에게 새롭고 획기적인 밀 수확기를 주는 것과 같았다. 농부는 노새와 쟁기로 갈았던 밭보다 훨씬 더 큰 밀밭에서 새로운 수확기로 추수할 수 있다. 하지만 그는 이 방식을 혼자만 품지 않는다. 이 농부는 새로운 방식을 다른 농부들에게 알려 주어 그들이 자신만큼 효과적으로 일할 수 있게 돕는다. 그렇게 바로 영향력 있는 농부가 되는 것이다.

윌리엄 세이모어가 성령세례와 방언을 경험했을 때 그는 그 경험을 에이미 셈플 맥퍼슨과 나눴고, 그로 인해 그녀는 포스퀘어 교단을 설립할 수 있었다. 대신 맥퍼슨은 척 스미스의 도관이 되었는데, 포스퀘어 교회의 임명 목사였던 그는 갈보리 교회를 설립해서 1,200교회를 가진 교파로 성장시켰다. 그렇게 윌리엄 세이모어는 영향력 있는 목회자가 되었다.

그러므로 이 책에 등장하는 교회들은 과정의 일부분이라고 할 수 있다. 이들은 이전 세대로부터 무언가를 받아들여서 다른 이들에게 그 영향력을 전파했다. 내가 이 책을 집필하게 된 이유가 바로 이 과정이다. 당신의 교회를 변화시키고 그 영향력을 다른 교회에 전파해야 하는 것이다('보충 생각: 우리가 교회로부터 배울 수 있는 것' 참조).

지난 100년간 가장 영향력 있는 10대 교회

다음의 인물들에게 자신들과 관련된 장을 읽고 세 가지 방식으로 응답해 달라는 요청을 했다: (1) 어떤 변화가 일어나야 했는가, (2) 어떤 강점이 강조되어야 했는가, (3) 어떤 요소를 제거해야 했는가.

제목	평가단
1. 오순절 운동의 성장과 전 세계적 확산	C. 피터 와그너: 오순절파/은사주의 교회의 지도자로 특히 그의 최근 연구인 사도의 영적 은사/공직으로 알려져 있다. 와그너는 주로 1970년대와 80년대 캘리포니아 패서디나에 위치한 풀러 신학대학교에서 교회성장학 교수로서 명성을 쌓았다. 그는 원래 복음 전도와 교회 성장 분야에 대해 저술 활동을 하다가 후에 건강한 교회 성장에 필요한 영적인 요소와 기도에 대한 분야로 옮겨 갔다.
	스티브 스트랭(Steve Strang): 갈보리 하나님의 성회(플로리다 윈터파크)가 갑작스럽게 성장을 이루고 영향력을 떨칠 당시 교회 지도자를 설득해 출판부를 맡으며 알려지기 시작했다. 그의 출판 사역으로부터 〈카리스마 매거진〉이 탄생했다. 이것을 기반으로 그는 오순절파/은사주의 교계에서 영향력을 떨치는 출판계 인물이 되었다.
	제임스 O. 데이비스(James O. Davis): 커팅 에지 인터내셔널(Cutting Edge International) 창립자이자 빌리언 소울 네트워크(Billion Soul Network)의 공동 창립자다.
2. 보이지 않지만 상존하는 가정 교회의 영향	크리스티안 웨이 박사: 사이판 섬에 위치한 유콘 대학의 학장. 이 기관에서는 중국의 가정 교회의 지도자가 될 사람들을 훈련시킨다.
3. 교회 내 인종 통합으로 이어진 비폭력 운동	알렌 맥파랜드(Allen McFarland) 박사: 버지니아 주 포츠머스에 위치한 갈보리 복음 침례교회의 아프리카계 미국인 목사. 그는 캔자스 주 캔자스 시티에 위치한 아프리카계 미국인 목회자들의 모임인 침례교 근본주의 친교회의 회장이기도 하다.

4. 교회 사역과 　　전도 사역을 　　감당하는 셀 모임	조용기 목사가 이 장의 초점이다.
5. 주일학교 위에 세운 　　교회	게리 월러(Gary Waller) 박사: 텍사스 주 댈러스에 위치한 제일 침례교회의 협동 목사이자 리버티대학의 조교수다. 제리 서턴(Jerry Sutton): 테네시 주 내슈빌에 위치한 트윈 리버스 침례교회(Twin Rivers Baptist Church)의 목사로 이 교회는 교회 리더십 분야에서 세계적인 명성을 얻으며 급성장하고 있다. 그는 이 교회를 떠나 리버티 침례신학대학교의 교수직을 맡았고, 그 후에는 미주리 주 캔자스시티에 위치한 미드웨스턴 신학대학교(Midwestern Theological Seminary)의 학장이 되었다.
6. 전통적 설교를 대신한 　　성경 강해로의 변화	닐 애시크래프트 박사: 27년간(1970~1997) 스코필드 교회의 목사였다.
7. 불신자를 위해 고안된 　　구도자 중심 교회	빌 하이벨스: 작가, 설교자이자 일리노이 주 배링턴에 위치한 윌로우크릭을 설립한 담임목사다.
8. 베이비 붐 세대가 　　문을 연 　　새로운 교회 문화	척 프롬(Chuck Fromm): 척 스미스의 조카이자 〈워십 리더 매거진〉(Worship Leader Magazine)의 편집자다(1990년부터 현재까지).
9. 예배 시간에 시작된 　　경배와 찬양	잭 헤이포드: 작가이자 오순절교회 목사이며, 캘리포니아 반누이스에 위치한 처치 온 더 웨이의 설립 목사다.
10. 매체와 마케팅으로 　　　세력을 확장한 교회	제리 폴웰 주니어: 버지니아 주 린치버그에 위치한 리버티대학교의 총장이다(2007년부터 현재까지). 조나단 폴웰(Jonathan Falwell): 버지니아 주 린치버그에 위치한 토머스 로드 침례교회의 목사다(2007년부터 현재까지).

지난 100년간 기독교 사역에 크게 영향을 준 위대한 지도자들

1. 빌리 그레이엄: 기독교 역사상 누구보다도 많은 사람에게 설교를 전했다.

2. 빌리 선데이(Billy Sunday): 수백만 명을 하나님에게로 인도했으며 미국 헌법 수정 제18조에 이르는 데 기여했다.

3. 빌 브라이트: 약 50만 명의 자원 봉사자와 임금 근로자들이 사역하는 금세기 최대의 기독교 선교회를 설립했다.

4. 찰스 E. 풀러: 〈예스런 부흥 시간〉 방송을 통해 최고의 라디오 사역을 펼쳤다.

5. 도널드 맥가브란: 해외 선교 전략을 바꾸어 교회를 개척했다.

6. 제임스 돕슨(James Dobson): 포커스 온 더 패밀리(Focus on the Family)를 창립해서 가정 사역에 도움을 주었다.

7. 아서 플레이크: 주일학교 사역 전략을 개발해서 미국에서 가장 큰 개신교파를 만드는 데 일조했다.

8. 잰과 폴 크라우치: 트리니티 브로드케스팅 네트워크(Trinity

Broadcasting Network, TBN)를 세움으로써 전 세계에서 가장 큰 텔레비전 사역을 시작했다.

9. 존 맥스웰: 미국의 목회자들에게 교육을 제공해 설교와 목회뿐 아니라 성도들을 이끌 수 있게 해 주었다.

10. 그리스도인의 사고방식에 영향을 준 책과 저자들

케네스 테일러(Ken Taylor), *The Living Bible*(리빙 바이블)

팀 라헤이, 《레프트 비하인드》(*The Left Behind*, 홍성사 역간) 시리즈

노먼 빈센트 필, 《긍정적 사고방식》

오스왈드 챔버스(Oswald Chambers), 《주님은 나의 최고봉》(*My Utmost for His Highest*, 토기장이 역간)

* 이들은 지역 교회 사역과 별개로 영향력을 발휘했다.

지난 100년간
가장 영향을 준 15가지 기독교 사상

1. 칼 바르트(Karl Barth): 신정통주의의 아버지다. *Dialectical Theology*(변증법적 신학), 《교회교의학》(*Church Dogmatics*, 대한기독교서회 역간)(총 13권)

2. C. S. 루이스(C. S. Lewis): 《순전한 기독교》(*Mere Christianity*, 홍성사 역간), 《기적》(*Miracles*, 홍성사 역간), 《고통의 문제》(*The Problem of Pain*, 홍성사 역간)

3. 아우구스투스 홉킨스 스트롱(Augustus Hopkins Strong): *Systematic Theology: A Compendium and Commonplace-Book Designed for the Use of Theological Students*(조직신학: 신학생을 위한 개요서이자 비망록)

4. H. 리처드 니버: 《그리스도와 문화》(*Christ and Culture*, 한국기독학생회출판부 역간)

5. 에밀 브루너(Emile Brunner): *Dogmatics*(교의학, 총 3권, 대표작)

6. 폴 틸리히: 《존재의 용기》(*The Courage to Be*, 예영커뮤니케이션 역간),

《조직신학》(Systematic Theology, 총 3권, 한들출판사 역간)

7. 프란시스 쉐퍼(Francis Schaeffer): 《이성에서의 도피》(Escape from Reason, 생명의말씀사 역간), 《거기 계시는 하나님》(The God Who Is There, 생명의말씀사 역간), 《기독교 선언》(A Christian Manifesto, 생명의말씀사 역간), 《낙태, 영아살해, 안락사에 대한 그리스도인의 자세》(Whatever Happened to the Human Race?, 생명의말씀사 역간)

8. 디트리히 본회퍼(Dietrich Bonhoeffer): 《나를 따르라》(The Cost of Discipleship, 대한기독교서회 역간)

9. 칼 H. F. 헨리(Carl H. F. Henry): 《복음주의자의 불편한 양심》(The Uneasy Conscience of Fundamentalism, IVP 역간), 《신, 계시, 권위》(God, Revelation, and Authority, 생명의말씀사 역간)

10. 루이스 스페리 체이퍼: Systematic Theology(조직신학, 총 7권)

11. 코넬리우스 반틸(Cornelius Van Til): 《변증학》(In Defence of the Fatih, 총 6권, 조직신학, 개혁주의신학사 역간)

12. 에드워드 J. 카넬(Edward J. Carnell): An Introduction to Christian Apologetics(기독교 변증학 원론), A Philosophy of the Christian Religion(기독교 종교 철학), The Case for Orthodox Theology(정통 신학)

13. J. 그레셤 메이첸(J. Gresham Machen): 《기독교와 자유주의》 (Christianity and Liberalism, 복있는사람 역간)

14. B. B. 워필드(B. B. Warfield): The Inspiration and Authority of the Bible(성경의 영감과 권위)

15. 라인홀드 니부어: 《도덕적 인간과 비도덕적 사회》(*Moral Man and Immoral Society*, 문예출판사 역간), *The Irony of American History*(미국 역사의 아이러니)

주석

서문
1. "Christian Child's Prayer," words written by preacher Clare Herbert Woolston (1856~1927)
   [Cited July 22, 2013]. Online: http://en.wikipedia.org/wiki/Christian_child%27s_prayer.
2. Elmer L. Towns, *A Practical Encyclopedia: Evangelism and Church Growth*(Ventura, CA: Regal Books, 1995), 47.
3. "Shout to the Lord" lyrics by Darlene Zschech, *metrolyrics.com*[Cited July 22, 2013]. Online: http://www.metrolyrics.com/shout-to-the-lord-lyrics-zschech-darlene.html.

도입: 가장 영향력 있는 교회 찾기
1. 부록 1을 보라.
2. Ibid.
3. 메리엄 웹스터 온라인 사전에 등재된 '컬트'의 정의: (1) 종교적 숭배 (2) 체계화된 종교적 신앙과 의식. 또는 지지자의 모임 (3) 정통이 아니거나 사이비로 간주되는 종교. 또는 지지자의 모임[cited August 7, 2012]. Online: http://www.merriam-webster.com/dictionary/cult, s. v. cult.

1. 오순절 운동의 성장과 전 세계적 확산
1. Julia Duin, "Pentecostalists to Mark Centennial," The Washington Times, January 1, 2006.
   Online: http://www.washingtontimes.com/news/2006/jan/1/20060101-122305-1724r/ (accessed August 24, 2012).
2. "The San Francisco Earthquake, 1906," EyeWitness to History(1997). Online: www.eyewitnesstohistory.com(accessed on July 22, 2012).
3. Ibid.
4. Herbert Asbury, *The Barbary Coast*(New York: Basic Books, 2002), n.p.
5. Jack Hayford and S. David Moore, *The Charismatic Century: The Enduring Impact of the Azusa Street Revival*(Nashville, TN: Faithwords, 2006), n.p.
6. William Johnson, *The Church Through the Ages*(Bethesda Books, 2003), n.p.
7. "A Brief History of Pentecostalism." Online: http://www.rapidnet.com/%jbeard/bdm/Psychology/char/abrief.htm(accessed on January 21, 2013).
8. Elmer L. Towns and Vernon M. Whaley, *Worship Through the Ages*(Nashville, TN: B&H Academic, 2012).
9. Anonymous, *J. Wilbur Chapman, 1859~1918: Evangelist and Pastor*, 2012,

Truthfulwords.org. Online: http://www.truthfulwords.org/biography/chapmantw.html (accessed on July 31, 2012).

10. Ibid.

11. Steven Ross, "Echoes from Glory: J. Wilbur Chapman," Wholesome Words. Online: www.wholesomewords.org/biography/biorpchapman.html(accessed on May 17, 2012).

12. Donald P. Hustad, *Jubilate II: Church Music in Worship and Renewal*(Carol Stream, IL: Hope Publishing, 1993), 247.

13. 전 세계에서 찾아온 방문객과 오순절파 선교사들 덕분에 다른 나라에도 부흥 운동이 전파되었다. 최초의 오순절파 선교사는 알프레드 굿리치 가(A. G. Garr)와 그의 아내로, 이들은 아주사에서 성령세례를 받고 인도를 거쳐 홍콩으로 이어지는 여정을 기록했다[빈슨 사이난(Vinson Synan), 《세계 오순절 성결운동의 역사》(*The Holiness-Pentecostal Tradition: Charismatic Movements in the Twentieth Century*, 서울말씀사 역간), 101~102]. 세이모어는 미국 순회 중에 노르웨이의 감리교 목사인 T. B. 바렛(T. B. Barratt)에게 영향을 주었다. 1906년 12월, 바렛은 유럽으로 돌아와 스웨덴, 노르웨이, 덴마크, 독일, 프랑스와 영국에서 오순절 성령 운동을 일으킨 것에 일조했다(ibid., 104~105). 영국 선덜랜드의 올세인츠 성공회 목사인 알렉산더 버디(Alexander Boddy)는 바렛을 통해 개종해서 영국 오순절파의 창립자가 되었다[Ibid., 131]. 바렛을 통해 개종한 사람으로는 독일 최초의 오순절파(뮐하임 협회)를 창시한 독일의 조나단 폴(Jonathan Paul) 목사와 스웨덴에서 오순절 운동을 시작한 침례교 목사 레위 페트루스(Lewi Pethrus)를 빼놓을 수 없다[ibid., 131-132]. 이탈리아 이민자인 루이지 프란세스콘(Luigi Francescon)은 1907년 더럼(Durham)의 사역을 통해 오순절파를 받아들였고 미국과 아르헨티나, 브라질에 이탈리아 오순절파 교구를 설립했다. 1908년, 자코모 롬바르디(Giacomo Lombardi)가 이탈리아에서 처음으로 오순절 예배를 이끌었다[ibid., 133~134]. 1910년 11월에는 두 명의 스웨덴 오순절파 선교사가 브라질 벨렘에 도착해서 단체를 설립, 이것은 훗날 하나님의 성회(브라질 하나님의 성회)가 되었다[ibid., 134~135]. 1908년, 알렉산더 도위(Alexander Dowie)의 추종자 존 G. 레이크(John G. Lake)가 성령세례를 경험한 후 남아프리카로 떠나 단체를 세웠고 이것은 남아프리카 사도적 신앙 선교회와 시온 크리스천 교회로 발전했다[ibid., 137~138]. 선교사들의 열정을 따라 오늘날 존재하는 거의 모든 오순절 교파의 자취를 거슬러 올라가면 이는 모두 아주사 부흥 운동에서부터 시작되었음을 알 수 있다[ibid., 105].

14. Michael Collins and Matthew A. Price, *The Story of Christianity: 2000 Years of Faith* (Wheaton, IL: Tyndale House, 1999), 225.

15. Ibid., 146.

16. Edith Blumhofer, "Azusa Street Revival." Online: http://www.religion-online.org/showarticle.asp?title=3321(accessed on August 24, 2012).

17. Homer A. Rodeheaver, *Twenty Years with Billy Sunday*(Winona Lake, IN: Rodeheaver, 1936), 85.

18. Paul R. Dienstberger, *The American Republic: A Nation of Christians*(Ashland, OH: Paul R. Dienstberger, 2000), n.p. Online: http://www.prdienstberger.com/nation/Chap8wpr.htm(accessed on August 6, 2011).

19. Estrelda Y. Alexander, *Black Fire: One Hundred Years of African American Pentecostalism*(Downers Grove, IL: IVP Academic, 2011), 121.

20. Ibid., 119.

21. Ibid., 128.

22. Dienstberger, *The American Republic: A Nation of Christians*.

23. Ibid.

24. Ibid., 48~49.

25. 이 장에서 쓰인 '나타나심'은 교회 역사학자들이 수십 년간 사용했던 단어로 초자연적인 현상이 일어나는 것을 묘사하는 용어다. 하지만 이것이 역사학자들이 그들이 관찰한 현상에 대해 교리적으로 동의한다는 의미는 아니다. 단지 그들이 목격한 것과 초자연적인 사건으로 일어난 일을 객관적으로 보고했다는 것을 의미한다. 그리스도인이라면 성령님이 성령 안에 거하는 사람과 함께하며 그 사람이 행동을 취하도록 격려하신다고 믿을 것이다. 하지만 역사학자들은 단지 사람들의 행동 가운데서 드러난 '나타나심'을 보고할 뿐이었다. 방언을 받지 않은 자들, 혹은 그 성경적 근거를 믿지 않은 사람이라 하더라도 아주사 거리에서 하나님을 구하고 임재를 기다렸던 사람들을 통해 성령님이 역사하시고 하나님이 일을 행하셨다는 사실을 부인할 수는 없을 것이다.

26. A. C. Valdez, Sr., with James F. Scheer, *Fire on Azusa Street*(Costa Mesa, CA: Gift Publications, 1980), 60.

27. Dienstberger, *The American Republic: A Nation of Christians*, 48~49.

28. *The Women of Azusa Street-God's Anointed Hand-Maidens-The Forgotten Legacy!* DVD(2006).

29. Elmer Towns and Douglas Porter, *The Ten Greatest Revivals Ever*(Ann Arbor, MI: Servant Publications, 2000), 28~34. 당시 영국의 왕 이름을 따 '에드워드 부흥'이라고 불렸다. 또한 웨일스 부흥이나 1904 부흥이라고도 불렸다. 이 부흥 운동은《세계 10대 부흥의 역사》에 역사상 가장 위대한 부흥으로 기록되었다.

30. J. Edwin Orr, *The Flaming Tongue*(Chicago: Moody Press, 1973), n.p.

31. "Glossolalia," Wikipedia. Online http://en.wikipedia.org/wiki/Glossolalia(accessed September 10, 2012).

32. Dale A. Robbins, *What People Ask About the Church*, 1995. Online: http://www.victorious.org/churchbook/chur63.htm(accessed September 10, 2012).

33. Cecil M. Robeck, Jr., *The Azusa Street Mission and Revival: The Birth of the Global Pentecostal Movement*(Nashville, TN: Thomas Nelson, 2006), 119~122.

34. Floyd T. Cunningham, Diversities Within Post-War Philippine Protestantism, page 23. Online: http://ccfgc.cav.ph/floyd/(accessed September 10, 2012).

35. Jack Zavada, "Foursquare Church Denomination," About.com. Online: http://christianity.about.com/od/Foursquare-Church/a/Foursquare-Church-Profile.htm(accessed September 10, 2012).

36. 인도네시아 수라바야의 베다니 교회, 루이지애나 배턴루지의 베다니 월드 기도센터, 뉴욕의 브루클린 테버너클, 브라질 상파울로의 그리스도의 성도 교회, 애리조나 피닉스의 제일 하나님의 성회, 호주 시드니의 힐송 교회, 미주리 캔자스시티의 아이합

(IHOP, 국제기도의집), 칠레 산티아고의 호타베체(감리교 오순절) 교회, 텍사스 휴스턴의 레이크우드 교회, 조지아 애틀랜타의 바란 산 교회, 텍사스 댈러스의 포터스 하우스, 오클라호마시티의 레마 교회, 오하이오 콜럼버스의 월드 하베스트 교회

37. Cheryl J. Sanders, "History of Women in the Pentecostal Movement," *Cyberjournal for Pentecostal Charismatic Research*, July 1997, no. 2. Online: http://www.pctii.org/cyberj/cyberj2/sanders.html(accessed August 21, 2012).
38. Harvey Cox, *Fire from Heaven*(Reading, MA: Addison-Wesley, 1995), 63.
39. Larry Edward Martin and William Joseph Seymour, *The Doctrines and Discipline of the Apostolic Faith Mission*(Joplin, MO: Christian Life Books, 2000).
40. "A Glimpse of the Kingdom of Heaven(The Azusa Street Revival)," *This Far by Faith*. Online: http://www.pbs.org/thisfarbyfaith/journey_3/p_9.html(accessed August 18, 2014).
41. Duin, "Pentacostalists to Mark Centennial," *The Washington Times*, January 1, 2006.

2. 보이지 않지만 상존하는 가정 교회의 영향

1. 1978년, 나는 토머스 로드 침례교회의 선교부장 로스코 브루어(Roscoe Brewer)와 함께 20권의 중국어 성경책을 베이징에 몰래 들어간 적이 있다. 그것은 중국 정부가 후원하고 토머스 로드 침례교회가 재정을 댄 '휴가 여행'이었다. 우리는 베이징의 가정 교회를 관리하는 한 지도자를 만나기 위해 식당에서 은밀하게 만남을 주선했다. 그는 베이징 발, 티베트 행 기차의 승객을 대상으로 일하는 짐꾼 한 명을 데리고 나왔다. 짐꾼은 자신의 경로 안에서 20개의 도시에 성경을 배포했다. 여러 주 동안 계속 교회들은 성경을 한 권도 갖지 않은 교회에 성경을 전달해 주었다. 하나님의 말씀에 목말라하는 이 나라의 열정이 드러나는 일화였다.
2. Ryan Morgan, "It's Getting Better, but Chinese Persecution of Christians Isn't Over Yet," Persecution.org[Cited on June 3, 2013]. Online: http://info.persecution.org/blog/bid/265313/It-s-Getting-Better-but-Chinese-Persecution-of-Christians-Isn-t-Over-Yet.
3. 나는 2009년 10월 12일과 17일에 상하이에 있는 푸단대학에서 강의해 달라는 요청을 받았다. 나는 '교회 성장학의 세계적 권위자'라고 소개됐지만 교회 성장에 관한 원칙들에 대해 강의하고 싶지는 않았다. 이런 정보는 사역을 위해 연구하는 사람들이나 필요한 것이었다. 나는 종교가 없거나 공산주의자인 젊은이들, 어쩌면 무신론자인지도 모르는 사람들에게 강의해야 했다. 그래서 나는 그리스도의 몸이신 교회에 대해 강의했다. 그것이야말로 교파를 막론하고 신약 교회라면 가지고 있는 본성이며, 가정 교회의 본성이기도 했다. 하지만 나는 두 번의 강의(한 번은 학부생 대상이었고 다른 한 번은 대학원생 대상이었다)에서 가정 교회를 언급하지 않았다. 그리고 이 주제를 가지고 교수단과 함께 두 시간 동안 논의했다.
4. This is an excerpt from Paul Brians, Mary Gallwey, Douglas Hughes, et al, *Reading About the World*, vol. 2(Harcourt Brace Custom Books)[Cited May 14, 2013]. Online: http://public.wsu.edu/~brians/world_civ/worldcivreader/world_civ_reader_2/mao.html.
5. Copyright Society for Anglo-Chinese Understanding(SACU) 2006. Reprinted from SACU's magazine *China Now*, vol. 24, August 1972, page 10 and *China Now* vol. 27,

December 1972, page 7. http://www.sacu.org/pinyinissues.html.

6. Manfred B. Sellner, "Language and Politics in Mao's China," *IIAS Newsletter*, no. 39, December 2005[Cited May 14, 2013]. Online: http://www.iias.nl/nl/39/IIAS_NL39_26.pdf.

7. "Three-Self Patriotic Movement," Wikipedia[Cited May 6, 2013]. Online: http://en.wikipedia.org/wiki/Three-Self_Patriotic_Movement.

8. Bob Fu, "Persecution in China Is Very Real," *Christianity Today*[Cited May 14, 2103]. Online: http://www.christianitytoday.com/ct/2013/february-web-only/persecution-in-china-is-very-real.html?start=2.

9. Neil Cole, *Organic Church: Growing Faith Where Life Happens*(San Francisco: Jossey Bass, xxii).

10. Ibid., xxv.

11. Ibid., xxiv.

12. Ibid., 27.

13. Anthony Weber, "America's Idol; China's Revival," blog post[Cited May 31, 2013]. Online: http://learningtojump.blogspot.com/2011/09/americas-idol-chinas-revival.html.

14. K. Connie Kang, "These Christians Radically Rethink What a Church Is," *Los Angeles Times*, August 2004, 14[Cited June 5, 2013]. Online: http://articles.latimes.com/2004/aug/14/local/me-beliefs14.

15. 웹 사이트 i.e., www.theooze.com.를 보라.

3. 교회 내 인종 통합으로 이어진 비폭력 운동

1. Jim Cymbala, *Fresh Wind, Fresh Fire*(Grand Rapids, MI: Zondervan, 2003); *Fresh Faith* (Grand Rapids, MI: Zondervan, 2003); *Fresh Power*(Grand Rapids, MI: Zondervan, 2003).

2. "Browder v. Gayle, 352 U.S. 903(1956)," *Martin Luther King, Jr. and the Global Freedom Struggle*,[Cited April 10, 2013]. Online: http://mlk-kpp01.stanford.edu/index.php/encyclopedia/encyclopedia/enc_browder_v_gayle.

3. Cokie Roberts and Steve Inskeep, "Lyndon Johnson's Fight for Civil Rights, 2004, npr.com[Cited April 17, 2013]. Online: http://www.npr.org/templates/story/story.php?storyId=3087021.

4. "Martin Luther King, Jr.," Wikipedia, [cited April 2, 2013]. Online: https://en.wikipedia.org/wiki/Martin_Luther_King,_Jr.

5. Ibid.

6. Ibid.

7. Ibid.

8. Ibid.

9. Ibid.

10. Martin Luther King, Jr., "To Ebenezer Baptist Church Members," *The Martin Luther King's Papers Project*, [Cited April 10, 2013]. Online: http://mlk-kpp01.stanford.edu/primarydocuments/Vol2/541106ToEbenezerBaptistChurchMembers.pdf.

11. "African American Baptists," *The New Georgia Encyclopedia*, [cited April 2, 2013]. Online: http://www.georgiaencyclopedia.org/nge/Article.jsp?id=h-1543.

12. Martin Luther King, Jr., "I've Been to the Mountaintop," *American Rhetoric Top 100 Speeches*, [Cited April 10, 2013]. Online: http://www.americanrhetoric.com/speeches/mlkivebeentothemountaintop.htm.

13. Elmer Towns, Ed Stetzer and Warren Bird, *11 Innovations in the Local Church* (Ventura, CA: Regal Books, 2007), 188.

14. Ibid., 189.

15. Carl Dudley, *Making the Small Church Effective*(Nashville, TN: Abingdon Press, 1978), 49. 소규모 교회의 강점과 취약점과 더불어 사회학적 해석에 관한 정보 참조

16. Tobin Perry, "SBC Ethnic Congregations Up 66 Percent Since 1998," *North American Mission Board*[Cited May 31, 2013]. Online: http://www.namb.net/nambblog1.aspx?id=8590124402&blogid=8589939695.

17. Ibid.

18. Ibid.

19. Ibid.

20. 침례교, 포스퀘어, 하나님의 성회와 나사렛 교파에 관한 자료는 에드 스테처의 "The Changing Ethnic and Racial Landscape of Denominations in America"(미국의 교파에서 보이는 민족과 인종의 변화) 참조. *The Lifeway Research Blog*[Cited April 11, 2013]. Online: http://www.edstetzer.com/2012/06/Monday-is-for-missiology-fred.html. 미국 하나님의 성회 중 하나님의 교회에 대한 자료는 2010 AG 인구 동태 통계 요약 7쪽에 있는 "전국 비율" 참조. [Cited April 11, 2013]. Online: http://agchurches.org/Sitefiles/Default/RSS/AG.org%20TOP/AG%20Statistical%20Reports/2010%20Stats/Vital%20Stats%202010%20Sum.pdf.

21. "Race, Eric Redmond, and Ethnic Diversity in Denominations," [Cited April 10, 2013]. Online: http://www.edstetzer.com/2008/02/race_eric_redmond_and_ethnic_d.html.

22. From: http://racerelations.about.com/od/diversitymatters/a/RacialSegregationin Church.htm. See also Scott Williams, *Church Diversity: Sunday the Most Segregated Day of the Week*; Pew Forum, http://religions.pewforum.org/pdf/report-religious-landscape-study-full.pdf; Gerardo Marti, http://www.academia.edu/1097473/The_Religious_Racial_Integration_of_African_Americans_into_Diverse_Churches.)

23. Ruth Daily, "Viewpoint: Integrated Pews Without Political Diversity," *Post-Gazette.com*[Cited April 10, 2013]. Online: http://www.google.com/#hl=en&sclient=psy-ab&q=.+the+mighty+Brooklyn+Tabernacle%2C+a+veritable+United+Nations+of+the+gospel%2C+draws+10%2C000+members+from+the+New+York%E2%80%99s+areas+diverse+millions&oq=.+the+mighty+Brooklyn+Tabernacle%2C+a+veritable+United+Nations+of+the+gospel%2C+draws+10%2C000+members+from+the+New+York%E2%80%99s+areas+diverse+millions&gs_l=serp.12...54776.55573.1.5745 2.1.1.0.0.0.0.0..0.0...0.1...1c.1.8.psy-ab.LtxAVQaAZcw&pbx=1&bav=on.2,or.r_qf.&fp=f966bb6d3f992b43&biw=1024&bih=604.

24. Dennis Farro, "Nipping Discrimination in the Bud My Brooklyn Tabernacle

Adventure," *Braille Monitor*, February 2010[Cited April 10, 2013]. Online: https://nfb.org/images/nfb/publications/bm/bm10/bm1002/bm100208.htm.

25. Emma Lazarus(1883), "The Statue of Liberty," The Statue of Liberty-Ellis Island Foundation[Cited April 10, 2013]. Online: http://www.statueofliberty.org/default_sol.htm.

26. David Anderson, *Multicultural Ministry: Finding Your Church's Unique Rhythm* (Grand Rapids: Zondervan, 2004).

27. 고대 스코틀랜드어인 'worthship'은 목소리로 찬양하는 가운데 하나님에게 합당한 것을 드린다는 의미를 담고 있다.

4. 교회 사역과 전도 사역을 감당하는 셀 모임

1. 1979년, 나는 존 본(John Vaughan), 데이비드 사이페르트(David Seifert)와 함께 *The Complete Book of Church Growth*(교회 성장 전서)를 집필했고 이 책에 "작지만 큰 교회"(The Biggest Little Church in the World)라는 챕터를 썼다. 대부분의 주류 교과 신학 대학원을 제시한 이 책은 신학생들을 위한 첫 번째 교과서라고 홍보됐다.

2. Elmer L. Towns, David J. Seifert and John N. Vaughan, *Complete Book of Church Growth*(Carol Stream, IL: Tyndale House, 1981),

3. Ibid., 61.

4. 캐런 허스턴(Karen Hurston)의 *Growing the World's Largest Church*(세계 최대의 교회 만들기) 참고. 이 책에는 교회 성장에 허스턴 가족이 얼마나 도움이 됐는지가 잘 나타나 있다. 조용기 목사나 한국인 기자들로부터는 들을 수 없는 내용이다.

5. Towns, Seifert and Vaughan, *Complete Book of Church Growth*, 62.

6. 처음에 조 목사는 이것이 심장마비라는 것을 인정하기 싫은 눈치였다.

7. Towns, *Complete Book of Church Growth*, 62.

8. Ibid.

9. Ibid., 63.

10. Ibid.

11. Ibid.

12. "Genesis 17," *John Calvin's Bible Commentary*[Cited April 16, 2013]. Online: http://www.ewordtoday.com/comments/genesis/calvin/genesis17.htm.

13. Elmer L. Towns, ed., et al, *A Practical Encyclopedia of Evangelism and Church Growth*(Ventura, CA: Regal Books, 1995), 329~330.

14. Elesha Coffman, "Where Did Small Groups Start?" Christian History.net[Cited April 16, 2013]. Online: http://www.christianitytoday.com/ch/asktheexpert/aug31.html.

15. James Egli and Dwight Marable, *Small Groups, Big Impact*(Saint Charles, IL: Churchsmart Resources, 2011.

16. "David Yonggi Cho," Wikipedia[Cited April 16, 2013]. Online: http://en.wikipedia.org/wiki/David_Yonggi_Cho.

17. Ibid. 대한민국 서울에 위치한 여의도 순복음교회의 설명이다.

18. Ibid.

19. Ibid.

20. "Yoido Full Gospel Church," Wikipedia[Cited May 31, 2013]. Online: http://en.wikipedia.org/wiki/Yoido_Full_Gospel_Church.

5. 주일학교 위에 세운 교회

1. Elmer Towns, *Towns' Sunday School Encyclopedia*(Wheaton, IL: Tyndale House Publishers, Inc., 1993), 417.
2. 교회는 초기에 KCBI FM(텍사스 북부의 기독교 라디오 방송국)을 매입했고 이어서 산 안젤로의 KCRN FM과 KSYE FM을 포함한 크리스웰 라디오 네트워크를 사들이며 영역을 확장했다.
3. "W. A. Criswell," Wikipedia[Cited June 3, 2013]. Online: http://en.wikipedia.org/wiki/W._A._Criswell.
4. Towns, *Towns' Sunday School Encyclopedia*, 543~545.
5. Bob Mayfield, "Flake's Legacy," bobmayfield.com[Cited May 7, 2013]. Online: http://www.bobmayfield.com/flakes-legacy/.
6. "Southern Baptist Convention: Sunday-School Board," Hot Springs, Arkansas, 1900, 67. Online: http://media2.sbhla.org.s3.amazonaws.com/annuals/SBC_Annual_1900.pdf.
7. "Annual of the Southern Baptist Convention," Memphis, Tennessee, 1925, 50. Online: http://media2.sbhla.org.s3.amazonaws.com/annuals/SBC_Annual_1925.pdf.
8. "Annual of the Southern Baptist Convention," Chicago, Illinois, 1950, 422. Online: http://media2.sbhla.org.s3.amazonaws.com/annuals/SBC_Annual_1950.pdf.
9. "Annual of the Southern Baptist Convention," Miami Beach, Florida, 1975, 245, 252. Online: http://media2.sbhla.org.s3.amazonaws.com/annuals/SBC_Annual_1975.pdf.
10. "Annual of the Southern Baptist Convention," Orlando, Florida, 2000, 114, 293. Online: http://media2.sbhla.org.s3.amazonaws.com/annuals/SBC_Annual_2000.pdf.
11. 데이비드 제레마이어(David Jeremiah) 박사는 4월에 새로운 예배당에서 드린 헌당 예배 설교에서 신학생 시절을 되돌아보았다. 아마도 댈러스 신학대학교와 사우스웨스턴 신학대학교의 수천 명의 학생들이 댈러스 제일 침례교회에서 실습을 받은 것 같다. 그 후 그들은 세상에 나가 교회의 영향력을 널리 전달했다.
12. 1960년 10월, 전국 주일학교 연합대회가 미주리 주 세인트루이스의 키엘 강당에서 열렸다. 이것은 크리스웰이 이곳에서 설교하기 전 나에게 했던 말이다.
13. 나는 크리스웰과 함께했던 저녁 식사에서 이 이야기를 들었다.
14. Ibid.
15. Ibid.
16. Ibid.
17. 이것은 내가 1954년 텍사스 주 댈러스의 제일 침례교회에 출석했을 때 W. A. 크리스웰이 했던 말을 풀어서 적은 것이다. 그는 영혼 구원을 위한 노력에 대해 선언하고 있었다.
18. Ibid.
19. 이것 또한 1954년 제일 침례교회에서 W. A. 크리스웰이 했던 말을 간단히 적은 것이다. 그는 당시 아이들의 등록을 권장하며 하나님에게 바치는 삶에 대해 설교했다.

20. 교회들이 주일학교 교실을 일주일에 한 번만 사용했던 1960년대 후반까지는 이 말이 맞을 수도 있다. 하지만 그 이후 교회들은 주일학교를 더욱 다양하게 이끌었고, 주일 학교 교실이 더욱 필요하게 되자 교회 밖 공간까지 사용하기 시작했다.
21. 여의도 순복음교회의 소그룹에 대한 내용은 4장을 보라.

6. 전통적 설교를 대신한 성경 강해로의 변화

1. "Guide to Scofield Memorial Church Selected Records." Online: http://library.dts.edu/ Pages/TL/Special/ScofieldMemChurch_CN014.pdf(accessed January 29, 2013).
2. 나는 1956년부터 1958년까지 스코필드 기념 교회의 선교 사역으로 시작된 페이스 바이블 교회(Faith Bible Church)에서 사역을 했다. 매주 월요일 아침이면 나는 할란 로퍼 (Harlan Roper) 목사와 함께 스코필드 교회로부터 시작된 사역지의 목사님들과 회동을 했다. 1957년, 페이스 바이블 교회는 지역 교회로서 문을 열었다. 1958년, 나는 미주리 주 세인트루이스에 있는 미드웨스트 성서대학교의 교수가 되었다. 제임스 브룩스 박사 가 몇몇 사람과 모여 설립한 학교였다(설립 당시의 이름은 '브룩스 성서학원'이었고 후에 '미드웨스트 성경선교학원'이었다가 후에 '미드웨스트 성서대학교'로 이름을 변경했다). 이 모임은 세인트루이스 가스펠 센터의 시설에서 열렸는데, 이곳은 주일학 교 성경학회 센터로 C. I. 스코필드 같은 위대한 성경학자들이 오던 곳이었다. 두 장소 에서 나는 이 책에 쓴 것보다 훨씬 더 많은 역사를 알게 되었다. 나는 1958년 당시 댈러 스 신학대학교에서 조직신학을 전공하던 대학원생이었다.
3. 이 장소에는 일리노이 주 시카고의 노스사이드 가스펠 센터를 비롯해 미주리 주 세인 트루이스의 미드웨스트 바이블 센터, 일리노이 주 시카고의 가스펠 테버너클 그리고 인디애나 주 포트웨인의 가스펠 템플이 포함된다.
4. Hal Lindsey, The Late Great Planet Earth(Grand Rapids: Zondervan Publishing Company, 1972) and There's a New World Coming(Eugene, OR: Harvest House Publishers, 1984).
5. 팀 라헤이가 쓴 《레프트 비하인드》 시리즈는 총 8권의 책으로 1억 권 이상이 판매됐다. 스코필드의 영향은 이 책을 통해 영어권 세상으로 확장되었다.
6. "Cyrus Ingersoll Scofield?Biography," Understanding the Bible. Online: http://www.ancientpath.net/Bible/PBU/Scofield/Scofield_Bio.htm(accessed January 22, 2013).
7. Ibid.
8. R. Todd Magnum and Mark S. Sweetnam, The Scofield Bible: Its History and Impact on the Evangelical Church(Colorado Springs: Paternoster, 2009), 11.

7. 불신자를 위해 고안된 구도자 중심 교회

1. 이런 형태의 전도 방식을 묘사하는 단어로는 '구도자 반응형', '구도자 친화형', '구도 자 중심형' 등으로 다양하다. See Elmer Towns, gen. ed., A Practical Encyclopedia: Evangelism and Church Growth(Ventura, CA: Regal Books, 1995), 141.
2. "Bill Hybels," Wikipedia[Cited April 22, 2013]. Online: http://en.wikipedia.org/wiki/Bill_Hybels.
3. Elmer L. Towns, Ten of Today's Most Innovative Churches[Cited April 22, 2013]. Online: http://elmertowns.com/books/online/10_innov_ch/10_of_Todays_Most_

Innovative_Churches%5BETowns%5D.PDF.

4. Ibid.

5. Ibid.

6. Ibid.

7. Ibid.

8. Ibid.

9. Ibid.

10. Elmer L. Towns, *10 Sunday Schools That Dared to Change*[Cited April 22, 2013]. Online: http://elmertowns.com/books/online/10_ss_change/10_SS_That_Dared_to_ Change%5BETowns%5D.PDF.

11. Ibid.

12. Ibid.

13. Ibid.

14. Elmer L. Towns, *10 Sunday Schools That Dared to Change*,(Ventura, CA: Regal Books, 1993), 70.

15. Ibid., 69.

16. Elmer L. Towns, *10 Sunday Schools That Dared to Change*[Cited April 22, 2013]. Online: http://elmertowns.com/books/online/10_ss_change/10_SS_That_Dared_to_ Change%5BETowns%5D.PDF.

17. Ibid.

18. Ibid.

19. Ibid.

20. James Long, "The Outreach Interview: Rick Warren," Outreach, January/February 2013, 105.

21. Ibid., 106

22. Ibid., 107.

23. C. Peter Wagner, ed., Win Arn and Elmer Towns, *Church Growth State of the Art* (Wheaton, IL: Tyndale House Publishers Inc., 1986), 17.

24. T. A. McMahon, "The Seeker-Friendly Way of Doing Church," *The Berean Call*[Cited April 23, 2013]. Online: http://www.thebereancall.org/category/author/mcmahon-ta.

25. Ibid.

26. Marva J. Dawn, *Reaching Out Without Dumbing Down*(Grand Rapids, MI: Wm. B. Eerdmans Publishing Company, 1995), n.p.

27. 와그너가 1980년대 후반 미국 교회성장학회에서 했던 말이다. 대다수가 이 말에 동의 했지만 기록된 적은 없다.

28. Manya A. Brachear, "Rev. Bill Hybels: The Father of Willow Creek," August 6, 2006 [Cited on June 3, 2013]. Online: http://www.chicagotribune.com/news/chi-061121-hybelsprofile,0,2446732.story.

29. "The 25 Most Influential Evangelicals in America," TIME, February 7, 2005[Cited on June 3, 2013]. Online: http://www.time.com/time/specials/packages/arti-cle/0,28804,1993235_1993243_1993288,00.html.

8. 베이비 붐 세대가 문을 연 새로운 교회 문화

1. Paul Baker, *Contemporary Christian Music: Where It Came From, What It Is, Where It's Going*(Westchester, IL: Crossway books, 1985), 4.
2. Norman Vincent Peale, "The Surging Spirit," *Guideposts*, November 1971, 4. Quoted in Paul Baker, *Contemporary Christian Music*, 5[Cited May 14, 2013]. Online: http://www.ccel.us/CCM.ch1.html.
3. "Calvary Chapel History," Jack Savada, about.com[Cited May 14, 2013]. Online: http://christianity.about.com/od/Calvary-Chapel/a/Calvary-Chapel-History.htm.
4. "Calvary Chapel Costa Mesa," Wikipedia[Cited May 14, 2013]. Online: http://en.wikipedia.org/wiki/Calvary_Chapel_Costa_Mesa.
5. Jamee Lynn Fletcher, "Calvary Chapel Founder Battling Lung Cancer," January 5, 2012, *Orange County Register*[Cited April 23, 2013]. Online: http://www.ocregister.com/articles/smith-334349-chapel-calvary.html.
6. "Calvary Chapel," Wikipedia[Cited February 10, 2014]. Online: http://en.wikipedia.org/wiki/Calvary_Chapel.
7. Elmer L. Towns, *Putting an End to Worship Wars: Understanding-Why People Disagree over Worship, The Six Basic Worship Styles, How to Find Balance and Make Peace*(Nashville, TN: Broadman & Holman, 1997).

9. 예배 시간에 시작된 경배와 찬양

1. Kenneth Scott Latourette, *A History of Christianity*(New York: Harper & Brothers, 1953), n.p.
2. "Shout to the Lord," lyrics by Darlene Zschech, elyrics.net[Cited April 19, 2013]. Online: http://www.elyrics.net/read/d/darlene-zschech-lyrics/shout-to-the-lord-lyrics.html.
3. Worship Lyrics, "Majesty," lyricstime.com[Cited April 19, 2013]. Online: http://www.lyricstime.com/worship-majesty-lyrics.html.
4. "About Maranatha Music," Maranatha Music[Cited May 7, 2013\. Online: https://www.maranathamusic.com/about/.
5. "The 'Praise and Worship' Revolution," *Christianity Today*[Cited April 19, 2013]. Online: http://www.christianitytoday.com/ch/thepastinthepresent/storybehind/praise-worshiprevolution.html.
6. Ibid.
7. "Shout to the Lord" lyrics by Darlene Zshech, metrolycrics.com[Cited April 19, 2013]. Online: http://www.metrolyrics.com/shout-to-the-lord-lyrics-zschech-darlene.html.
8. "Darlene," Darlene Zschech[Cited on April 22, 2013]. Online: http://www.darlenezschech.com/biography/.
9. Elmer L. Towns and Vernon M. Whaley, *Worship Through the Ages*(Nashville, TN: B&H Publishing Group, 2012), 354.
10. 2013년 8월 30일에 잭 헤이포드가 나에게 보낸 개인적 이메일에서 발췌, 그가 직접 추가하고 수정한 말이다.

11. 잭 헤이포드는 예배와 관련해서 《시편처럼 사는 예배자》, 《경배》, *Reward of Worship*(예배가 주는 상) 등을 집필했다.

12. Ibid.

13. Ibid.

14. Towns and Whaley, 355.

15. Elmer L. Towns, *Ten Innovative Churches*(Ventura, CA: Regal Books, 1990), 61.

16. "Majesty," by Jack Hayford, ?1981, Rocksmith Music, JackHayford.com[Cited April 22, 2013]. Online: http://www.jackhayford.com/pages/majesty_let_fire_fall.html; Elmer L. Towns, *God Encounters*[Ventura, CA: Regal Books, 2000]. Online: http://elmer-towns.com/books/online/god_enctrs/God_Encounters[ETowns].pdf, (accessed April 22, 2013).

17. Towns, *Ten Innovative Churches*, 61~62.

18. Ibid., 62.

19. 2013년 8월 30일에 잭 헤이포드가 나에게 보낸 개인적 이메일에서 발췌, 그가 직접 추가하고 수정한 말이다.

20. Ibid., 64.

21. Ibid., 65.

22. 나는 1958년 댈러스 신학대학교를 졸업했는데 헨드릭스는 종종 이 발언을 하곤 했다.

23. J. P. Holding, "Myths About Christianity," *TEKTON Education and Apologetics Ministry*[Cited May 7, 2013]. Online: http://www.tektonics.org/af/christianmyths.html.

24. 7장의 각주 28을 보라.

10. 매체와 마케팅으로 세력을 확장한 교회

1. Jerry Falwell and Elmer Towns, *Capturing A Town for Christ*(Grand Rapids, MI: Fleming H. Revell/Baker Book house, 1973), 13~14.

2. "S. Parks Cadman," Wikipedia. Online: http://en.wikipedia.org/wiki/S._Parkes_Cadman(accessed on January 21, 2013).

3. John Franklin Norris, Texas State Historical Association. Online: http://www.tshaonline.org/handbook/online/articles/fno07(accessed on January 21, 2013).

4. "Charles Coughlin," Wikipedia. Online: http://en.wikipedia.org/wiki/Charles_Coughlin(accessed on January 21, 2013).

5. "Old Fashioned Revival Hour Broadcast." Online: http://www.oldfashionedrevivalhour.com/(accessed on January 21, 2013).

6. "Rex Humbard," Wikipedia. Online: http://en.wikipedia.org/wiki/Rex_Humbard (accessed on January 21, 2013).

7. 선두를 달리는 마케팅 업계의 인물로는 버지니아 리치몬드에 위치한 헌트싱어와 제퍼(Huntsinger and Jeffer)의 제리 헌트싱어(Jerry Huntsinger), 엡실론(Epsilon)의 짐 레이븐(Jim Laven) 그리고 잰 글리슨(Jan Gleason) 등이 있다. 토머스 로드 침례교회와 제리 폴웰의 마케팅을 책임졌던 인물들이 결국엔 버지니아 주 포레스트에 자신들의 홍보 회사를 설립했다는 것만 봐도 토머스 로드 침례교회의 마케팅이 효과적이라는 것을 알 수 있다. 여기에는 댄 레버(Dan Reber), 짐 소워드(Jim Soward), 지미 토머스(Jimmy

Thomas), 샘 페이트(Sam Pate), 랜디 스콧(Randy Scott) 그리고 인서비스 아메리카 사업을 시작한 칼 타운젠드(Carl Townsend)가 포함된다. 이 회사들은 능력의 시간(Hour of Power, 수정 교회, 로버트 슐러), 포커스 온 더 패밀리(제임스 돕슨) 같은 기독교 텔레비전/라디오 선교 사역을 포함해 베니 힌(Benny Hinn), 로드 파슬리(Rod Parsley), 제임스 로비슨(James Robison) 등의 고객을 관리했다.

8. 2013년 당시 버지니아 주 린치버그에는 12,600명의 기숙학생이 있었고 해외와 타 지역에서 온라인으로 수업을 듣는 학생은 8만 명에 달했다.

9. 1978년, 나는 미국에서 가장 위대한 100대 주일학교를 찾기 위해 연간 조사를 하고 있었다. 나는 그저 호기심에 질문 하나를 포함시켰다: '여러분이 다니면서 목회의 꿈을 갖게 된, 미국에서 가장 위대한 교회를 세운 기독교 학교나 신학대는 어디라고 생각하십니까?' 놀랍게도 100명 중 23명의 학생이 미주리 주 스프링필드에 있는 침례신학대학교라고 대답했다.

10. 제리 폴웰은 이것을 '포화 전도'라고 불렀고, 매체를 사용하게 한 강력한 동기가 되었다.

11. 1983년, 나는 맥스 호킨스의 집에서 열렸던 이 반의 30주년 기념 모임에 참석했다. 대릴을 비롯한 100명의 사람들이 거기 있었다. 나는 그곳에서 했던 인터뷰로 이 내용에 대해 알게 되었다.

12. Paul E. Roberts and W. Dayton Pretiz, *Like a Mighty Army: R. Kenneth Strachan and the Global March of Evangelism-in-Depth*(Miami Springs, FL: Latin America Mission, 1998).

13. 제리 폴웰과 엘머 타운즈, *Capturing a Town for Christ*(그리스도를 위한 도시 점령) 참고. 제리와 나는 함께 포화 전도의 전략을 설명한 책을 집필했고 이 책은 베스트셀러가 되었다.

14. Elmer L. Towns and Jerry Falwell, *America's Fastest Growing Churches*(Nashville, TN: Impact Books, 1972), 31~32.

15. 여기에서 말하는 기독교 방송국에는 에콰도르 키토에 있는 HCJB, 대한민국 서울에 있는 극동방송이 포함됐다. 방송국들은 세상 곳곳에 무선 신호를 보냈고, 각 나라의 언어로 번역된 프로그램이 송출되어 전 세계에 도달할 수 있었다.

16. 이것은 1970년 즈음에 리버티대학교 설립을 위해 모임을 준비하며 나와 제리 폴웰이 나눈 대화다.

17. Falwell and Towns, *Capturing a Town for Christ*, 5.

18. Stan Toler and Elmer Towns, *Developing a Giving Church*(Kansas City, MO: Beacon Hill Press, 1999), 101~103.

12. 긍정적 사고방식과 번영을 강조하는 교회

1. Norman Vincent Peale, *The Power of Positive Thinking*(New York: Ballantine Books, first published 1952).

15. 적극적으로 섬김의 전도를 행하는 교회

1. Steve Sjogren, *Conspiracy of Kindness*(Ventura, CA: Regal Books, 2008), n.p.

16. 전도를 위한 교회 개척 전략

1. Bob Roberts, Jr., *The Multiplying Church*(Grand Rapids, MI: Zondervan, 2008).
2. Ed Stetzer and Warren Bird, *Viral Churches: Helping Church Planters Become Movement Makers*(San Francisco, CA: Jossey-Bass, 2010), 162.

보충 생각: 우리가 교회로부터 배울 수 있는 것은 무엇인가?

1. Elmer L. Towns and Jerry Falwell, *America's Fastest Growing Churches*(Nashville, TN: Impact Books, 1972), 10.
2. Ibid., n.p.
3. 하나님은 자신들을 하나님이 축복하실 수 있게 내어 드리는 사람들을 축복하신다.
4. 내가 예전에 사용하던 '문화화 된'(enculturated)이라는 단어는 '상황화'(맥락화, contextualization)라는 현대 용어로 바뀌었다. 기독교 지도자들이 더 효과적으로 교회 개척을 하게 되자 이들은 '상황화'라는 용어를 받아들였다. 하지만 목적은 '맥락'이 아니라 '상황'이다. The following is a response by Dennis Hesselbarth, April 12, 2010, to comments made by David Watson on his blog page Touchpoint: http://www.davidlwatson.org/2010/04/10/opinion-%E2%80%93-contextualization-personal-evangelism-and-disciple-making/.
5. 앤드류 월스(Andrew Walls)가 쓴 책, *The Missionary Movement in Christian History*(기독교 역사에서의 선교 운동)를 보면 복음은 두 가지 자극을 통해 문화를 관통한다고 서술된다. 바로 자생 원리와 순례자 원리다. 토착 원리는 복음은 어떤 문화 속에서도 서식지를 찾아 자생할 수 있고 그렇게 해야 한다는 관점이다. 이것은 자생적인 자극이며 필연적이다. 우리 모두는 성경을 각자의 세계관을 가지고 해석한다. 하지만 동시에 복음은 순례자의 사고방식을 만들어 내기 시작한다. 이것은 문화를 비판하고 수정하며 사람들을 문화에서 멀어지게 한다. 그래서 사람들은 자신의 문화 속에서 순례자, 외부인, 유배자로 변한다. 극도로 개인주의적인 서양 문화에서는 개종과 제자도가 가족과 친구와는 관계없는 개인적 과정이라고 간주한다. 집단 문화에서는 개종과 제자도를 공동체와 분리해 생각할 수 없다. See David Watson's blog, "Opinion?Contextualization, Personal Evangelism and Disciple Making," Touchpoint, April 10, 2010[Cited June 17, 2013]. Online: http://www.davidlwatson.org/2010/04/10/opinion-%E2%80%93-contextualization-personal-evangelism-and-disciple-making/.
6. 에른스트 트뢸치의 *The Social Teaching of the Christian Churches*(그리스도교회 및 집단의 사회 이론) 참고. 이 책은 교회가 쇠퇴하게 된 요소를 제대로 분석했다.
7. Harvey Cox, *The Secular City*(New York: The MacMillan Co., 1965), 1~13.
8. 방식에는 한 가지 특징이 있다. 문화가 변하면 같이 변한다는 점이다. 이것은 지도자가 자신의 세대에 복음을 전하기 위해 독특한 방식을 사용하기 때문이다. 교회를 둘러싼 삶이 변하면 새로운 문화로부터 파생되는 요청에 응하기 위해 교회 또한 변화해야 한다. 만약 교회가 변하지 않는다면 영향력을 잃게 된다. 이러한 통찰력을 전하는 말이 있다: "방식은 넘쳐나는데 원칙은 많지 않다. 방식은 변화하더라도 원칙은 절대 변하지 않는다."
9. "Shout to the Lord," lyrics by Darlene Zschech, elyrics.net[Cited April 19, 2013]. Online: http://www.elyrics.net/read/d/darlene-zschech-lyrics/shout-to-the-lord-

lyrics.html.

10. "Augustine of Hippo Quotes," Goodreads[Cited June 17, 2013]. Online: http://www.goodreads.com/quotes/332507-in-essentials-unity-in-non-essentials-liberty-in-all-things-charity.

부록 1. 가장 영향력 있는 10대 교회를 찾기 위한 조사 기법

1. 매년 10월 〈크리스천 라이프〉지는 최고의 100대 주일학교(1967~1976)와 가장 빠르게 성장하는 주일학교(1977~1985) 목록을 발표했다. 나는 주일학교 부문 담당자로 목록 편집을 책임지고 있었다.

2. Elmer L. Towns, *The 10 Largest Sunday Schools and What Makes Them Grow*(Grand Rapids, MI: Baker Book House, 1969).

3. Elmer L. Towns and Douglas Porter, *The Ten Greatest Revivals*(Ann Arbor, MI: Servant Publications, 2000).

4. 10대 부흥을 선정한 19명의 자문단은 다음과 같다(알파벳 순서): 플로리다 올랜도에 대학생선교회(초교파)를 창립한 빌 브라이트, 텍사스 플레이노에 위치한 그레이스 아웃리치 센터(오순절/은사주의파)의 목사인 제럴드 브룩스(Gerald Brooks), 한국 서울에 위치한 여의도 순복음교회(오순절/은사주의파)의 조용기 목사, 일리노이 휘턴에 위치한 빌리 그레이엄 복음센터(감리교파)의 책임자 로버트 콜먼(Robert Coleman), 미주리 스프링필드에 위치한 하나님의 성회(오순절파) 국내 전도 책임자 제임스 O. 데이비스(James O. Davis), 노스캐롤라이나 웨이크 포리스트에 위치한 사우스이스턴 침례신학교(침례교파)의 총장 루이스 드러먼드(Lewis Drummond), 켄터키 윌모어에 위치한 애즈버리 신학교(감리교파)에서 박사 과정 책임자인 데일 갤러웨이(Dale Galloway), 캘리포니아 패서디나에 위치한 풀러 신학대학교(영국성공회)의 교수인 에디 깁스(Eddie Gibbs), 캘리포니아 반누이스에 위치한 처치 온 더 웨이(오순절/은사주의파)의 목사 잭 헤이포드, 루이지애나 뉴올리언스에 위치한 뉴올리언스 침례신학대학교(침례교파)의 총장 찰스 켈리(Charles Kelly), 플로리다 포트로더데일에 위치한 코럴 리지 장로교회(장로교파)의 목사 D. 제임스 케네디, 테네시 힉슨에 위치한 중앙 침례교회(은사주의/침례교파)의 목사 론 필립스(Ron Phillips), 노스캐롤라이나 웨이크 포리스트에 위치한 사우스이스턴 침례신학교(침례교파)의 총장 앨빈 리드(Alvin Reid), 캘리포니아 산타아나 코스타 메사 갈보리 교회(오순절/은사주의파)의 목사 척 스미스, 루이지애나 파인빌의 (오순절/은사주의파) 전도 목사 토미 테니(Tommy Tenney), 풀러 신학대의 교수이자 콜로라도 스프링필드에 위치한 세계기도센터(오순절/은사주의파)의 책임자인 C. 피터 와그너, 버지니아 해리슨버그의 (웨슬리교파) 전도 목사 스티브 윙필드(Steve Wingfield)

5. Elmer Towns and Warren Bird, *Into the Future*(Grand Rapids, MI: Fleming H. Revell, 1999).

6. Elmer Towns, Ed Stetzer and Warren Bird, *11 Innovations in the Local Church*(Ventura, CA: Regal Books, 2007).

7. Elmer L. Towns and Ed Stetzer, *Perimeters of Light*(Chicago, IL: Moody Publishers, 2004).

주석 369